한국어능력시험

TOPIK II
실전 모의고사

다락원

한국어능력시험
TOPIK II 실전 모의고사

지은이 전나영, 손성희
펴낸이 정규도
펴낸곳 (주)다락원

초판 1쇄 발행 2024년 5월 20일
초판 2쇄 발행 2025년 1월 20일

기획 권혁주, 김태광
편집 이후춘, 김효은, 박소영

디자인 정현석, 최예원, 김민정
영상기획 홍범석, 박현
영상촬영·편집 전광욱

다락원
경기도 파주시 문발로 211
내용문의: (02)736-2031 내선 291~296
구입문의: (02)736-2031 내선 250~252
Fax: (02)732-2037
출판등록 1977년 9월 16일 제406-2008-000007호

Copyright©2025, 전나영, 손성희

저자 및 출판사의 허락 없이 이 책의 일부 또는 전부를 무단 복제·전재·발췌할 수 없습니다. 구입 후 철회는 회사 내규에 부합하는 경우에 가능하므로 구입문의처에 문의하시기 바랍니다. 분실·파손 등에 따른 소비자 피해에 대해서는 공정거래위원회에서 고시한 소비자 분쟁 해결 기준에 따라 보상 가능합니다. 잘못된 책은 바꿔 드립니다.

ISBN: 978-89-277-7382-5 13710

http://www.darakwon.co.kr

다락원 홈페이지를 방문하시면 상세한 출판 정보와 함께 MP3 자료 등 다양한 어학 정보를 얻으실 수 있습니다.

한국어능력시험

TOPIK II
실전 모의고사

머리말

전 세계적으로 K-컬처의 영향력이 커지면서 한국의 문화나 콘텐츠, 한국어에 대해 관심을 가지는 외국인이 지속적으로 증가하는 추세이다. 이에 따라 외국에서의 한국어 입지도 넓어져 외국 대학에서 한국어과를 개설하거나 한국어를 대입 시험과목으로 채택하는 국가가 많아지고 있다. 또한 한국 대학에서 공부하거나 한국 기업에 취업하고 싶어 하는 외국인의 수요도 늘어가고 있다.

한국어능력시험(TOPIK)은 한국어 사용 능력을 측정·평가할 수 있는 시험으로 한국에서 유학하거나 취업하고자 하는 외국인이라면 이 시험에 응시하여 각 요건을 충족시킬 수 있는 자격을 획득해야 한다. 한국어능력시험의 등급을 인정하는 기관이 많아지면서 응시자도 더욱 많아질 전망이다. 한국어능력시험의 응시자 수요가 많아짐에 따라 시험 시행 횟수가 늘어나고 있으며 시험을 실시하는 해외 지역도 확장되고 있다. 또한 인터넷 기반 시험(IBT)을 도입하여 더 많은 학습자가 시간과 장소의 제한 어려움 없이 응시할 수 있도록 편의를 제공하고 있다.

이에 따라 이 책은 한국어능력시험을 준비하는 학습자를 위해 기획되었다. 한국어능력시험을 준비하면서 가장 중요한 것은 시험 문제의 경향에 대한 파악과 다양한 문제 풀이를 통한 충분한 연습이다. 이 책에서는 학습자가 문제를 풀 때 어떤 점에 중점을 두고 문제를 이해해야 하는지 전략적으로 파악할 수 있도록 제시하였다. 또한 시험 경향에 맞춘 문제를 풀어봄으로써 문제 풀이 능력을 향상시킬 수 있도록 구성하였다. 혼자 학습하는 학습자를 위해 동영상 강의도 제공하여 시험 준비에 서툰 학습자들에게 도움을 주고자 하였다.

이 책으로 한국어능력시험을 준비하는 학습자들이 필요한 자격을 얻을 수 있기를 바라며 한국 생활이나 업무 수행에 필요한 언어 기능을 정확하고 유창하게 수행하여 정치, 경제, 사회, 문화 전반에 걸쳐 자유롭게 이해하고 사용할 수 있기를 기대한다.

이 책의 특징

이 책은 한국어능력시험 TOPIK II를 응시하고자 하는 학습자를 위한 교재로 총 5회분의 모의고사로 구성하였다. 실전 모의고사를 풀기에 앞서 듣기·쓰기·읽기의 학습 방법과 시험 유형을 정리하여 학습자들이 한 번에 시험 유형을 파악할 수 있도록 하였다. 실제 시험의 난이도와 유형에 맞춰 구성한 실전 모의고사를 풀어 보면서 시험을 완벽하게 준비할 수 있다.

PART 1
듣기·쓰기·읽기 시험 분석

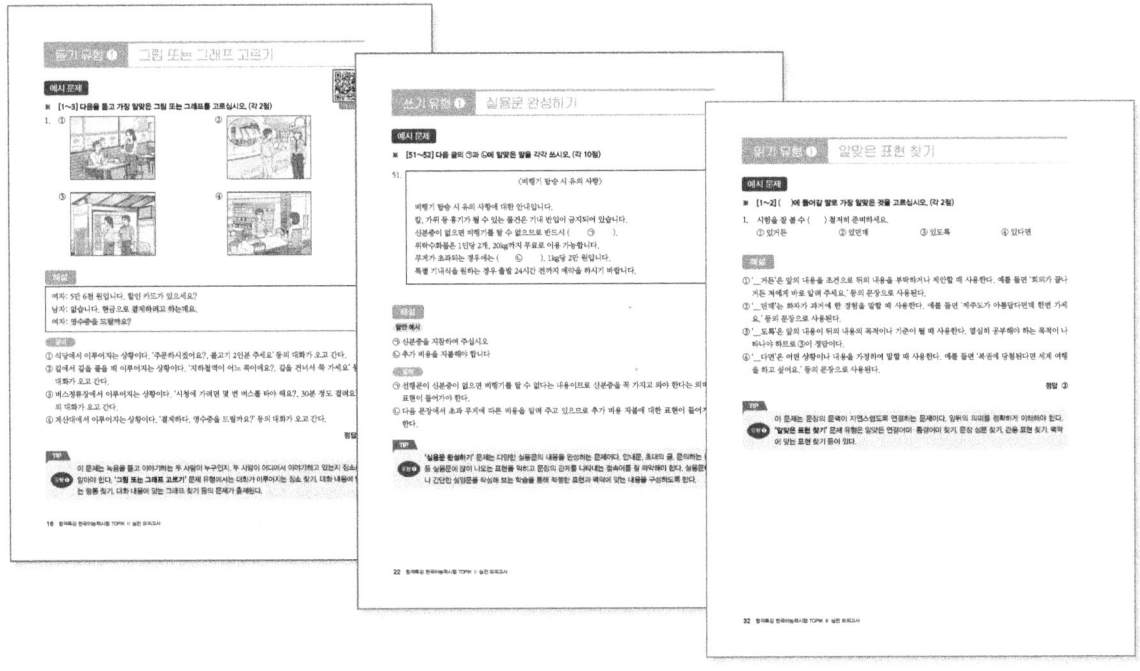

듣기·쓰기·읽기 시험의 학습 방법을 제시하였고 영역별로 출제되는 유형들을 정리하였다. 또한 예시 문제와 해설을 함께 제시하여 시험의 흐름을 한 번에 확인할 수 있도록 하였다.

듣기 음성 파일은 다락원 홈페이지(www.darakwon.co.kr)에서 다운로드 할 수 있다. 기본 음성과 실제 시험장 스피커에서 들리는 음성 두 가지로 연습해 볼 수 있다.

PART 2

실전 모의고사

실제 TOPIK 시험과 유사한 난이도와 구성에 맞춰 5회분의 모의고사를 수록하여 학습자들이 실전 시험 감각을 높일 수 있도록 구성하였다. 실제 시험 시간에 맞춰 모의고사 문제를 풀어 보고 이해하기 어려운 부분은 따로 체크해 두어 복습을 하도록 한다.

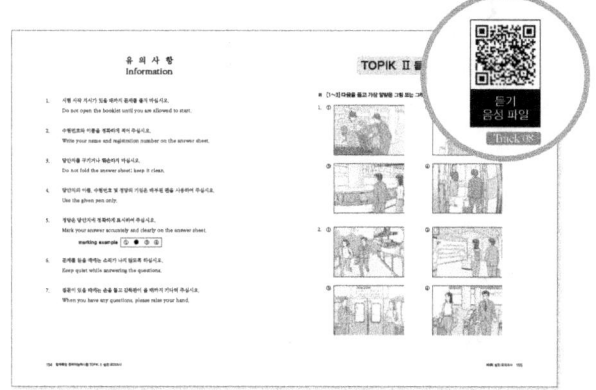

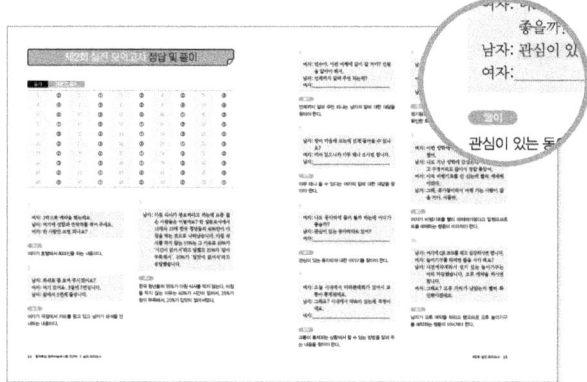

[책 속의 책] 정답 및 풀이

모든 문제마다 문제의 핵심을 파악할 수 있도록 풀이를 제공한다. 정답뿐만 아니라 오답에 대한 설명도 포함되어 학습자들이 문제를 완벽하게 이해할 수 있게 하였다.

OMR 카드

실제 시험에서 OMR 카드에 답안을 체크하고 원고지 양식에 맞춰 쓰기 답안을 작성하므로 교재 맨 뒤에 OMR 카드를 제공하였다.
실제 시험과 같이 OMR 카드를 작성하는 연습을 해 보자.

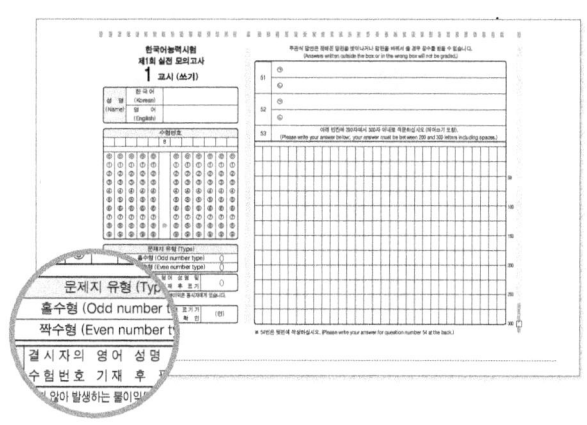

TOPIK II 시험 안내

01 시험 목적
- 한국어를 모국어로 하지 않는 재외동포·외국인의 한국어 학습 방향 제시 및 한국어 보급 확대
- 한국어 사용 능력을 측정·평가하여 그 결과를 국내 대학 유학 및 취업 등에 활용

02 응시 대상
응시 자격 제한이 없으나 재외동포 및 한국어를 모국어로 사용하지 않는 외국인 한국어 학습자 및 국내 대학 유학 희망자, 국내외 한국 기업체 및 공공기관 취업 희망자, 외국 학교에 재학 중이거나 졸업한 재외국민

03 시험의 주요 활용처
- 외국인 및 재외동포의 국내 대학(원) 입학 및 졸업
- 정부 초청 외국인 장학생 프로그램 진학 및 학사관리
- 국내외 기업체 및 공공기관 취업
- 국외 대학의 한국어 관련 학과 학점 및 졸업요건
- 영주권/취업 등 체류비자 취득

04 토픽 II PBT 시험 수준 및 평가 등급

영역	시험시간	유형	문항수	배점	급수 구분 점수
듣기	110분	선다형	50	100	[3급] 120 ~ 149
쓰기		서답형	4	100	[4급] 150 ~ 189
읽기	70분	선다형	50	100	[5급] 190 ~ 229
					[6급] 230 ~ 300

05 등급별 평가 기준

3급	• 일상생활을 영위하는 데 별 어려움을 느끼지 않으며 다양한 공공시설의 이용과 사회적 관계 유지에 필요한 기초적 언어 기능을 수행할 수 있다. • 친숙하고 구체적인 소재는 물론, 자신에게 친숙한 사회적 소재를 문단 단위로 표현하거나 이해할 수 있다. • 문어와 구어의 기본적인 특성을 구분해서 이해하고 사용할 수 있다.
4급	• 공공시설 이용과 사회적 관계 유지에 필요한 언어 기능을 수행할 수 있으며, 일반적인 업무 수행에 필요한 기능을 어느 정도 수행할 수 있다. 또한 뉴스, 신문 기사 중 비교적 평이한 내용을 이해할 수 있다. 일반적인 사회적·추상적 소재를 비교적 정확하고 유창하게 이해하고 사용할 수 있다. • 자주 사용되는 관용적 표현과 대표적인 한국 문화에 대한 이해를 바탕으로 사회·문화적인 내용을 이해하고 사용할 수 있다.
5급	• 전문 분야에서의 연구나 업무 수행에 필요한 언어 기능을 어느 정도 수행할 수 있으며 정치, 경제, 사회, 문화 전반에 걸쳐 친숙하지 않은 소재에 관해서도 이해하고 사용할 수 있다. • 공식적·비공식적 맥락과 구어적·문어적 맥락에 따라 언어를 적절히 구분해 사용할 수 있다.
6급	• 전문 분야에서의 연구나 업무 수행에 필요한 언어 기능을 비교적 정확하고 유창하게 수행할 수 있으며 정치, 경제, 사회, 문화 전반에 걸쳐 친숙하지 않은 주제에 관해서도 이해하고 사용할 수 있다. • 원어민 화자의 수준에는 이르지 못하나 기능 수행이나 의미 표현에는 어려움을 겪지 않는다.

목 차

머리말 005
이 책의 특징 006
TOPIK II 시험 안내 008

PART 1 듣기·쓰기·읽기 시험 분석

| 듣기 | 학습 방법 및 유형 소개 014
| 쓰기 | 학습 방법 및 유형 소개 020
| 읽기 | 학습 방법 및 유형 소개 030

PART 2 실전 모의고사

| 제1회 | 실전 모의고사 039
| 제2회 | 실전 모의고사 077
| 제3회 | 실전 모의고사 115
| 제4회 | 실전 모의고사 153
| 제5회 | 실전 모의고사 191

[책 속의 책] 정답 및 풀이

| 제1회 | 실전 모의고사 정답 및 풀이 003
| 제2회 | 실전 모의고사 정답 및 풀이 024
| 제3회 | 실전 모의고사 정답 및 풀이 045
| 제4회 | 실전 모의고사 정답 및 풀이 066
| 제5회 | 실전 모의고사 정답 및 풀이 086

OMR 답안지

PART 1
듣기·쓰기·읽기
시험 분석

- 듣기 학습 방법 및 유형 소개
- 쓰기 학습 방법 및 유형 소개
- 읽기 학습 방법 및 유형 소개

01 듣기 시험 파악하기

시험을 준비할 때 가장 먼저 파악해야 하는 것은 해당 시험에서 어떤 문제가 몇 문제 출제되며 몇 분 안에 풀어야 하는지 등 시험에 대한 전반적인 사항이다. TOPIKⅡ 듣기 문제는 PBT의 경우 중·고급 수준의 듣기 50문항을 60분 안에 풀어야 한다.

02 듣기 문제 유형 학습하기

듣기 문제는 내용을 듣고 일치하는 그림이나 그래프를 고르는 문제, 이어지는 대화나 행동을 찾는 문제, 전체적인 내용을 파악하는 문제, 내용과 일치하는 것을 고르는 문제 유형으로 구분할 수 있다. 각 문제 앞에 문제를 풀 때 어떤 부분에 초점을 맞춰야 하는지 문제 풀이 전략을 제시하여 학습자가 시험 문제를 파악하는 데 도움을 준다.

03 정해진 시간 안에 문제 풀기

혼자 학습할 때는 음성 녹음을 들은 뒤 정답을 고르는 시간이 자유롭지만 실제 시험에서는 시험 시간이 한정되어 있다. 따라서 혼자서 연습할 때에도 일정한 시간 내에 듣기 문제를 풀 수 있도록 시간을 정해 놓고 학습해야 한다. 또한 문제와 선택지를 먼저 읽고 음성 녹음 파일을 들으면서 정답을 빠르게 찾는 연습을 한다. 이 책에서는 기본 음성 파일과 시험장에서 들리는 음성 두 가지 버전을 제공하므로 실전 시험과 같이 듣기 연습을 할 수 있다.

04 듣기 지문 복습하기

〈정답 및 풀이〉에서 문제에 대한 해설을 확인해 보자. 듣기 지문을 통해 음성 녹음에서 놓친 내용이 있는지, 선택지의 표현을 이해하지 못한 부분이 있는지 점검한다. 음성 녹음 파일을 다시 들으면서 해당 지문에서 나온 문법, 어휘, 표현을 확실하게 익힌다. 지문에서 모르는 어휘나 표현을 체크해 두고 그 내용을 추가로 학습하며 다시 한번 들을 때는 발음에 유의해서도 들어 본다.

듣기 유형 ❶ 그림 또는 그래프 고르기

예시 문제

※ [1~3] 다음을 듣고 가장 알맞은 그림 또는 그래프를 고르십시오. (각 2점)

1. ①    ②

   ③    ④

해설

여자: 5만 6천 원입니다. 할인 카드가 있으세요?
남자: 없습니다. 현금으로 결제하려고 하는데요.
여자: 영수증을 드릴까요?

풀이

① 식당에서 이루어지는 상황이다. '주문하시겠어요?, 불고기 2인분 주세요' 등의 대화가 오고 간다.
② 길에서 길을 물을 때 이루어지는 상황이다. '지하철역이 어느 쪽이에요?, 길을 건너서 쭉 가세요' 등의 대화가 오고 간다.
③ 버스정류장에서 이루어지는 상황이다. '시청에 가려면 몇 번 버스를 타야 해요?, 30분 정도 걸려요' 등의 대화가 오고 간다.
④ 계산대에서 이루어지는 상황이다. '결제하다, 영수증을 드릴까요?' 등의 대화가 오고 간다.

정답 ④

TIP

 이 문제는 녹음을 듣고 이야기하는 두 사람이 누구인지, 두 사람이 어디에서 이야기하고 있는지 장소를 알아야 한다. '**그림 또는 그래프 고르기**' 문제 유형에서는 대화가 이루어지는 장소 찾기, 대화 내용에 맞는 행동 찾기, 대화 내용에 맞는 그래프 찾기 등의 문제가 출제된다.

듣기 유형 ❷ 이어지는 말이나 행동 고르기

예시 문제

※ [4~8] 다음을 듣고 이어질 수 있는 말로 가장 알맞은 것을 고르십시오. (각 2점)　　Track 02

4. ① 응, 컴퓨터 매장에서 구입했어.
　② 응, 컴퓨터를 산 지 한 달 됐어.
　③ 응, 컴퓨터가 너무 자주 고장이 나.
　④ 응, 새로 나온 컴퓨터가 좋길래 샀어.

해설

여자: 아무래도 컴퓨터를 새로 구입해야 할 거 같아.
남자: 컴퓨터를 산 지 얼마 되지 않았는데 벌써 문제가 생겼어?
여자: _____

풀이

① '어디에서 컴퓨터를 구입했어?'에 대한 대답으로 적당한 표현이다.
② '컴퓨터를 산 지 얼마나 됐어?'에 대한 대답으로 적당한 표현이다.
③ '컴퓨터에 문제가 생겼어?'에 대한 대답으로 적당한 표현이다.
④ '왜 컴퓨터를 또 샀어?'에 대한 대답으로 적당한 표현이다.

정답 ③

TIP

이 문제는 녹음을 듣고 두 사람이 무엇을 주제로 이야기하는지 이해하고 앞 사람이 무엇을 질문하는지 알아야 한다. **'이어지는 말이나 행동 고르기'** 문제 유형에서는 이어지는 말 찾기, 이어지는 행동 찾기 등의 문제가 출제된다.

듣기 유형 ❸ 전체 내용 이해하기

예시 문제

※ [17~20] 다음을 듣고 남자의 중심 생각으로 가장 알맞은 것을 고르십시오. (각 2점) Track 03

17. ① 발표 순서를 정하는 것이 제일 중요하다.
    ② 불만을 없애기 위해서 발표 순서를 정해야 한다.
    ③ 각자 스스로 번호를 뽑아서 순서를 정하면 좋겠다.
    ④ 제비뽑기로 순서를 정하면 관심을 끌 수 있을 것이다.

해설

> 남자: 발표 순서를 어떻게 정하면 좋을까? 지난번엔 가나다순이었는데.
> 여자: 사실 누가 먼저 하는지에 대해서 아무도 관심이 없는 것 같아. 나도 아무 순서나 괜찮거든.
> 남자: 그럼 이번에는 제비뽑기를 해 볼까? 재미있기도 하고 자신이 선택한 순서니까 불만도 없을 거야.

풀이

남자는 제비뽑기를 해서 순서를 정하면 각자 스스로 뽑았기 때문에 문제가 없을 거라고 생각한다.

정답 ③

TIP

이 문제는 녹음을 듣고 두 사람이 무엇에 대해서 이야기하는지, 주제에 대해서 남자가 어떤 의견을 가지고 있는지 알아야 한다. '**전체 내용 이해하기**' 문제 유형에서는 화자의 중심 생각 파악하기, 화자의 의도 파악하기, 화자의 신분 파악하기, 화자의 태도 파악하기, 주제 파악하기, 이전의 대화 내용 찾기 등의 문제가 출제된다.

듣기 유형 ❹   세부 내용 이해하기

예시 문제

※ [13~16] 다음을 듣고 들은 내용과 같은 것을 고르십시오. (각 2점)   Track 04

13. ① 다음 달부터 월급이 인상된다.
    ② 내일부터 지하철 요금이 인상된다.
    ③ 여자는 회사 근처로 이사할 계획이다.
    ④ 여자는 물가 인상으로 생활하기가 힘들다.

해설

남자: 내일부터 버스 요금이 300원 인상된대.
여자: 월급은 그대로인데 모든 물가가 너무 올라서 생활이 힘들어.
남자: 그러게. 다음 달에는 지하철 요금도 200원 오른다던데.
여자: 회사 근처로 이사 오고 싶지만 집값이 비싸서 옮길 수도 없고….

풀이

① 월급은 인상되지 않고 그대로이다.
② 내일부터 버스 요금이 인상된다.
③ 여자는 집값이 비싸서 회사 근처로 이사 갈 수 없다.
④ 여자는 물가 인상으로 생활하기가 힘들다.

정답 ④

TIP

이 문제는 녹음을 듣고 일상적인 대화에서 두 사람이 무엇에 대해서 이야기하는지 이해해야 한다. 두 사람이 구체적으로 무슨 이야기를 하는지 알아야 한다. **'세부 내용 이해하기'** 문제 유형에서는 일상 대화의 내용 이해하기, 안내 방송의 내용 이해하기, 뉴스의 내용 이해하기, 인터뷰의 내용 이해하기, 공적 상황의 대화 내용 이해하기 등의 문제가 출제된다.

01 쓰기 시험 파악하기

TOPIKⅡ 쓰기 문제는 PBT의 경우 문장 완성형(단답형) 2문제와 작문형 2문제로 출제되며 50분 안에 답안을 작성해야 한다. 4문제이지만 작문형 문제가 있어 시간이 촉박하게 느껴질 수 있다. 작문형 문제는 200~300자 정도의 중급 수준 설명문 1문제와 600~700자 정도의 고급 수준 논술문 1문제가 출제되고 작문형의 경우 원고지에 답안을 작성해야 한다.

02 쓰기 문제 유형 학습하기

쓰기 문제는 다양한 목적의 실용문을 완성하는 문제, 다양한 내용의 설명문을 완성하는 문제, 주어진 그래프와 정보를 보고 설명하는 글을 쓰는 문제, 주어진 주제에 맞게 자기 생각을 쓰는 문제로 출제된다.

03 문법 및 표현 익히기

쓰기 시험을 준비하기 위해서는 글을 쓸 때 필요한 문장 유형과 글을 구성하는 방법, 원고지 쓰는 방법을 연습해야 한다. 글을 읽고 내용을 파악하는 것뿐만 아니라 문법 사항을 파악하여 논리적인 글을 구성하는 방법과 자기 생각을 주장하는 글을 쓸 수 있어야 한다.

04 예시 답안 확인하기

51~52번 문제와 같이 문장을 완성하는 문제의 경우 적절한 표현과 맥락에 맞는 내용을 구성할 수 있어야 하고 문장의 구조 또한 파악해야 정확한 답안을 쓸 수 있다. 또한 53~54번 문제는 원고지에 답안을 작성해야 하므로 원고지 사용 방법도 잘 익혀 두어야 한다. 작문형 문제에서 제시된 자료를 해석하고 논설문을 체계적으로 쓰기 위해서는 자신의 생각을 글로 표현하는 연습을 충분히 해야 한다.

쓰기 유형 ❶ 실용문 완성하기

예시 문제

※ [51~52] 다음 글의 ㉠과 ㉡에 알맞은 말을 각각 쓰시오. (각 10점)

51.

〈비행기 탑승 시 유의 사항〉

비행기 탑승 시 유의 사항에 대한 안내입니다.
칼, 가위 등 흉기가 될 수 있는 물건은 기내 반입이 금지되어 있습니다.
신분증이 없으면 비행기를 탈 수 없으므로 반드시 (㉠   ).
위탁수화물은 1인당 2개, 20kg까지 무료로 이용 가능합니다.
무게가 초과되는 경우에는 (㉡   ). 1kg당 2만 원입니다.
특별 기내식을 원하는 경우 출발 24시간 전까지 예약을 하시기 바랍니다.

해설

답안 예시

㉠ 신분증을 지참하여 주십시오
㉡ 추가 비용을 지불해야 합니다

풀이

㉠ 선행문이 신분증이 없으면 비행기를 탈 수 없다는 내용이므로 신분증을 꼭 가지고 와야 한다는 의미의 표현이 들어가야 한다.
㉡ 다음 문장에서 초과 무게에 따른 비용을 알려 주고 있으므로 추가 비용 지불에 대한 표현이 들어가야 한다.

TIP

'**실용문 완성하기**' 문제는 다양한 실용문의 내용을 완성하는 문제이다. 안내문, 초대의 글, 문의하는 글 등 실용문에 많이 나오는 표현을 익히고 문장의 관계를 나타내는 접속어를 잘 파악해야 한다. 실용문이나 간단한 설명문을 작성해 보는 학습을 통해 적절한 표현과 맥락에 맞는 내용을 구성하도록 한다.

쓰기 유형 ❷ 설명문 완성하기

예시 문제

※ [51~52] 다음 글의 ㉠과 ㉡에 알맞은 말을 각각 쓰시오. (각 10점)

52.
> 수렵시대부터 인간의 곁에서 가축으로 키워진 개와 달리 고양이는 농경시대부터 인간과 함께 살았다. 이후에도 고양이는 오랜 기간 야생의 쥐를 잡아먹으며 지냈고 여전히 (㉠   ). 고양이가 주로 잡아먹는 새는 이른 아침에 활동을 하고 쥐는 저녁에 활동을 많이 한다. 따라서 고양이는 한밤중에 얕은 잠을 자다가 (㉡   ). 이러한 동물적인 습성은 고양이를 기르는 사람들을 상당히 피곤하게 한다.

해설

답안 예시

㉠ 동물의 본능을 강하게 유지하고 있다
㉡ 새벽이나 저녁 무렵에 활동을 개시한다

풀이

㉠ '여전히'는 앞의 내용과 같은 내용이 이어질 때 사용하는 부사어이다. 앞에서 고양이가 인간과 함께 지낸 시간이 길지 않다는 내용을 설명했으므로 '여전히' 다음에는 '고양이가 동물의 본능을 유지하고 있다'는 내용이 이어져야 한다.

㉡ '따라서'는 앞의 내용이 이유가 되고 뒤의 내용이 결과일 때 사용하는 접속어이다. 앞에서 고양이가 새나 쥐는 잡아먹는데 새는 이른 아침에, 쥐는 저녁에 활동한다는 내용이 있으므로 '따라서' 다음에는 '새나 쥐를 잡을 수 있는 이른 아침이나 저녁에 활동을 시작한다'는 내용이 이어져야 한다.

TIP

'**설명문 완성하기**' 문제는 설명하는 형식의 글을 완성하는 문제이다. 주어, 목적어 등 문장 성분에 대해 알고 문장의 구조를 파악해야 한다. 관용 표현, 부사어와 호응하는 동사나 형용사 등을 익혀야 하고 문장과 문장의 관계를 나타내는 접속어를 잘 파악하여 문장을 완성해야 한다.

쓰기 유형 ❸ 그래프와 정보 설명하기

예시 문제

53. 다음은 '청소년 스마트폰 이용'에 대한 자료이다. 이 내용을 200~300자의 글로 쓰시오. 단, 글의 제목은 쓰지 마시오. (30점)

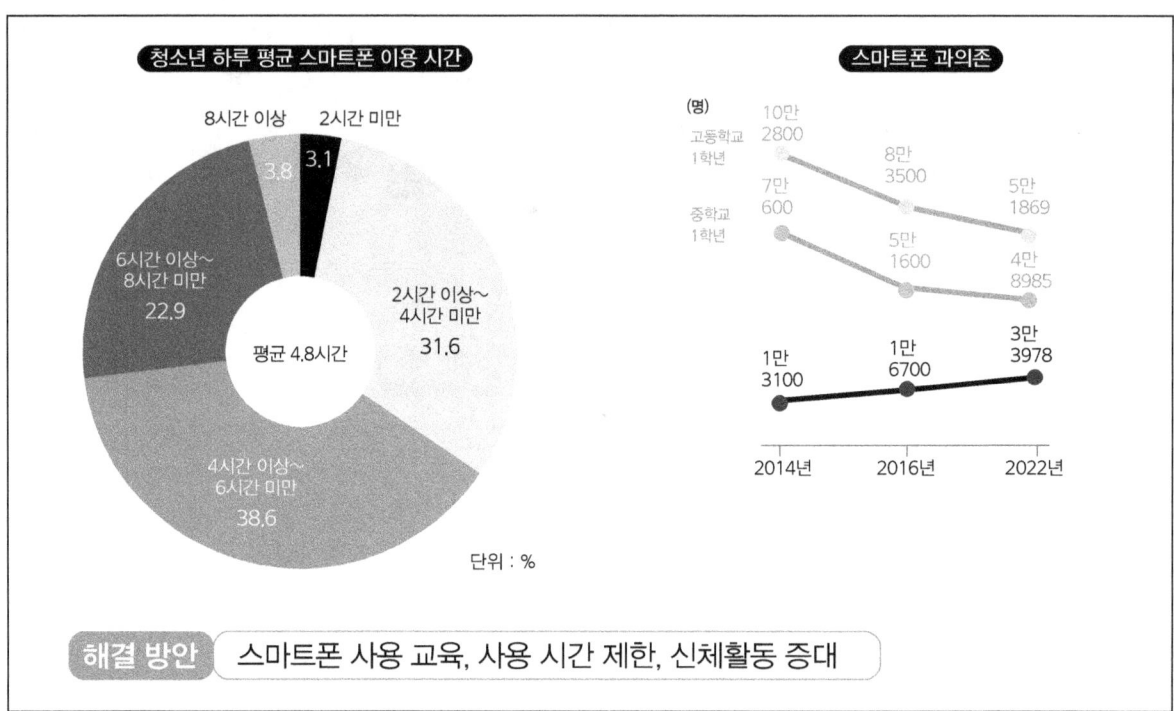

해설

답안 예시

	청	소	년	들	의		과	도	한		스	마	트	폰		사	용	이
문	제	가		되	고		있	다	.	청	소	년	들	은		하	루		평
균		4.8	시	간		동	안		스	마	트	폰	을		사	용	하	고	
있	으	며		4	시	간		이	상		사	용	하	는		청	소	년	들
이		65	%	를		넘	는		것	으	로		나	타	났	다	.		스	마

100

|트|폰| |과|의|존| |결|과|를| |보|면| |중|고|등|학|생|들|
|이| |소|폭|의| |감|소| |현|상|을| |보|인| |반|면| |초|
등	학	생	들	은		꾸	준	히		늘	고		있	음	을		알		수
있	다	.		아	직		절	제	가		잘		되	지		않	는		초	등
학	생	들	이	므	로		적	절	한		스	마	트	폰		사	용	에
대	한		교	육	과		사	용		시	간	에		제	한	을		둘
필	요	가		있	다	.		또	한		신	체	활	동		기	회	를		늘
려		스	마	트	폰	을		가	까	이	하	지		않	도	록		하	는
것	도		하	나	의		해	결		방	안	이		될		수		있	다	.

풀이

〈도표 1〉은 청소년들의 하루 평균 스마트폰 이용 시간을 보여 주고 있다. 〈도표 1〉에서 스마트폰 이용 시간이 많음을 설명하고 특히 4시간 이상 사용하는 청소년들이 많음을 설명하는 것이 좋다. 〈도표 2〉는 스마트폰 중독인 청소년의 수치를 나타내고 있다. 중고등학생에 비해 초등학생의 스마트폰 과의존 상태가 지속적으로 증가함을 설명해야 한다. 이러한 문제의 해결 방안으로 스마트폰 사용에 대한 교육과 시간 제한 그리고 신체활동의 증대 등을 기술해야 한다.

TIP

유형 ❸

'**그래프와 정보 설명하기**' 문제는 제시된 글자 수 200~300자에 맞춰 글을 작성해야 한다. 도표에 나오는 자료와 수치를 적절히 활용하여 설명해야 한다. 또한 원고지 사용의 방법을 정확하게 익혀 원고지 쓰는 방법에 맞게 써야 한다. 그리고 도표의 내용을 잘 파악하여 도표를 설명할 때 많이 활용되는 표현을 익혀 단락을 구성해야 한다. 또한 두 개의 도표를 비교하여 설명하고 제시된 원인이나 해결 방법 등에 대해 정확한 표현을 사용하여 글을 일관성 있게 구성해야 한다. 주제문 작성하기 → 개요 작성하기 → 단락 작성하기의 순서로 연습하면 된다.

쓰기 유형 ❹ 논리적인 글쓰기

예시 문제

54. 다음을 참고하여 600~700자로 글을 쓰시오. 단, 문제를 그대로 옮겨 쓰지 마시오. (50점)

> 65세 이상이 전체 인구의 7% 이상을 차지하는 국가를 고령화 사회로 분류한다. 전 세계적으로 고령 인구가 급증하면서 우려의 목소리가 나오고 있다. 아래 내용을 중심으로 '고령화의 문제와 대응방안'에 대한 자신의 생각을 쓰라.

- 고령화의 원인은 무엇인가?
- 고령화로 발생할 수 있는 문제는 무엇인가?
- 고령화 문제에 대응할 수 있는 방법은 무엇인가?

해설

답안 예시

　　과학 기술의 발달, 특히 의료 관련 산업의 획기적인 발달은 인간에게 수명 연장이라는 전례 없는 혜택을 주고 있다. 또 나라마다 건강에 대한 다양한 정책을 시행하고 건강에 유해한 요소들을 제거하기 위한 국제적인 협약과 노력이 더해져 인간의 수명을 연장시키고 있다. 그 결과 몇몇 나라를 시작으로 고령화가 급속하게 진행되면서 이로 인해야기될 수 있는 문제에 주목하기 시작했다.

 세계의 많은 나라들이 고령화 사회에 접어들면서 고령자들을 위하여 자국의 상황에 맞는 다방면의 정책이나 방안들을 마련하고 있다. 고령자들을 질병으로부터 지속적으로 보호하기 위한 의료 체계를 구축하고 고령자들의 경제적 자립을 돕기 위한 공적 연금을 운영한다. 그러나 고령자들을 위한 의료와 연금은 비용이 많이 들기 때문에 경제활동의 주축이 되는 젊은 세대와 국가의 재정에 큰 부담이 되고 있다.

 고령자들의 기대 수명과 건강하게 여생을 이어나갈 건강 수명과는 보통 10년 이상 차이가 난다. 즉 건강하지 못한 채로 오래 산다는 것이다. 아픈 고령자를 부양하는 것은 국가와 사회에 더 큰 부담이다. 그러므로 고령자들이

풀이

고령화가 왜 발생했는지, 고령화 사회가 되면서 어떤 문제가 발생하고 있는지를 써야 한다. 그리고 고령화에 대응하기 위해서 국가나 사회가 무엇을 해야 하는지 제안해야 한다.

TIP

'논리적인 글쓰기' 문제는 글의 주제를 정확하게 파악하고 소주제에 포함될 내용으로 개요를 작성하여 논리적인 글이 되도록 원고지 사용 방법에 맞춰서 정확하게 써야 한다. 논리적인 글을 구성할 때 자주 사용되는 문장의 유형을 알아야 한다. 또한 다양한 문법을 기능과 의미에 맞게 사용해야 하며 다양한 어휘를 정확한 맞춤법으로 적절하게 사용해야 한다.

MEMO

01 읽기 시험 파악하기

TOPIK Ⅱ 읽기 문제는 PBT의 경우 중·고급 수준의 읽기 50문항을 70분 안에 풀어야 한다. 읽기 문제는 대부분 지문을 읽고 풀어야 하는 문제가 많기 때문에 제한된 시간 안에 긴 지문을 빠르게 읽고 문제에서 요구하는 답을 찾는 연습을 해야 한다.

02 읽기 문제 유형 학습하기

읽기 문제는 알맞은 표현을 찾아 문장을 완성하는 문제, 문장을 순서대로 나열하여 글을 완성하는 문제, 제시된 글을 읽고 주제·의미 등을 파악하는 문제, 안내문·그래프·기사·수필·설명문·소설·칼럼 등 글을 읽고 세부 내용을 파악하는 문제 유형이 있다.

03 문법 및 표현 익히기

읽기 시험에서는 문법과 어휘의 확장성을 확인하는 문제가 출제되기도 한다. 따라서 유사한 의미의 표현, 반대 의미의 표현, 호응하는 명사나 서술어 등 문장 구조도 잘 알아야 한다. 제시된 지문을 읽고 푸는 문제에서는 지문의 전반적인 내용이나 세부 내용을 잘 이해했는지 확인하는 문제가 출제되므로 생소한 어휘나 표현 등을 별도로 학습하도록 한다.

04 읽기 지문 복습하기

실제 읽기 시험의 지문 내용은 사회, 경제, 문화 등 다양한 주제에서 출제된다. 이 책 〈실전 모의고사〉에서도 다양한 주제의 글을 익히고 학습할 수 있도록 구성했으며 개인적인 상황과 공적인 상황의 내용을 모두 담았다. 지문 내용에서 모르는 어휘나 표현은 추가적으로 학습하도록 한다.

읽기 유형 ❶ 알맞은 표현 찾기

예시 문제

※ [1~2] ( )에 들어갈 말로 가장 알맞은 것을 고르십시오. (각 2점)

1. 시험을 잘 볼 수 ( ) 철저히 준비하세요.
   ① 있거든　　　　② 있던데　　　　③ 있도록　　　　④ 있다면

해설

① '__거든'은 앞의 내용을 조건으로 뒤의 내용을 부탁하거나 제안할 때 사용한다. 예를 들면 '회의가 끝나거든 저에게 바로 알려 주세요.' 등의 문장으로 사용된다.
② '__던데'는 화자가 과거에 한 경험을 말할 때 사용한다. 예를 들면 '제주도가 아름답다던데 한번 가세요.' 등의 문장으로 사용된다.
③ '__도록'은 앞의 내용이 뒤의 내용의 목적이나 기준이 될 때 사용한다. 열심히 공부해야 하는 목적이 나타나야 하므로 ③이 정답이다.
④ '__다면'은 어떤 상황이나 내용을 가정하여 말할 때 사용한다. 예를 들면 '복권에 당첨된다면 세계 여행을 하고 싶어요.' 등의 문장으로 사용된다.

정답 ③

TIP

이 문제는 문장의 문맥이 자연스럽도록 연결하는 문제이다. 앞뒤의 의미를 정확하게 이해해야 한다.
'알맞은 표현 찾기' 문제 유형은 알맞은 연결어미·종결어미 찾기, 문장 성분 찾기, 관용 표현 찾기, 맥락에 맞는 표현 찾기 등이 있다.

읽기 유형 ❷ 글의 순서 파악하기

예시 문제

※ [13~15] 다음을 순서에 맞게 배열한 것을 고르십시오. (각 2점)

13.
> (가) 우리는 1인 가구 천만 세대 돌파를 눈앞에 두고 있다.
> (나) 1인 가구는 경제활동부터 집안일까지 혼자 해결해야 한다.
> (다) 이에 가전제품도 대형보다 알찬 소형 가전 위주로 변화 중이다.
> (라) 그래서 가사 노동을 줄여 주는 가전제품에 대한 의존도가 높다.

① (가)-(다)-(나)-(라) ② (가)-(라)-(나)-(다)
③ (다)-(나)-(라)-(가) ④ (다)-(나)-(가)-(라)

해설

먼저 1인 가구가 늘면서 가전제품이 변화하고 있는 우리 사회의 현상을 설명하고 1인 가구의 특징이 무엇인지 구체적으로 제시하는 것이 자연스러운 글의 배열이다. 그러므로 ②이 정답이다.

정답 ②

TIP

이 문제는 글의 내용을 순서에 맞게 배열하는 문제이다. 두 문장을 연결하는 접속사를 정확하게 이해해야 한다. 반복되는 어휘가 있는지 잘 확인하는 것도 중요하다. **'글의 순서 파악하기'** 문제 유형은 각각의 문장을 순서에 맞게 배열하기, 주어진 문장이 들어갈 적당한 위치 찾기 등이 있다.

읽기 유형 ❸ 전체 내용 이해하기

예시 문제

※ [5~8] 다음은 무엇에 대한 글인지 고르십시오. (각 2점)

5.

육즙이 금보다 소중하다!
마르지 않는 신선함을 오래도록

① 에어컨　　　　② 청소기　　　　③ 냉장고　　　　④ 정수기

해설

고기나 채소 같은 식품을 신선하게 보관할 수 있는 냉장고 광고이다.

정답 ③

TIP

이 문제는 광고 문구를 보고 어떤 물건의 광고인지를 찾는 문제이다. 광고 문구에 들어 있는 어휘를 확인하는 것이 중요하다. **'전체 내용 이해하기'** 문제 유형은 광고문의 의미 파악하기, 글의 주제 파악하기, 머리기사의 의미 파악하기 등이 있다.

읽기 유형 ❹ 세부 내용 이해하기

예시 문제

※ [9~12] 다음 글 또는 그래프의 내용과 같은 것을 고르십시오. (각 2점)

9.
> **추가 소독 안내**
>
> ■ 일시 : 9월 10일 월요일 9:00 ~ 12:00
> ■ 해당 세대 : 정기 소독을 받지 않은 세대 중 추가 소독을 신청한 세대
> ■ 신청 기간 : 9월 1일 ~ 9월 5일(5일간)
>   ※ 소독은 고층에서 저층 순으로 진행됩니다.
>   ※ 추가 소독을 원하는 세대는 9월 5일까지 신청하십시오.
> ■ 문의 전화 : 관리실 031-123-4567

① 추가 소독은 5일 동안 진행된다.
② 추가 소독은 아래층 세대부터 진행된다.
③ 추가 소독은 미리 신청해야 받을 수 있다.
④ 추가 소독에 대한 문의는 소독 회사로 해야 한다.

해설

① 추가 소독은 9월 10일 하루 동안 진행된다.
② 추가 소독은 고층 세대부터 진행된다.
③ 추가 소독은 미리 신청해야 받을 수 있다.
④ 추가 소독에 대한 문의는 관리실에 전화하면 된다.

정답 ③

TIP

이 문제는 안내문을 정확하게 이해하는 문제이다. 안내문은 문맥의 내용보다는 주요 어휘를 정확하게 이해하는 것이 중요하다. **'세부 내용 이해하기'** 문제 유형은 안내문, 그래프, 기사, 수필, 설명문, 소설, 칼럼 등의 내용 파악하기이다.

PART 2

실전 모의고사

- 제1회 실전 모의고사
- 제2회 실전 모의고사
- 제3회 실전 모의고사
- 제4회 실전 모의고사
- 제5회 실전 모의고사

※ 실제 시험의 유형과 난이도에 맞춰 실전 모의고사를 구성하였습니다.
  실제 시험 시간에 맞춰 실전 모의고사를 풀고, [책 속의 책]에 있는 OMR 답안지에 답을 체크해 보는 연습을 해 보세요.

한국어능력시험
제1회 실전 모의고사

Test of Proficiency in Korean
Actual Mock test

TOPIK II

1교시	듣기, 쓰기 (Listening, Writing)
2교시	읽기 (Reading)

수험번호(Registration No.)	
이름 (Name) 한국어(Korean)	
영 어(English)	

유 의 사 항
Information

1. 시험 시작 지시가 있을 때까지 문제를 풀지 마십시오.
   Do not open the booklet until you are allowed to start.

2. 수험번호와 이름을 정확하게 적어 주십시오.
   Write your name and registration number on the answer sheet.

3. 답안지를 구기거나 훼손하지 마십시오.
   Do not fold the answer sheet; keep it clean.

4. 답안지의 이름, 수험번호 및 정답의 기입은 배부된 펜을 사용하여 주십시오.
   Use the given pen only.

5. 정답은 답안지에 정확하게 표시하여 주십시오.
   Mark your answer accurately and clearly on the answer sheet.

   marking example ① ● ③ ④

6. 문제를 읽을 때에는 소리가 나지 않도록 하십시오.
   Keep quiet while answering the questions.

7. 질문이 있을 때에는 손을 들고 감독관이 올 때까지 기다려 주십시오.
   When you have any questions, please raise your hand.

TOPIK Ⅱ 듣기(1번~50번)

※ [1~3] 다음을 듣고 가장 알맞은 그림 또는 그래프를 고르십시오. (각 2점)

1. ①    ②

   ③    ④

2. ①    ②

   ③   ④

3.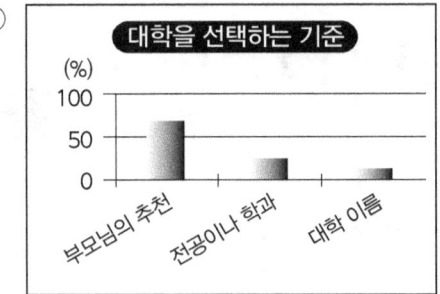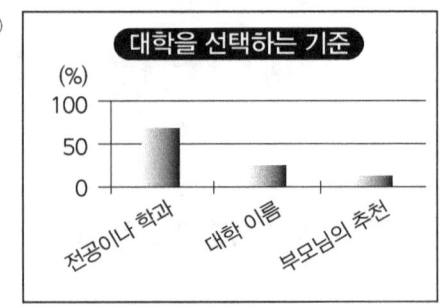

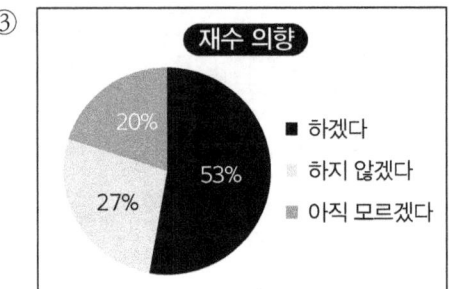 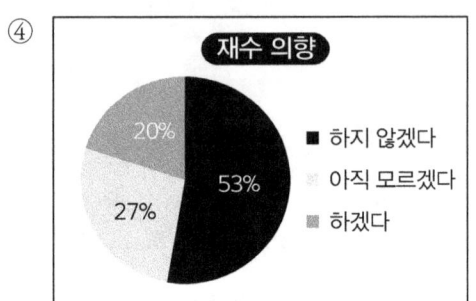

※ [4~8] 다음을 듣고 이어질 수 있는 말로 가장 알맞은 것을 고르십시오. (각 2점)

4. ① 백화점에서 살걸 그랬나 봐.
   ② 선물 받은 거라서 얼마인지 몰라.
   ③ 좀 비싸기는 한데 정말 갖고 싶었어.
   ④ 할인매장에 가면 이렇게 비싸지 않을 거야.

5. ① 네, 주의해서 사용하면 돼요.
   ② 그럼, 지금부터 당장 해 봐야겠네요.
   ③ 동영상으로 촬영하면 좋을 것 같아요.
   ④ 배우지 않은 단어가 많으니까 가르쳐 주세요.

6. ① 새로 생겼으니까 비쌀 것 같아.
   ② 빠르면 빠를수록 더 좋지 않을까?
   ③ 좀 불편하겠지만 돈을 절약할 수 있잖아.
   ④ 처음에는 편하겠지만 점점 힘들어질 거야.

7. ① 제가 듣기로는 벌써 예매권이 매진됐대요.
   ② 카드로 결제하면 시간이 많이 걸릴 거예요.
   ③ 환불하기가 어려울 텐데 좋은 방법이 없을까요?
   ④ 상영하는 영화 중에서 보고 싶은 영화를 선택하세요.

8. ① 서류는 사무실에 갖다가 주시면 됩니다.
   ② 내리신 위치와 시간을 말씀해 주시면 알아보겠습니다.
   ③ 아무데나 물건을 놓으면 잃어버리기 쉬우니까 조심하세요.
   ④ 먼저 두고 내리신 장소에 가 보시고 없으면 다시 연락주세요.

※ [9~12] 다음을 듣고 여자가 이어서 할 행동으로 가장 알맞은 것을 고르십시오. (각 2점)

9. ① 텔레비전을 본다.
   ② 게임을 준비한다.
   ③ 캠핑장을 예약한다.
   ④ 친구들에게 연락한다.

10. ① 통장을 개설한다.
    ② 도장을 준비한다.
    ③ 신분증을 만든다.
    ④ 서류에 서명한다.

11. ① 휴대전화 수리 센터에 간다.
    ② 휴대전화의 전원을 켜 본다.
    ③ 휴대전화를 드라이어로 말린다.
    ④ 수건으로 휴대전화의 물기를 닦는다.

12. ① 사내 동호회를 만든다.
　　② 동호회 활동을 시작한다.
　　③ 사원들의 요구를 조사한다.
　　④ 사원들에게 동호회를 알린다.

※ [13~16] 다음을 듣고 내용과 같은 것을 고르십시오. (각 2점)

13. ① 여자는 재활용품을 만들어서 사용한다.
　　② 남자는 재활용품을 사용해 본 적이 있다.
　　③ 두 사람은 버리는 물건을 모아서 활용한다.
　　④ 두 사람은 재활용품 만들기를 홍보하려고 한다.

14. ① 식품 코너의 품목이 다 팔렸다.
　　② 10분 후에 매장의 문을 닫는다.
　　③ 식품 코너에서 할인 행사를 한다.
　　④ 10분 후에 식품 코너에서 30% 할인해서 판다.

15. ① 중학생이 아파트 주차장에 방화했다.
　　② 범인은 관심을 끌기 위해서 방화했다.
　　③ 아파트 인근에서 방화 사건이 발생했다.
　　④ 범인을 찾기 위해서 경찰이 조사 중이다.

16. ① 여자는 좋은 댓글을 기대한다.
　　② 여자는 관객의 반응을 찾아본다.
　　③ 여자는 스스로 부족한 점을 찾는다.
　　④ 여자는 작품에 대한 아쉬움이 없다.

※ [17~20] 다음을 듣고 남자의 중심 생각으로 가장 알맞은 것을 고르십시오. (각 2점)

17. ① 감기에 걸리면 병원에 가야 한다.
    ② 비타민을 먹으면 감기가 빨리 낫는다.
    ③ 병원에 가도 감기에는 도움이 안 된다.
    ④ 감기는 하루 이틀 지나면 나을 수 있다.

18. ① 기숙사 생활이 불편하지 않다.
    ② 다른 사람과 생활하는 게 편하고 좋다.
    ③ 룸메이트가 있으면 잠을 자기가 어렵다.
    ④ 자취는 비용이 많이 들어서 부담스럽다.

19. ① 담배를 피우지 못하게 강제하면 안 된다.
    ② 어린 학생들은 담배에 대한 호기심이 많다.
    ③ 학교에서 금연 교육을 하는 것은 효과적이다.
    ④ 담배를 피우면 많은 부작용이 발생할 수 있다.

20. ① 대학생들은 해외 나들이를 좋아한다.
    ② 국제선 항공권은 인터넷으로 사는 것이 좋다.
    ③ 다른 사람보다 비싸게 비행기표를 사면 억울하다.
    ④ 직장인들은 전 세계를 누비면서 일하고 싶어 한다.

※ [21~22] 다음을 듣고 물음에 답하십시오. (각 2점)

21. 남자의 중심 생각으로 가장 알맞은 것을 고르십시오.
    ① 낭비되는 전기를 찾아서 사용해야 한다.
    ② 대기전력은 효율적으로 사용을 막아야 한다.
    ③ 에너지 효율이 높은 전기제품을 구매해야 한다.
    ④ 전기 요금을 줄이면 관리비 지출을 줄일 수 있다.

22. 들은 내용과 같은 것을 고르십시오.
    ① 대기전력은 전기를 낭비한다.
    ② 전기제품은 에너지 효율이 높다.
    ③ 지난달보다 전기 요금이 엄청 줄었다.
    ④ 가전제품을 사용하면 전기를 절약할 수 있다.

※ [23~24] 다음을 듣고 물음에 답하십시오. (각 2점)

23. 남자가 무엇을 하고 있는지 고르십시오.
    ① 교통사고가 난 것을 신고하고 있다.
    ② 형사사건의 해결 방법을 알아보고 있다.
    ③ 도와줄 변호사에 대해서 문의하고 있다.
    ④ 사고 해결을 위해서 할 일을 안내받고 있다.

24. 들은 내용으로 맞는 것을 고르십시오.
    ① 어린이 보호 구역에서 사고가 났다.
    ② 형사사건은 변호사의 도움을 받을 수 없다.
    ③ 변호사는 직접 형사사건을 조사하지 않는다.
    ④ 사건을 처리하기 전에 변호사 비용을 내야 한다.

※ [25~26] 다음을 듣고 물음에 답하십시오. (각 2점)

25. 남자의 중심 생각으로 알맞은 것을 고르십시오.
   ① 기능 성분이 들어 있는 화장품이 잘 팔린다.
   ② 소비자들은 다양한 화장품을 선택하고 싶어 한다.
   ③ 기능성 화장품은 피부 탄력에 도움이 되어야 한다.
   ④ 기능성을 강조해야 소비자의 선택을 받을 수 있다.

26. 들은 내용과 같은 것을 고르십시오.
   ① 이 화장품은 특정한 소비자들에게만 제공된다.
   ② 이 화장품의 특징은 주름과 피부 탄력 개선이다.
   ③ 이 화장품은 연구원들의 요구에 따라서 개발되었다.
   ④ 이 화장품은 여드름을 개선하기 위해서 개발되었다.

※ [27~28] 다음을 듣고 물음에 답하십시오. (각 2점)

27. 남자가 말하는 의도로 알맞은 것을 고르십시오.
   ① 대학 축제의 문제점을 알려 주려고
   ② 대학 축제의 안전 관리를 부탁하려고
   ③ 대학 축제에 외부인 참여를 제안하려고
   ④ 대학 축제의 티켓 사전 예약제를 비난하려고

28. 들은 내용과 같은 것을 고르십시오.
   ① 티켓 사전 예약제를 비난하는 학생들이 많다.
   ② 티켓 사전 예약제를 실시할지 고민하는 대학이 많다.
   ③ 티켓 사전 예약제를 통해서 차별 문제를 최소화할 수 있다.
   ④ 티켓 사전 예약제는 졸업생의 입장을 배제하려고 실시한다.

※ [29~30] 다음을 듣고 물음에 답하십시오. (각 2점)

29. 남자가 누구인지 고르십시오.
① 결혼중개업을 기획하는 사람
② 고객을 면담하고 정보를 파악하는 사람
③ 고객들에게 원하는 이상형을 소개하는 사람
④ 결혼 조건을 분석해서 배우자를 맺어주는 사람

30. 들은 내용과 같은 것을 고르십시오.
① 결혼정보회사는 법적으로 불법이다.
② 결혼정보회사는 일정 규모를 갖춰야 한다.
③ 결혼정보회사는 전통사회의 중매쟁이 역할을 한다.
④ 결혼정보회사는 남녀의 집안 사정을 잘 알고 소개한다.

※ [31~32] 다음을 듣고 물음에 답하십시오. (각 2점)

31. 남자의 중심 생각으로 가장 알맞은 것을 고르십시오.
① 악성댓글도 표현의 자유를 인정해야 한다.
② 악성댓글은 명예훼손죄에 해당되기 어렵다.
③ 악성댓글을 익명으로 쓰지 못하게 해야 한다.
④ 악성댓글을 쓴 사람들을 강하게 벌해야 한다.

32. 남자의 태도로 가장 알맞은 것을 고르십시오.
① 상대방의 권리를 인정하고 있다.
② 문제에 대한 처벌을 요구하고 있다.
③ 문제가 발생한 상황을 설명하고 있다.
④ 상대방의 의견에 적극 공감하고 있다.

※ [33~34] 다음을 듣고 물음에 답하십시오. (각 2점)

33. 무엇에 대한 내용인지 알맞은 것을 고르십시오.
   ① 손목시계의 진화 과정
   ② 손목시계의 특징과 종류
   ③ 손목시계를 만드는 기술의 발전
   ④ 태엽을 활용한 손목시계의 원리

34. 들은 내용과 같은 것을 고르십시오.
   ① 19세기 말에 회중시계가 대중화되었다.
   ② 현대에는 건강을 위해서 손목시계를 찬다.
   ③ 손목시계는 초기에 장신구의 역할도 했다.
   ④ 기계식 시계는 왕족이나 귀족들만 착용했다.

※ [35~36] 다음을 듣고 물음에 답하십시오. (각 2점)

35. 남자는 무엇을 하고 있는지 고르십시오.
   ① 방송 제작진들의 업무를 자세히 소개하고 있다.
   ② 시청자들에게 교육 방송의 내용을 설명하고 있다.
   ③ 잘못 방송된 보도에 대해서 사과의 말을 하고 있다.
   ④ 시청자 목소리를 생생하게 전하겠다는 다짐을 하고 있다.

36. 들은 내용과 같은 것을 고르십시오.
   ① 이 방송에서 보도된 인터뷰 내용은 가짜였다.
   ② 이 방송으로 인해 제작진 모두가 피해를 입었다.
   ③ 이 방송은 신속하게 보도하기 위해 최선을 다했다.
   ④ 이 방송의 보도 내용은 교육 현장에 관한 것이었다.

※ [37~38] 다음을 듣고 물음에 답하십시오. (각 2점)

37. 여자의 중심 생각으로 알맞은 것을 고르십시오.
  ① 자기개발서가 가장 잘 팔리는 책이다.
  ② 행복한 삶을 위한 자기개발을 해야 한다.
  ③ 취업의 기회를 얻으려면 자기개발이 필요하다.
  ④ 우리는 누구나 자기를 개발하려고 노력해야 한다.

38. 들은 내용과 일치하는 것을 고르십시오.
  ① 자기개발은 취업을 위해 필수적인 조건이다.
  ② 자기개발서에는 유명인의 성공 사례가 들어 있다.
  ③ 자기개발서는 젊은 사람들에게 가장 많이 읽힌다.
  ④ 자기개발은 힘든 현실을 반영한 부정적 의미가 있다.

※ [39~40] 다음을 듣고 물음에 답하십시오. (각 2점)

39. 이 대화 전의 내용으로 가장 알맞은 것을 고르십시오.
  ① 쌀 소비를 늘리기 위해 지속적으로 노력했다.
  ② 쌀 소비량이 계속해서 감소한 것으로 발표됐다.
  ③ 쌀 소비량의 감소로 인한 부정적인 영향을 조사했다.
  ④ 쌀을 안정적으로 확보하기 위한 정부의 노력이 있었다.

40. 들은 내용과 같은 것을 고르십시오.
  ① 쌀 소비와 비만, 당뇨병의 관계가 밝혀졌다.
  ② 국민의 건강을 위해 쌀 소비를 늘려야 한다.
  ③ 쌀 소비량과 건강의 관계에 대해 연구 중이다.
  ④ 축산물과 밀가루의 소비량이 점차 감소하고 있다.

※ [41~42] 다음을 듣고 물음에 답하십시오. (각 2점)

41. 이 강연의 중심 내용으로 가장 알맞은 것을 고르십시오.
① 줄기세포를 활용하면 질병 치료에 큰 도움을 받을 수 있다.
② 인간은 낡은 세포나 기관을 새것으로 교체하기를 희망한다.
③ 퇴행성이나 난치성 환자를 위해서 줄기세포를 활용해야 한다.
④ 인간의 배아 연구는 윤리적인 문제가 있으므로 통제해야 한다.

42. 들은 내용과 같은 것을 고르십시오.
① 줄기세포를 이용한 연구는 현재 금지되어 있다.
② 줄기세포를 이용해서 여러 장기를 만들 수 있다.
③ 줄기세포와 낡고 손상된 세포를 서로 교체할 수 있다.
④ 줄기세포는 우리 몸의 여러 부위에서 분화한 세포이다.

※ [43~44] 다음을 듣고 물음에 답하십시오. (각 2점)

43. 무엇에 대한 내용인지 알맞은 것을 고르십시오.
① 동물과 식물의 생존 방식
② 동물과 다른 식물의 세포
③ 식물의 다양한 성장 과정
④ 자극에 대한 식물의 반응

44. 식물의 잎이나 줄기가 해를 향해 휘어지는 이유로 맞는 것을 고르십시오.
① 햇빛을 좋아하기 때문에
② 햇빛의 위험을 인지하기 때문에
③ 빛 자극에 반응하는 성질 때문에
④ 동물과 같은 감각기관이 있기 때문에

※ [45~46] 다음을 듣고 물음에 답하십시오. (각 2점)

45. 들은 내용과 같은 것을 고르십시오.
    ① 종묘의 제례는 시기에 따라서 절차가 달랐다.
    ② 종묘는 나라의 상징으로서 화려하게 조성되었다.
    ③ 종묘에는 왕과 왕비 등 왕실의 신주가 모셔져 있다.
    ④ 종묘를 국가의 사적으로 지정해야 한다는 주장이 있다.

46. 여자가 말하는 방식으로 알맞은 것을 고르십시오.
    ① 종묘의 특이한 건축 방식을 비교하고 있다.
    ② 종묘의 역할과 건물의 모습을 묘사하고 있다.
    ③ 종묘에서 제사를 지내는 과정을 설명하고 있다.
    ④ 종묘의 중요성과 문화재 지정을 주장하고 있다.

※ [47~48] 다음을 듣고 물음에 답하십시오. (각 2점)

47. 들은 내용과 같은 것을 고르십시오.
    ① 공정한 무역은 경제의 세계화를 통해서 얻어지는 것이다.
    ② 공정한 무역은 생산자와 노동자의 권리를 보호하는 것이다.
    ③ 공정한 무역은 무역시장에서 더 많은 이익을 추구하는 것이다.
    ④ 공정한 무역은 저개발국가의 기업들을 발전시키기 위한 것이다.

48. 남자의 태도로 알맞은 것을 고르십시오.
    ① 세계 무역시장의 발전이 가져올 지나친 경쟁을 경계하고 있다.
    ② 세계 무역시장의 성장이 공평한 분배의 결과라고 평가하고 있다.
    ③ 세계 무역시장에서의 공평한 경쟁과 공정한 무역을 당부하고 있다.
    ④ 세계 무역시장에서 기업을 보호함으로써 얻어질 이익을 기대하고 있다.

※ [49~50] 다음은 강연입니다. 잘 듣고 물음에 답하십시오. (각 2점)

49. 들은 내용과 일치하는 것을 고르십시오.
   ① 기초과학의 육성은 선진국에서 필요하다.
   ② 기초과학의 연구에 정부가 지원하고 있다.
   ③ 기초과학은 산업기술 분야에서 불필요하다.
   ④ 기초과학은 생명공학과 기술 발전에 중요하다.

50. 여자의 태도로 가장 알맞은 것을 고르십시오.
   ① 기초과학 전공자들의 역할을 강조하고 있다.
   ② 기초과학 분야의 지속적인 발전을 낙관하고 있다.
   ③ 기초과학 분야에 대한 정책 추진을 촉구하고 있다.
   ④ 기초과학 연구자들의 기술적 성과를 기대하고 있다.

TOPIK II 쓰기(51번~54번)

※ [51~52] 다음 글의 ㉠과 ㉡에 알맞은 말을 각각 쓰시오. (각 10점)

51.
> 어제 12시쯤 학생식당에서 가방을 잃어버렸습니다.
> 저에게는 너무도 소중한 가방입니다.
> 친구들과 점심을 먹은 후에 깜빡하고 의자에 (㉠   ).
> 까만색 가방인데 가방에는 전공 책이 들어 있습니다.
> 혹시 (㉡   ) 가지고 계신 분은 연락을 주시기 바랍니다.
> 감사합니다.

52.
> 사람의 행동이나 생각은 다른 사람들과의 관계 속에서 발전한다. 어려움에 처한 사람이 포기하지 않고 삶을 지속할 수 있는 이유는 (㉠   ). 때로 다른 사람에게 의지하기도 하고 때로 다른 사람을 배려하기도 하면서 인간관계 속에서 자신의 가치를 확인한다. 전문가들은 특히 청소년기나 노년기의 정신 건강에 (㉡   ).

53. 다음은 '신혼부부의 맞벌이·외벌이 추이'에 대한 자료이다. 이 내용을 200~300자의 글로 쓰시오. 단, 글의 제목은 쓰지 마시오. (30점)

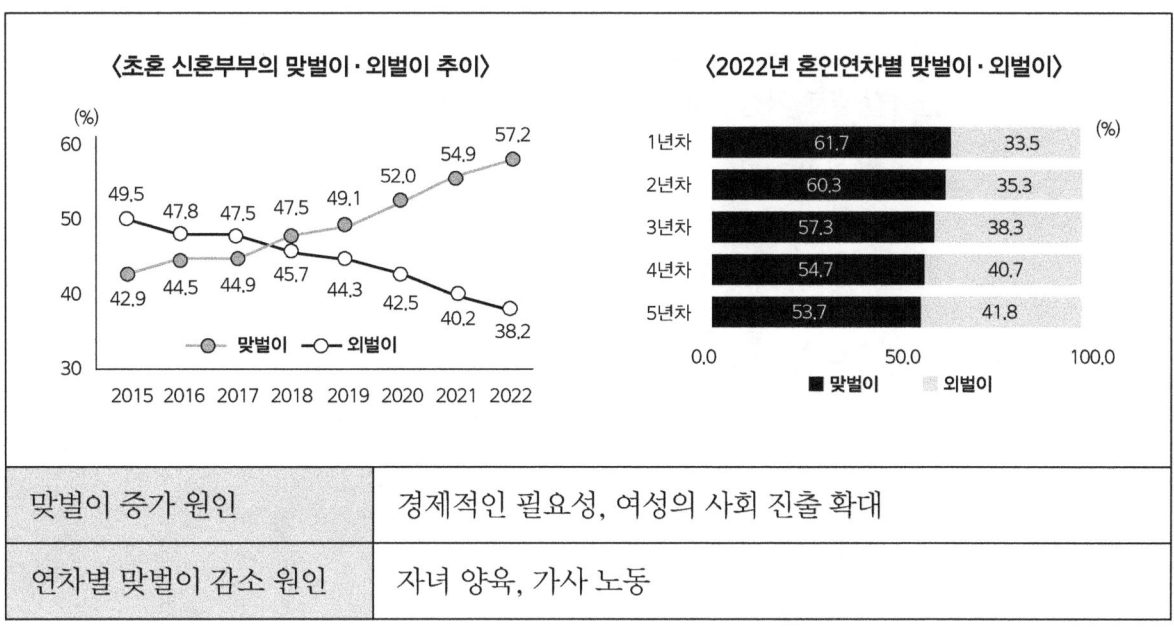

맞벌이 증가 원인	경제적인 필요성, 여성의 사회 진출 확대
연차별 맞벌이 감소 원인	자녀 양육, 가사 노동

54. 다음을 참고하여 600~700자로 글을 쓰시오. 단, 문제를 그대로 옮겨 쓰지 마시오. (50점)

동물실험은 연구나 교육, 시험 등의 과학적 목적을 위해 동물을 대상으로 실시하는 실험이다. 인간은 동물실험을 통해서 많은 것을 얻었으나 윤리적인 문제로 논란의 대상이 되고 있다. 아래 내용을 중심으로 '동물실험을 해야 하는 이유와 문제'에 대한 자신의 생각을 쓰라.

- 동물실험의 필요성은 무엇인가?
- 동물실험으로 발생할 수 있는 부작용은 무엇인가?
- 동물실험을 대체할 수 있는 방법은 무엇인가?

＊원고지 쓰기의 예

	사	람	들	은		음	악		치	료	를		할		때		환	자	에
게		주	로		밝	은		분	위	기	의		음	악	을		들	려	줄

제1교시 듣기, 쓰기 시험이 끝났습니다. 제2교시는 읽기 시험입니다.

TOPIK II 읽기(1번~50번)

※ [1~2] (   )에 들어갈 말로 가장 알맞은 것을 고르십시오. (각 2점)

1. 집에 (   ) 비가 내리기 시작했다.
   ① 도착해도　　　② 도착한다면　　　③ 도착하자마자　　　④ 도착하기 위해서

2. 중학교 때 교통사고를 당해서 수술을 (   ).
   ① 받은 편이다　　　　　　　② 받은 적이 있다
   ③ 받을 수도 있다　　　　　　④ 받을 리가 없다

※ [3~4] 밑줄 친 부분과 의미가 가장 비슷한 것을 고르십시오. (각 2점)

3. 수업 시간에 <u>늦을까 봐</u> 쉬지 않고 뛰어왔다.
   ① 늦더라도　　　　　　　② 늦었는데도
   ③ 늦는다고 해도　　　　　④ 늦을 것 같아서

4. 눈에서 멀어지면 마음에서도 <u>멀어지는 법이에요</u>.
   ① 멀어질 만해요　　　　　② 멀어질 뿐이에요
   ③ 멀어지기도 해요　　　　④ 멀어지게 마련이에요

※ [5~8] 다음은 무엇에 대한 글인지 고르십시오. (각 2점)

5.
통증이여 안녕!
복용하자마자 통증이 사라집니다.

① 약 ② 음료수 ③ 우유 ④ 과자

6.
옛날 할머니 손맛을 그대로~
넉넉한 인심으로 푸짐한 한끼를 제공합니다.

① 병원 ② 식당 ③ 편의점 ④ 서점

7.
산불로 피해를 입은 이웃에게
따뜻한 사랑을...

① 성금 모금 ② 환경 보호 ③ 산불 예방 ④ 이웃 사랑

8.
❶ 온라인으로 회원 등록을 하신 후에 원서를 접수하십시오.
❷ 원서 접수 기간 내에 등록금을 납부하지 않으면 접수가 취소됩니다.

① 구입 방법 ② 접수 안내 ③ 납부 순서 ④ 가입 문의

※ [9~12] 다음 글 또는 그래프의 내용과 같은 것을 고르십시오. (각 2점)

9.
인주 놀이공원 이용 안내

◆ 이용 시간 : 오전 10시~오후 8시
◆ 이용료 : 입장권 20,000원
　　　　　자유이용권 50,000원 (입장료 포함, 모든 놀이기구 이용 가능)
◆ 주차비 : 무료
　※ 목줄을 착용한 10kg 이하의 반려견 입장 가능
　※ 자유이용권은 손목에 착용해야 하며 착용 후에는 환불 불가

① 이 놀이공원은 반려견을 데리고 입장할 수 없다.
② 자유이용권을 구매해도 입장료는 지불해야 한다.
③ 자유이용권을 구매하면 모든 놀이기구를 탈 수 있다.
④ 자유이용권을 손목에 착용한 후에도 환불이 가능하다.

10.
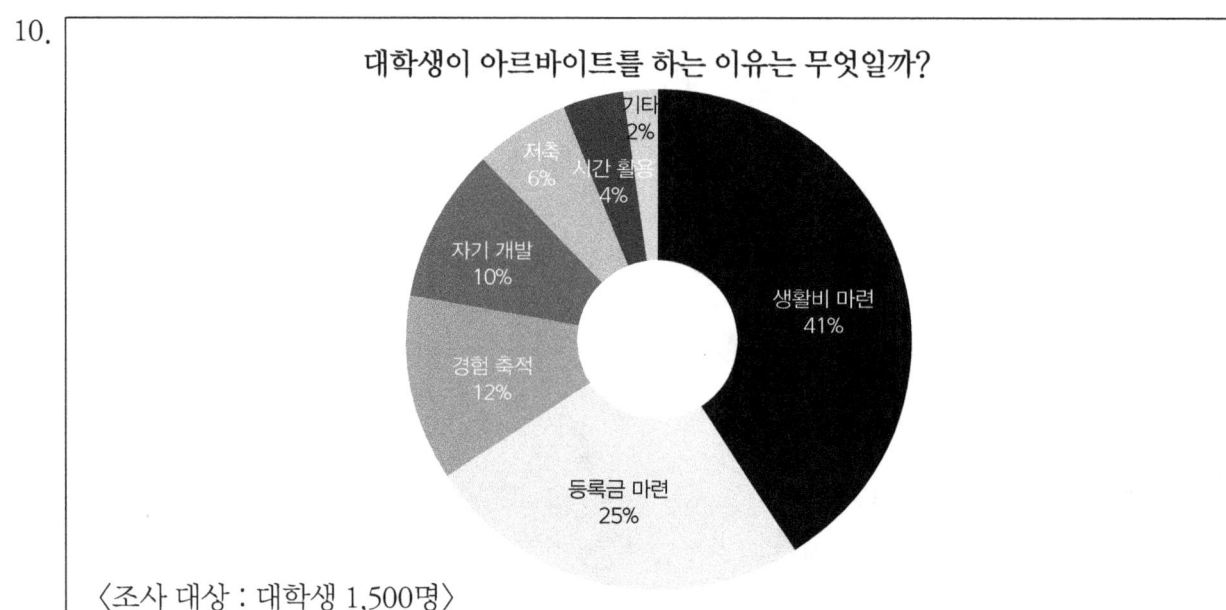

① 저축하려고 아르바이트를 하는 대학생이 가장 적다.
② 생활비로 사용하려고 아르바이트를 하는 대학생이 가장 많다.
③ 경험을 축적하는 것보다 자기 개발을 위해서 아르바이트를 하는 대학생이 많다.
④ 등록금 마련보다 생활비 마련을 위해서 아르바이트를 하는 대학생들이 2배 이상 많다.

11.
> 　　서울시는 올해 모범 납세자를 선정하여 발표했다. 경기가 좋지 않았음에도 불구하고 모범 납세자는 작년에 비해 약 5% 증가했다. 모범 납세자로 선정이 되면 대출 금리 인하, 수수료 면제 등의 혜택이 주어진다. 모범 납세자 증명서를 제출하면 이러한 혜택을 받을 수 있는데 유효기간은 1년이다.

① 서울시는 작년에는 모범 납세자를 선정하지 않았다.
② 올해는 경제가 좋지 않아서 모범 납세자 수가 줄었다.
③ 모범 납세자로 선정이 되면 여러 가지 혜택을 받을 수 있다.
④ 모범 납세자로 선정이 되려면 각종 증명서를 제출해야 한다.

12.
> 　　어제 저녁 8시쯤 경부고속도로에서 빗길에 차가 미끄러지면서 교통사고가 발생했다. 이 사고로 1명이 사망하고 5명이 부상을 당했다. 사고를 낸 운전자는 병원에서 수술을 받고 회복 중인 것으로 알려졌다. 사고 차량 운전자를 대상으로 정확한 사고 원인을 조사할 예정이다.

① 이 사고는 오전에 일어났다.
② 이 교통사고로 1명이 다쳤다.
③ 사고를 낸 운전자는 다치지 않았다.
④ 차가 미끄러져서 교통사고가 발생했다.

※ [13~15] 다음을 순서에 맞게 배열한 것을 고르십시오. (각 2점)

13.
(가) 특히 여름보다 겨울에 불면증을 호소하는 환자가 많다.
(나) 해를 거듭할수록 이러한 불면증으로 힘들어하는 환자가 늘고 있다.
(다) 여름에 비해 겨울에 일조량이 부족해서 멜라토닌 분비가 잘되지 않기 때문이다.
(라) 불면증은 잠들기 힘들거나 자주 깨서 정상적인 수면을 지속하지 못하는 상태이다.

① (나)-(가)-(라)-(다)
② (나)-(가)-(다)-(라)
③ (라)-(나)-(가)-(다)
④ (라)-(가)-(다)-(나)

14.
(가) 지난 토요일에 고등학교 친구들 모임에 갔다 왔다.
(나) 고등학교 때는 어디든 같이 다니던 단짝 친구들이었다.
(다) 모임을 끝내고 나오면서 이 친구들과의 우정이 지속되었으면 좋겠다고 생각했다.
(라) 그러나 내가 지방 근무 발령을 받고 서울을 떠나면서 친구들과의 연락이 끊겼었다.

① (가)-(나)-(다)-(라)
② (가)-(나)-(라)-(다)
③ (나)-(가)-(다)-(라)
④ (나)-(가)-(라)-(다)

15.
(가) 영양이 풍부한 버섯을 실내에서도 쉽게 재배할 수 있다.
(나) 직사광선에 노출되면 버섯이 말라버려서 잘 자라지 못한다.
(다) 한 가지 유의해야 할 점은 직사광선은 피해야 한다는 것이다.
(라) 대부분의 버섯은 습도와 온도만 적절하게 유지해 주면 잘 자라기 때문이다.

① (가)-(라)-(다)-(나)
② (가)-(라)-(나)-(다)
③ (나)-(라)-(가)-(다)
④ (나)-(가)-(다)-(라)

※ [16~18] (   )에 들어갈 말로 가장 알맞은 것을 고르십시오. (각 2점)

16.
물은 100도에서 끓으면 열을 가해도 (   ) 수증기로 증발된다. 그러나 압력솥은 밀폐된 뚜껑이 있어 수증기가 새어 나가지 못한다. 내부에 모인 수증기로 인해 압력이 증가하므로 압력솥으로 요리하면 요리 시간이 단축된다.

① 끓지 않고
② 물이 배출되지 못하고
③ 온도는 더 이상 오르지 않고
④ 내부 공기가 빠져나가지 못하고

17.
우리가 일상생활에서 쉽게 접하는 술은 암을 유발시키는 발암 물질이다. 음주가 건강에 해롭다는 것은 알고 있지만 (   ) 별 문제가 없다고 생각하는 사람들이 많다. 그러나 소량의 가벼운 음주도 각종 암 발생 위험을 증가시키는 것으로 나타났다.

① 건강 관리를 잘하면
② 많이 마시지 않으면
③ 안주를 잘 챙겨 먹으면
④ 담배만 피우지 않으면

18.
고양이가 상자를 좋아하는 것은 고양이를 키우는 집사라면 대부분 알고 있는 사실이다. 고양이가 상자를 좋아하는 이유는 야생에서 살아남기 위한 습성에서 기인한다. 야생 동물에게 희생당하지 않기 위해서 (   ) 은신처가 필요했기 때문이다. 고양이는 상자에 들어가 있으면 스트레스가 덜 하고 안정감을 느낀다고 한다.

① 상자로 만들어진
② 자신의 몸을 숨길 수 있는
③ 스트레스를 해소시킬 수 있는
④ 자신의 냄새를 없앨 수 있는

※ [19~20] 다음을 읽고 물음에 답하시오. (각 2점)

> 작년 통계 자료에 의하면 한국의 합계 출산율은 0.78명으로 건국 이래 최저치를 기록했다. 이는 세계에서도 가장 낮은 수치이다. 정부는 이러한 저출산 문제를 해결하기 위해서 임신, 출산, 육아에 대한 지원과 일과 가정을 병행할 수 있도록 다양한 정책을 제공하고 있다. 그러나 정부가 (　　) 좋은 정책을 쏟아낸다고 해도 기업과 개인의 협조가 없다면 유명무실한 정책이 될 뿐이다.

19. (　)에 들어갈 말로 가장 알맞은 것을 고르십시오.
　① 굳이　　　　② 반드시　　　　③ 하여튼　　　　④ 아무리

20. 윗글의 주제로 가장 알맞은 것을 고르십시오.
　① 정부는 저출산 문제에 대한 대책을 세워야 한다.
　② 저출산 문제 해결을 위해서 정부와 민간이 합심해야 한다.
　③ 정부의 유명무실한 정책으로 인해 한국의 저출산 문제는 해결되지 않고 있다.
　④ 정부는 저출산 문제에 대한 정책을 세울 것이 아니라 실행 방안을 모색해야 한다.

※ [21~22] 다음을 읽고 물음에 답하시오. (각 2점)

> 지난주에 방영된 새로운 드라마에 대한 비난이 거세다. 지나치게 선정적이거나 폭력적인 내용이 많기 때문이다. 드라마의 재미와 흥미를 위해서 자극적인 요소를 삽입했다고 하지만 도를 넘어섰다는 평이다. 안방에서 가족들과 같이 시청하기에 부담스러운 장면들이 많아 드라마를 많이 보는 중년층마저 (　　　　) 시작하면서 시청률이 큰 폭으로 하락했다.

21. (　)에 들어갈 말로 가장 알맞은 것을 고르십시오.
① 손을 잡기
② 입을 모으기
③ 등을 돌리기
④ 발이 묶이기

22. 윗글의 내용과 같은 것을 고르십시오.
① 새로 방영된 드라마는 중년층에게 인기가 많다.
② 이번에 새로 시작된 드라마는 시청률이 많이 떨어졌다.
③ 이번 드라마는 흥미를 유발하지 못해서 비난을 받고 있다.
④ 이번 드라마는 선정적이거나 폭력적이지 않아서 별로 인기가 없다.

※ [23~24] 다음을 읽고 물음에 답하시오. (각 2점)

> 오늘 나는 그토록 원했던 한국으로 유학을 떠난다. 한국 드라마와 한국 음악을 접하고부터 나에게는 한국 유학이라는 꿈이 생겼다. 대학교 공부와 아르바이트를 병행하면서 유학 자금을 모았다. 시간을 쪼개서 틈틈이 한국어도 독학했다. 유학 자금이 어느 정도 모여서 학교를 휴학하고 드디어 꿈에 그리던 한국 유학길에 오르는 것이다. 한국에서 펼쳐질 <u>나의 유학 생활에 대한 생각에 공항에서 기다리는 시간마저 아까웠다.</u> 이런 나의 마음과는 달리 어머니는 얼굴이 어두웠다. 어린 딸이 혼자 유학 가는 것을 마땅치 않게 생각하셨다. 그러나 딸의 완강한 고집을 꺾지는 못하셨다. 공항에서 눈물로 배웅하는 어머니의 얼굴을 보니 마음이 무거웠지만 절대 어머니를 실망시키지 않으리라는 자신이 있었다. 유학 생활이 끝나고 귀국하는 날 공항에서 환하게 웃으며 맞이해 주실 어머니를 상상하며 유학 생활에 최선을 다하리라고 다시 한번 다짐을 했다.

23. 밑줄 친 부분에 나타난 '나'의 심정으로 가장 알맞은 것을 고르십시오.
    ① 힘들고 안타깝다
    ② 설레고 기대된다
    ③ 기쁘고 만족스럽다
    ④ 우울하고 걱정스럽다

24. 윗글의 내용과 같은 것을 고르십시오.
    ① 나는 한국 유학 자금을 스스로 해결했다.
    ② 나는 대학교를 졸업하고 한국에 유학을 간다.
    ③ 어머니는 나의 한국 유학 결정을 지지해 주셨다.
    ④ 어머니는 공항에서 환하게 웃으며 배웅해 주셨다.

※ [25~27] 다음 신문 기사의 제목을 가장 잘 설명한 것을 고르십시오. (각 2점)

25.
| 인기 배우 이인주, 학폭 의혹으로 드라마 하차 |

① 인기가 있는 배우 이인주가 새로운 드라마에 출연한다.
② 인기 배우 이인주는 학폭에 대한 드라마에서 하차한다.
③ 인기 배우 이인주는 학폭 문제로 드라마에서 빠지게 되었다.
④ 학폭에 대한 드라마에 출연한 이후에 이인주의 인기가 높아졌다.

26.
| 전례 없는 무더위로 전국이 찜통, 열대야에 밤잠 설쳐 |

① 해마다 전국적으로 무더위 때문에 힘들다.
② 올해 유난히 날씨가 더워서 밤에도 수면을 취하기가 어렵다.
③ 기후 변화로 인해 전 세계가 열대 지방처럼 무더위가 지속되고 있다.
④ 낮에는 날씨가 더워서 찜통에 들어 있는 듯하나 밤에는 선선해서 좋다.

27.
| 반도체 수출 급감, 관련 기업 투자 유치에 빨간불 켜져 |

① 반도체 관련 기업들이 투자를 해서 수출이 많이 늘었다.
② 반도체 수출이 급감했지만 관련 기업들은 투자를 많이 한다.
③ 반도체 수출이 급감해서 반도체 회사들이 다른 곳에 투자를 하고 있다.
④ 반도체 수출이 많이 줄어서 반도체 관련 회사에 투자하려고 하지 않는다.

※ [28~31] ( )에 들어갈 말로 가장 알맞은 것을 고르십시오. (각 2점)

28.
　　압박 면접은 면접자에게 극한 상황을 제시하여 의도적으로 감정적인 스트레스를 유발시키는 면접이다. 압박 질문을 통해 (　　　　　　) 능력을 평가하려는 것이다. 압박 면접은 직무 역량을 파악하는 면접이 아니므로 예상하지 못한 질문을 받았을 때 당황하지 말고 차분하게 자신의 의견을 밝히는 것이 도움이 된다.

① 업무와 관련된
② 위기 상황에 대처하는
③ 직장 생활에 적응하는
④ 동료들과의 관계를 잘 유지하는

29.
　　한국의 전통 놀이 중의 하나인 팽이치기는 겨울철에 인기가 있는 놀이이다. 끝이 뾰족한 팽이를 세워서 돌리는 것이 쉽지 않다. 그러나 (　　　　　　) 팽이는 쓰러지지 않고 잘 돈다. 이는 물체가 계속 운동을 하려고 하는 관성 때문이다. 팽이를 더 잘 돌게 하려면 공기의 저항을 덜 받도록 하면 된다. 팽이의 표면을 잘 다듬어서 공기의 저항을 줄이면 더 오래 잘 돈다.

① 한번 돌기 시작한
② 표면이 잘 다듬어진
③ 끝이 뾰족하지 않은
④ 공기의 저항을 받지 않는

30.
> 체중을 줄이기 위해서 운동을 하는 사람은 식사를 하기 전인 공복 상태에서 운동을 하는 것이 효과적이다. 반면 근육을 강화시키고자 한다면 식후에 운동을 하는 것이 좋은데 특히 단백질을 섭취한 후에 운동을 하면 도움이 된다. 이처럼 (   ) 운동의 효과를 높일 수 있는 식사 시간은 다르다.

① 운동을 하는 강도에 따라
② 운동을 하는 목적에 따라
③ 운동을 하는 시간에 따라
④ 운동을 하는 사람에 따라

31.
> 아스퍼거 증후군은 자신이 관심이 있는 특정 분야에만 집착하며 다른 사람과의 사회적 소통이 원만하지 않은 정신 질환이다. 다른 사람의 말을 잘 듣지 않고 자신만의 잣대로 상대방을 평가하기 때문에 다른 사람과의 공감 능력이 부족하다. 또한 (   ) 상대방과의 비언어적인 소통에 문제가 생긴다.

① 계속 같은 말을 반복하여
② 다른 사람의 말을 잘 듣지 않아
③ 얼굴에 표정이 잘 드러나지 않아
④ 상대방과의 대화에 잘 참여하지 않아

※ [32~34] 다음을 읽고 글의 내용과 같은 것을 고르십시오. (각 2점)

32.
> 수리부엉이는 밤에 활동하는 야행성 동물로 작은 동물을 사냥하는 육식 동물이다. 수리부엉이는 인간의 무분별한 사냥, 살충제 사용, 산림 지역 개발로 인한 서식지 파괴 등으로 개체수가 줄어들면서 멸종 위기 야생 동물로 지정되어 보호받고 있다. 그러나 아직 개체수는 회복되지 못하고 있는 실정이다. 생태계 개체수를 조절하고 균형을 유지하는 데 중요한 역할을 하는 수리부엉이의 적극적인 보호 정책이 시급하다.

① 수리부엉이는 주로 낮에 적극적으로 움직인다.
② 수리부엉이는 보호 정책으로 개체수가 예전과 동일해졌다.
③ 수리부엉이는 생태계의 개체수를 늘리는 데 중요한 역할을 한다.
④ 수리부엉이는 사람들의 사냥과 살충제 사용으로 많이 희생되었다.

33.
> 감자는 고소한 맛과 풍부한 영양으로 많은 사람들이 다양하게 요리해서 즐겨 먹는 식품이다. 그러나 감자에 싹이 났거나 껍질의 색이 초록색으로 변질이 되었다면 그 감자는 버리는 것이 좋다. 감자에는 해충 및 병원균에 맞서기 위한 천연 살충제인 솔라닌이 있는데 솔라닌은 독성이 강한 물질로 싹이나 껍질에 많다. 극히 소량의 섭취는 문제가 없으나 20mg 이상을 섭취할 경우 복통, 구토, 호흡 곤란, 식중독 등의 다양한 증상이 나타난다. 솔라닌은 열에 강한 특성이 있어 뜨거운 물에 익혀도 없어지지 않는다.

① 감자는 천연 살충제를 뿌려서 재배한다.
② 솔라닌은 아주 조금만 먹어도 건강에 문제가 생긴다.
③ 열을 가하면 솔라닌이 없어지므로 가열해서 먹는 것이 좋다.
④ 싹이 난 감자나 껍질의 색깔이 변한 감자는 버리는 것이 좋다.

34.
> 　　자기효능감이란 어떠한 과제를 수행할 수 있는 자신의 능력에 대한 판단과 믿음이다. 자신감과 유사한 의미로 실제의 자신의 능력과 무관하게 스스로의 능력에 대한 개인적인 믿음이다. 자기효능감이 높을수록 학업 성취도가 높고 매사에 긍정적이라는 연구 결과가 있다. 이러한 자기효능감은 다양한 성취 경험을 통해 강화된다. 그러므로 먼저 쉬운 과제를 제시하여 성공한 경험을 하게 한 후 점차적으로 과제의 난이도를 올리는 것이 효과적이다.

① 자기효능감은 주관적인 개념이다.
② 자기효능감은 자신의 능력에 따라 달라진다.
③ 자기효능감과 공부 성적과는 상관관계가 없다.
④ 자기효능감 향상을 위해 어려운 과제부터 제시하는 것이 좋다.

※ [35~38] 다음을 읽고 글의 주제로 가장 알맞은 것을 고르십시오. (각 2점)

35.
> 　　가정 폭력은 가족 구성원을 대상으로 발생하는 폭력으로 신체적인 폭력뿐만 아니라 언어적인 욕설과 비난 등 정신적인 폭력도 포함된다. 흔히 가정 폭력은 가해자와 피해자가 모두 가족들이라는 이유로 개인적인 문제로 치부되기도 한다. 폭력은 어떠한 상황에서도 정당화될 수 없는 범죄 행위이다. 그러므로 가정에서 폭력이 발생했을 때 신고해서 처벌을 받도록 해야 한다.

① 가정 폭력 피해자의 폭력 신고가 증가했다.
② 가정 폭력은 가족 내에서 해결하는 것이 이상적이다.
③ 가족 구성원 간에 발생한 폭력이라도 처벌을 받아야 한다.
④ 욕을 하거나 상대방을 비난하는 것은 가정 폭력에 해당되지 않는다.

36.
　　정부는 최근 식당이나 카페에서 일회용 컵이나 플라스틱 빨대 사용 금지 정책을 사실상 철폐했다. 일회용 컵 사용은 규제 자체를 없앴고 플라스틱 빨대는 계도 기간을 무기한 연장한다고 발표했다. 소상공인의 어려움과 국민의 불편을 해소하기 위한 결정이었다고 하지만 정부의 정책이 지속 가능하지 않고 이렇게 쉽게 변경된다면 결국 국민의 신뢰를 잃게 될 것이다.

① 정부의 정책은 일관성이 있어야 한다.
② 소상공인과 자영업자를 위한 정책을 마련해야 한다.
③ 환경 보호를 위해서 일회용품 사용은 규제해야 한다.
④ 정부는 정책의 변경에 대해 국민들에게 잘 설명해야 한다.

37.
　　'임금피크제'는 일정한 연령에 도달하면 임금을 삭감하는 대신 정년까지 고용을 보장하는 제도이다. 이 제도로 노동자는 고용 유지를 보장받을 수 있고 기업의 입장에서는 숙련된 노동자를 좀 더 고용할 수 있으므로 노동자와 기업이 상생할 수 있는 제도이다. 그러나 대법원에서 이 제도는 합리적인 사유가 없는 연령 차별이라는 이유로 위헌 판결을 내렸다. 대법원의 위헌 판결이 이 제도가 무효라는 의미라기보다는 이 제도의 악용을 막아야 한다는 의미로 분석된다.

① 임금피크제는 현재의 기업문화에 맞지 않다.
② 임금피크제에 대한 대법원의 판결은 무효이다.
③ 임금피크제는 노동자보다 기업에게 유리한 제도이다.
④ 임금피크제는 노동자와 기업이 상생할 수 있는 제도이다.

38.
> 　기초생활보장제도는 생계, 의료, 주거 등 기초 생활을 영위하기 어려운 국민을 대상으로 국가가 최저생활을 영위할 수 있도록 보장해 주는 제도이다. 이 제도는 부양 능력이 있는 부양의무자의 유무, 재산과 소득의 평가를 기준으로 대상자를 선정한다. 그러나 부양의무자와 전혀 연락이 안 되는 경우는 빈곤층이라고 하더라도 이 제도의 혜택을 받을 수 없다. 실제 도움이 절실한 사람들이 혜택을 받을 수 있도록 개선 방안이 마련되어야 한다.

① 기초생활보장제도는 폐지되어야 한다.
② 기초생활보장제도의 소득 평가 기준이 낮다.
③ 기초생활보장제도 대상자와의 소통이 중요하다.
④ 기초생활보장제도 대상자 선정 기준을 개선해야 한다.

※ [39~41] 주어진 문장이 들어갈 곳으로 가장 알맞은 것을 고르십시오. (각 2점)

39.
> 이 책의 특징은 인지도가 높은 그림에 대한 해석이 아니라 화가들의 생애를 중심으로 작품을 설명하고 있다는 점이다.

> 　이 책은 유럽의 미술관에 전시되어 있는 그림들을 소개하고 있다. (㉠) 그러므로 그림의 가치보다 그림을 그릴 당시의 시대적인 상황과 화가의 삶의 배경을 통해 그림을 분석하고 있다. (㉡) 그림을 통해 나타내고자 했던 화가의 생각과 아픔, 고통 등을 잘 설명하고 있다. (㉢) 유럽의 미술관을 방문할 계획이 있다면 미술관을 관람하기 전에 한번 읽고 가면 좋을 책이다. (㉣)

① ㉠　　　　　　② ㉡　　　　　　③ ㉢　　　　　　④ ㉣

40.

> 반면 빨간색은 에너지를 생성하여 활기 넘치게 하는 효과가 있다고 알려져 있다.

> 색이 발휘하는 힘은 생각보다 크다. (㉠) 많은 연구를 통해서 특정 색깔이 인간의 정신과 육체에 영향을 미친다는 것이 밝혀졌다. (㉡) 예를 들어 분홍색 향수병을 보면 부드러운 향기를 연상한다. 분홍색이 감정을 진정시키는 효과가 있기 때문이다. (㉢) 선수들의 유니폼을 빨간색으로 하면 경기에 이길 확률이 높아진다는 연구 결과도 있다. (㉣)

① ㉠ ② ㉡ ③ ㉢ ④ ㉣

41.

> 석조전은 이름이 의미하는 것처럼 돌로 만들어진 건물이다.

> 덕수궁의 석조전은 대한제국의 대표적인 서양식 건물이다. (㉠) 19세기 영국에서 유행하던 신고전주의 양식의 건물로 완벽한 좌우 대칭을 이루는 것이 특징이다. (㉡) 이는 이전의 전통적인 궁궐의 주요 건축 자재가 대부분 나무였던 것을 생각하면 파격적이라고 볼 수 있다. (㉢) 복원 공사를 거쳐 현재는 대한제국역사관으로 사용되고 있다. (㉣)

① ㉠ ② ㉡ ③ ㉢ ④ ㉣

※ [42~43] 다음을 읽고 물음에 답하십시오. (각 2점)

> 부모님이 이혼한 이후로 영희는 할머니 집에서 살게 되었다. 일주일에 한 번씩 영희를 보러 오는 어머니를 만나는 것이 영희의 가장 큰 행복이었다. 한 번도 찾아오지 않는 아버지가 보고 싶었던 영희는 아버지가 해외 근무 중이라서 만날 수 없다는 자기 최면을 걸기도 했다. 할머니가 영희를 잘 보살펴 주셨지만 영희는 항상 뭔가 부족을 느끼며 살았다. 그 부족함을 채우기 위해 영희는 열심히 공부를 했고 성적이 아주 우수했다. (중략) 어느날 놀이터에서 놀고 있던 영희를 보고 동네 아주머니들이 말을 걸었다.
> "영희야, 아빠는 뭐 하셔? 아빠는 왜 안 오셔?"
> "우리 아빠는 외국에서 근무하고 계셔서 못 오시는 거예요." (중략)
> 대학교에 들어가면서 영희는 독립을 했다. 약 10년간의 자취 생활을 끝내고 다음 달에 결혼을 한다. 영희의 결혼 소식을 어떻게 들었는지 그동안 한 번도 연락이 없었던 아버지에게서 연락이 왔다.
> "영희야, 결혼식에 입장할 때 아빠가 손을 잡고 들어갈까?"
> "<u>지금까지 아버지가 저한테 해 주신 게 뭐가 있어서요? 저에게 아버지가 있었나요?</u>"
> "그래. 미안하다. 하객석에서 조용히 결혼식을 지켜보마."
> 아버지의 전화를 끊으며 영희는 절대 아버지처럼 살지 않을 거라고 다짐했다.

42. 밑줄 친 부분에 나타난 '나'의 심정으로 가장 알맞은 것을 고르십시오.
① 안쓰럽다
② 후회스럽다
③ 실망스럽다
④ 원망스럽다

43. 윗글의 내용으로 알 수 있는 것을 고르십시오.
① 영희의 아버지는 해외 근무를 하셨다.
② 영희의 할머니는 영희를 잘 보살펴 주셨다.
③ 영희는 부모님이 이혼한 후 독립해서 생활했다.
④ 영희는 아버지의 손을 잡고 결혼식 입장을 할 것이다.

※ [44~45] 다음을 읽고 물음에 답하십시오. (각 2점)

> 과거 제도는 시험을 통해 관리를 뽑는 제도이다. 오늘날의 공무원 시험 제도와 유사하다고 볼 수 있다. 과거 제도를 실시하기 이전에는 신분에 의한 세습이나 적당한 사람을 추천하는 천거 방식을 이용했다. 고위 관리를 역임할 수 있는 신분은 태어날 때 이미 정해지는 신분제 사회였던 것이다. 신분이 세습되면서 양반들의 권력은 강해질 수밖에 없었다. 고려의 4번째 왕인 광종은 이러한 양반들의 세력을 견제하고 (　　　　　) 하나의 수단으로 과거 제도를 본격적으로 시행하였다. 과거 시험에 통과하는 것을 가문으로 영광으로 여길 만큼 합격하기는 힘들었다. 일생을 공부에만 투자해도 합격하기가 쉽지 않은 과거 시험에 목을 매는 사람이 많았던 이유는 무엇일까? 과거제도는 가문과 상관없이 개인의 능력에 의해 선발되는 시험이었으므로 이를 통해 신분 상승이 가능했기 때문이다.

44. ( )에 들어갈 말로 가장 알맞은 것을 고르십시오.
① 왕권을 강화하기 위한
② 신분 세습을 강화하기 위한
③ 양반 세력과 협력하기 위한
④ 적절한 인재를 추천하기 위한

45. 윗글의 주제로 가장 알맞은 것을 고르십시오.
① 고려의 4번째 왕이 과거 제도를 만들었다.
② 과거 제도와 공무원 시험 제도는 비슷하다.
③ 천거 방식의 추천제가 인재 선발에 이상적이다.
④ 과거 제도는 능력에 의해 인재를 선발하는 제도이다.

※ [46~47] 다음을 읽고 물음에 답하십시오. (각 2점)

> 부동산 공시 가격은 국토개발부에서 매년 조사하여 발표하는 부동산의 적정 가격이다. 이러한 공시 가격은 재산세나 종합부동산세 등 부동산과 관련된 세금을 산정하는 기준이 된다. 정부는 부동산 가격이 치솟자 실제 부동산 시세의 70% 정도인 공시 가격을 매년 단계적으로 올려 90%까지 현실화하려는 정책을 마련했다. 이러한 공시 가격 현실화 정책이 실시되자 국민들의 세금 부담이 커지면서 불만의 목소리가 높다. 토지 거래 허가제와 함께 부동산 가격을 안정화시키기 위한 정부의 정책이라고 하지만 이러한 방법으로 부동산 가격의 안정화를 기대하기는 어렵다. 부동산을 매매할 때 발생하는 취득세 등의 세금과 부동산 보유에 관련된 각종의 세금은 일반 국민들의 거주지의 선택을 방해하는 요인으로 작용할 수 있다. 정부가 부동산의 가격 변동에 지나치게 개입하기보다는 시장 경제의 흐름에 맡겨 두는 것이 바람직하다고 생각한다.

46. 윗글에 나타난 필자의 태도로 가장 알맞은 것을 고르십시오.
① 정부의 부동산 관련 개입을 우려하고 있다.
② 정부의 부동산 관련 세금 정책 시행을 촉구하고 있다.
③ 정부의 부동산 정책에 대해서 동의하면서 지지하고 있다.
④ 정부의 부동산 공시 가격 현실화 정책에 대해 환영하고 있다.

47. 윗글의 내용과 같은 것을 고르십시오.
① 현재 부동산 공시 가격은 시세의 90% 정도이다.
② 부동산 공시 가격은 부동산 중개소에서 조사하여 발표한다.
③ 부동산 공시 가격은 부동산과 관련된 각종 세금 산정의 기준이 된다.
④ 부동산 공시 가격의 현실화 정책에 대한 국민들의 반응은 긍정적이다.

※ [48~50] 다음을 읽고 물음에 답하십시오. (각 2점)

> 로봇 수술은 수술을 집도하는 의사가 로봇을 조정하며 진행하는 수술이다. 현재 외과 수술에서 로봇 수술이 많이 시행되고 있는데 그 이유는 무엇일까? 우선 로봇 수술은 입체 영상으로 수술 부위를 확대하여 볼 수 있으므로 수술의 정확성이 높아진다. 수술 부위가 가려져서 잘 보이지 않는 경우나 미세한 부분을 수술해야 하는 경우 안정적으로 수술을 진행할 수 있다. 그리고 로봇 수술은 로봇 기기를 사용하여 원하는 각도와 방향 조절이 가능하다. 그러므로 좁은 공간에서도 수술을 원활하게 진행할 수 있을 뿐만 아니라 봉합 속도도 빨라서 수술 시간이 감소된다. 수술 시간의 감소는 마취 시간의 감소를 의미하며 이는 마취로 인한 합병증 예방에 도움이 된다. 피부를 절개하여 집도의의 손으로 수술을 진행하는 개복 수술과 달리 로봇 수술은 작은 구멍을 뚫어 수술하므로 (   ) 수술 시 출혈이나 감염의 위험과 통증을 줄일 수 있다. 로봇 팔에 장착되는 기구들의 사용 제한 등으로 인한 비용 발생 등이 문제이기는 하나 과학 기술의 발달로 이러한 문제들은 해결되리라고 생각한다.

48. 윗글을 쓴 목적으로 가장 알맞은 것을 고르십시오.
① 로봇 수술의 장점을 설명하려고
② 로봇 수술과 개복 수술을 비교하려고
③ 로봇 수술의 비용 절감 방안을 논의하려고
④ 로봇 수술이 의료계에 미친 영향을 분석하려고

49. (   )에 들어갈 말로 가장 알맞은 것을 고르십시오.
① 피를 흘리지 않아서
② 미세하게 수술을 해서
③ 절개 부위가 크지 않아서
④ 의사가 직접 수술을 하지 않아서

50. 윗글의 내용과 같은 것을 고르십시오.
① 로봇 수술은 집도의가 필요없다.
② 로봇 수술은 개복 수술에 비해서 출혈이 적다.
③ 로봇 수술은 아직 기술이 발달하지 않아 안전성에 문제가 있다.
④ 수술 부위가 아주 작은 경우에는 로봇 수술이 바람직하지 않다.

한국어능력시험
제2회 실전 모의고사

Test of Proficiency in Korean
Actual Mock test

TOPIK II

1교시	듣기, 쓰기 (Listening, Writing)
2교시	읽기 (Reading)

수험번호(Registration No.)	
이름 (Name) 한국어(Korean)	
영 어(English)	

유 의 사 항
Information

1. 시험 시작 지시가 있을 때까지 문제를 풀지 마십시오.
   Do not open the booklet until you are allowed to start.

2. 수험번호와 이름을 정확하게 적어 주십시오.
   Write your name and registration number on the answer sheet.

3. 답안지를 구기거나 훼손하지 마십시오.
   Do not fold the answer sheet; keep it clean.

4. 답안지의 이름, 수험번호 및 정답의 기입은 배부된 펜을 사용하여 주십시오.
   Use the given pen only.

5. 정답은 답안지에 정확하게 표시하여 주십시오.
   Mark your answer accurately and clearly on the answer sheet.

   marking example ① ● ③ ④

6. 문제를 읽을 때에는 소리가 나지 않도록 하십시오.
   Keep quiet while answering the questions.

7. 질문이 있을 때에는 손을 들고 감독관이 올 때까지 기다려 주십시오.
   When you have any questions, please raise your hand.

TOPIK Ⅱ 듣기(1번~50번)

※ [1~3] 다음을 듣고 가장 알맞은 그림 또는 그래프를 고르십시오. (각 2점)

1. ①  ②

   ③  ④

2. ①  ②

   ③  ④

3.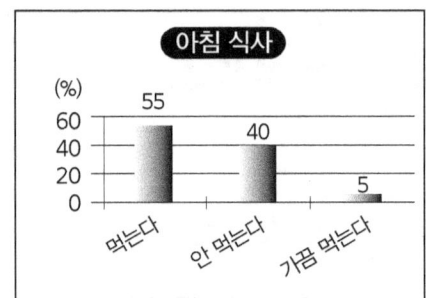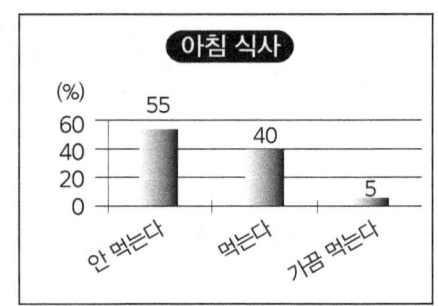

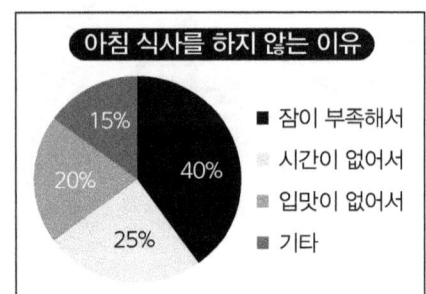

※ [4~8] 다음을 듣고 이어질 수 있는 말로 가장 알맞은 것을 고르십시오. (각 2점)

4. ① 많은 사람이 갈 수 있었으면 좋겠다.
   ② 버스를 예약하기 전에 말해 주면 돼.
   ③ 여행을 가 본 친구에게 물어보면 어때?
   ④ 주말에는 사람이 많으니까 주중에 가자.

5. ① 좀 더 싼 방은 없나요?
   ② 책상을 어디에 놓을까요?
   ③ 그럼, 오늘 계약을 할게요.
   ④ 궁금한 게 있으면 물어보세요.

6. ① 음악 동아리가 인기가 많은가 봐.
   ② 동아리 회장에게 물어보지 그래?
   ③ 관심이 있지만 돈이 너무 많이 들어.
   ④ 테니스나 골프 같은 동아리는 어떨까?

7. ① 사고가 나지 않도록 조심하세요.
② 그럼, 내일 시내에서 만나는 게 어때요?
③ 이럴 땐 버스나 택시보다 지하철을 이용하세요.
④ 마라톤대회에 참가하려면 인터넷으로 신청하세요.

8. ① 그렇지 않아도 연락하려고 했는데요.
② 점검하는 데 시간이 얼마나 걸릴까요?
③ 그럼, 확인하고 내일 다시 전화드릴게요.
④ 어디에 연락하면 되는지 알려 주시겠어요?

※ [9~12] 다음을 듣고 여자가 이어서 할 행동으로 가장 알맞은 것을 고르십시오. (각 2점)

9. ① 여행지를 검색한다.
② 여행 계획을 세운다.
③ 가족들에게 연락한다.
④ 비행기표를 예매한다.

10. ① 놀이기구 표를 사러 간다.
② 입장하는 방법을 알아본다.
③ 오후 놀이기구를 예약한다.
④ 놀이기구를 타려고 줄을 선다.

11. ① 자전거 이용권을 구매한다.
② 자전거 이용 앱을 설치한다.
③ 자전거를 빌려서 타고 간다.
④ 자전거를 대여소에 반납한다.

12. ① 남자에게 퇴사를 권한다.
    ② 남자에게 일자리를 소개한다.
    ③ 남자에게 취업사이트를 알려 준다.
    ④ 남자에게 적성에 맞는 일을 맡긴다.

※ [13~16] 다음을 듣고 내용과 같은 것을 고르십시오. (각 2점)

13. ① 외식비가 오르지 않아서 다행이다.
    ② 여자는 식비가 올라서 걱정하고 있다.
    ③ 여자는 식재료를 싸게 사는 방법을 안다.
    ④ 두 사람은 좋아하는 음식을 만드는 중이다.

14. ① 오늘 아파트 대청소가 실시된다.
    ② 아파트 주민들이 대청소를 한다.
    ③ 재활용품을 밖에 내놓아야 한다.
    ④ 주민들이 부탁해서 청소를 하기로 했다.

15. ① 이 사고의 정확한 원인이 밝혀졌다.
    ② 이 사고의 운전자는 음주운전을 했다.
    ③ 이 사고로 승용차 운전자가 크게 다쳤다.
    ④ 이 사고는 트럭이 중앙선을 넘어서 발생했다.

16. ① 이 자동차는 전기로 이동한다.
    ② 이 자동차의 특징은 빨리 달리는 것이다.
    ③ 이 자동차는 운전자 없이 운전할 수 있다.
    ④ 이 자동차는 고속도로에서만 운전할 수 있다.

※ [17~20] 다음을 듣고 남자의 중심 생각으로 가장 알맞은 것을 고르십시오. (각 2점)

17. ① 아랫사람이라도 반말을 하면 안 된다.
    ② 처음 보는 사람에게 반말을 하면 안 된다.
    ③ 어른에게 기분 나쁜 표정을 하면 안 된다.
    ④ 어른에게 질문할 때 반말을 하면 안 된다.

18. ① 화려한 색은 자주 입기가 어렵다.
    ② 아무데나 잘 어울리는 옷이 좋다.
    ③ 엄마는 수수한 색이 잘 어울린다.
    ④ 수수한 옷차림이 눈에 띄지 않는다.

19. ① 남을 돕는 일은 돈의 액수가 중요하다.
    ② 물과 식량이 부족한 어린이를 도와야 한다.
    ③ 정기적으로 남을 돕는 것은 어려운 결심이다.
    ④ 어린이를 돕는 재단에 돈을 내는 것은 당연하다.

20. ① 패션은 튀는 것보다 평범한 것이 좋다.
    ② 인상적인 패션 잡지를 창간하려고 한다.
    ③ 20대 여성들은 개성 있는 패션에 관심이 있다.
    ④ 잡지에서 실생활에 필요한 내용을 얻을 수 있다.

※ [21~22] 다음을 듣고 물음에 답하십시오. (각 2점)

21. 남자의 중심 생각으로 가장 알맞은 것을 고르십시오.
   ① 행사를 하기 전에 홍보해야 한다.
   ② 웬만한 축제는 관심을 끌기가 어렵다.
   ③ 축제를 통해서 지역을 홍보할 수 있다.
   ④ 특산물을 판매하는 축제를 개최하면 좋겠다.

22. 들은 내용과 같은 것을 고르십시오.
   ① 우리 지역에서는 해마다 축제를 한다.
   ② 요즘은 체험하는 축제가 인기가 있다.
   ③ 볼거리가 많은 축제에 사람들이 몰린다.
   ④ 농산물 수확은 우리 지역만의 특색 있는 행사이다.

※ [23~24] 다음을 듣고 물음에 답하십시오. (각 2점)

23. 남자가 무엇을 하고 있는지 고르십시오.
   ① 불편 사항을 접수하고 있다.
   ② 법적인 조치를 요구하고 있다.
   ③ 공사에 대한 조사를 요구하고 있다.
   ④ 공사 현장의 상황을 알아보고 있다.

24. 들은 내용으로 맞는 것을 고르십시오.
   ① 민원 사실은 경찰에서 조사한다.
   ② 조사가 끝난 후에 민원이 접수된다.
   ③ 민원이 접수된 후 60일 전에 처리된다.
   ④ 공사장에서 소음이 발생해서 불편을 겪는다.

※ [25~26] 다음을 듣고 물음에 답하십시오. (각 2점)

25. 남자의 중심 생각으로 알맞은 것을 고르십시오.
① 순수한 비영리 단체에서 활동하기가 쉽지 않다.
② 사회를 변화시키려면 단체들이 자발적으로 참여해야 한다.
③ 인권 보호와 환경 보호를 위해서는 국가의 후원이 필요하다.
④ 국제기구와 협력해서 각 지역 사회의 발전을 지원해야 한다.

26. 들은 내용과 같은 것을 고르십시오.
① 이 단체는 국제기구를 이끌고 있다.
② 이 단체는 다양한 분야의 문제에 대응한다.
③ 이 단체는 각 지역 사회의 후원을 받고 있다.
④ 이 단체는 앞으로 구체적인 사업을 할 것이다.

※ [27~28] 다음을 듣고 물음에 답하십시오. (각 2점)

27. 남자가 말하는 의도로 알맞은 것을 고르십시오.
① 학생식당의 운영에 자신의 의견을 반영하려고
② 학생식당의 위생에 대해서 문제를 제기하려고
③ 학생식당의 문제에 대한 해결 방안을 제안하려고
④ 학생식당을 확충해야 하는 상황과 이유를 설명하려고

28. 들은 내용과 같은 것을 고르십시오.
① 학생들이 학생식당의 확충을 요구한다.
② 학생식당 음식에 대한 학생들의 평가가 나쁘다.
③ 학생회관에 있는 식당의 음식에 대한 불만이 많다.
④ 학교 측은 식당 문제의 해결 방안을 찾지 못하고 있다.

※ [29~30] 다음을 듣고 물음에 답하십시오. (각 2점)

29. 남자가 누구인지 고르십시오.
① 드라마의 음악을 만드는 사람
② 드라마의 상황을 구성하는 사람
③ 드라마의 홍보를 담당하는 사람
④ 드라마의 내용을 감독하는 사람

30. 들은 내용과 같은 것을 고르십시오.
① 이 일을 하려면 드라마에 대한 지식이 필요하다.
② 이 일은 드라마의 성공과 실패에 영향을 미친다.
③ 드라마가 인기를 끌면 사용된 음악도 인기가 높아진다.
④ 드라마의 인기는 감독의 지식과 소통 능력에 달려 있다.

※ [31~32] 다음을 듣고 물음에 답하십시오. (각 2점)

31. 남자의 중심 생각으로 가장 알맞은 것을 고르십시오.
① 카드를 무제한 이용할 수 있게 해야 한다.
② 카드를 이용할 수 있는 지역을 늘려야 한다.
③ 카드를 시범 운영해서 결과를 살펴봐야 한다.
④ 카드를 이용하면 교통 문제를 해결할 수 있다.

32. 남자의 태도로 가장 알맞은 것을 고르십시오.
① 여자의 의견에 적극 동의하고 있다.
② 예상되는 효과에 대해서 부정적이다.
③ 여자에게 해결 방안을 요구하고 있다.
④ 문제점을 알리기 위해서 설명하고 있다.

※ [33~34] 다음을 듣고 물음에 답하십시오. (각 2점)

33. 무엇에 대한 내용인지 알맞은 것을 고르십시오.
    ① 달을 탐사하는 목적
    ② 달이 만들어진 과정
    ③ 우주 비행사의 역할
    ④ 우주 개발을 위한 경쟁

34. 들은 내용과 같은 것을 고르십시오.
    ① 달에 우주 비행사들이 사용할 기지가 생겼다.
    ② 우주 비행사는 우주 연구의 중요한 자원이다.
    ③ 인간의 호기심이 달을 탐사하게 된 출발점이다.
    ④ 유인 우주선을 달에 보낼 계획이 진행되고 있다.

※ [35~36] 다음을 듣고 물음에 답하십시오. (각 2점)

35. 남자는 무엇을 하고 있는지 고르십시오.
    ① 행사의 역사와 내용을 설명하고 있다.
    ② 행사를 개최하게 된 것을 축하하고 있다.
    ③ 시민들에게 행사의 지원을 부탁하고 있다.
    ④ 지역주민들에게 행사 참여를 호소하고 있다.

36. 들은 내용과 같은 것을 고르십시오.
    ① 이 행사는 해마다 열렸다.
    ② 이 행사는 시민들이 준비했다.
    ③ 이 행사는 체육대회를 포함한다.
    ④ 이 행사를 통해서 인주시가 발전했다.

※ [37~38] 다음을 듣고 물음에 답하십시오. (각 2점)

37. 여자의 중심 생각으로 알맞은 것을 고르십시오.
① 복잡한 현대 생활에서 부정적인 감정이 커진다.
② 유아와 노인을 위한 운동 지원 정책이 필요하다.
③ 건강 증진을 위해서 사회체육을 활성화시켜야 한다.
④ 건강에 대한 국민들의 관심을 높이는 것이 중요하다.

38. 들은 내용과 일치하는 것을 고르십시오.
① 사회체육은 신체활동에 대한 국민의 참여를 유도한다.
② 사회체육은 여가 시간의 정도에 따라서 다양하게 분류된다.
③ 사회체육은 운동할 장소와 기회가 없는 사람들을 지원한다.
④ 사회체육은 국민의 긴장감을 해소하려는 목적으로 시작되었다.

※ [39~40] 다음을 듣고 물음에 답하십시오. (각 2점)

39. 이 대화 전의 내용으로 가장 알맞은 것을 고르십시오.
① 특수목적고등학교에 대한 선호도 조사가 실시되었다.
② 인기가 많은 고등학교들이 특수목적고등학교가 되었다.
③ 일반계 고등학교로 바뀐 특수목적 고등학교가 늘고 있다.
④ 특수목적고등학교를 시작하기 위해서 인가를 받아야 한다.

40. 들은 내용과 같은 것을 고르십시오.
① 일반계 고등학교의 인기가 떨어졌다.
② 특수목적고등학교의 상황이 좋아졌다.
③ 일반계 고등학교의 지원자가 늘고 있다.
④ 특수목적고등학교가 급속히 많아지고 있다.

※ [41~42] 다음을 듣고 물음에 답하십시오. (각 2점)

41. 이 강연의 중심 내용으로 가장 알맞은 것을 고르십시오.
　　① 더 빠르고 안전한 열차를 개발하도록 지원해야 한다.
　　② 자기부상열차는 승차감, 안전성 등 여러 가지 이점이 있다.
　　③ 수도권에 도입되는 자기부상열차의 악영향은 우려할 만하다.
　　④ 승객의 안전을 위해서 자기장의 영향을 줄이는 연구가 필요하다.

42. 들은 내용과 같은 것을 고르십시오.
　　① 이 열차는 바퀴가 바닥에 닿지 않고 달린다.
　　② 이 열차는 기능면에서 기존 열차와 비슷하다.
　　③ 이 열차는 탈선 가능성이 없지만 소음이 많다.
　　④ 이 열차는 속도가 빠르지만 동력이 많이 필요하다.

※ [43~44] 다음을 듣고 물음에 답하십시오. (각 2점)

43. 무엇에 대한 내용인지 알맞은 것을 고르십시오.
　　① 산호초와 물고기의 관계
　　② 해양 환경과 물고기의 다양성
　　③ 물고기들의 습성과 환경 보호
　　④ 해양생태계와 산호초의 중요성

44. 산호초의 서식지가 파괴되고 있는 이유로 맞는 것을 고르십시오.
　　① 물고기가 산호초를 먹기 때문에
　　② 물고기의 배설물이 많기 때문에
　　③ 해양의 수온이 올라가기 때문에
　　④ 인공산호초가 수질을 오염시키기 때문에

※ [45~46] 다음을 듣고 물음에 답하십시오. (각 2점)

45. 들은 내용과 같은 것을 고르십시오.
① 탈춤놀이는 백성들과 양반 사이의 갈등을 키웠다.
② 탈춤놀이는 지배 계층인 양반들의 지시로 만들어졌다.
③ 탈춤놀이를 통해 양반에 대한 불만을 해소할 수 있었다.
④ 탈춤놀이에는 노래가 없었기 때문에 음악이 사용되지 않았다.

46. 여자가 말하는 방식으로 알맞은 것을 고르십시오.
① 탈춤놀이의 장점을 홍보하고 있다.
② 탈춤놀이의 변화 과정을 설명하고 있다.
③ 탈춤놀이의 지역별 차이를 비교하고 있다.
④ 탈춤놀이의 역할과 기능을 소개하고 있다.

※ [47~48] 다음을 듣고 물음에 답하십시오. (각 2점)

47. 들은 내용과 같은 것을 고르십시오.
① 소득 불평등의 원인은 소득 분배의 악화이다.
② 소득 불평등은 조세 부담이 강화되었기 때문이다.
③ 소득 불평등으로 인해 고용 상태가 변화하고 있다.
④ 소득 불평등을 경험한 나라들이 해결책을 내놓았다.

48. 남자의 태도로 알맞은 것을 고르십시오.
① 소득 불평등의 사례를 검토하고 있다.
② 소득 불평등의 원인에 대해 분석하고 있다.
③ 소득 불평등의 결과에 대해 설명하고 있다.
④ 소득 불평등의 해결 방안을 제시하고 있다.

※ [49~50] 다음은 강연입니다. 잘 듣고 물음에 답하십시오. (각 2점)

49. 들은 내용과 일치하는 것을 고르십시오.
　　① 기술 유출 문제는 대기업에서만 발생하고 있다.
　　② 기술 유출 문제는 법적인 제재만으로 예방하기 어렵다.
　　③ 기술 유출 문제는 국내 기업의 기술 경쟁력을 향상시켰다.
　　④ 기술 유출 문제는 산업자원부의 지원으로 해결될 수 있다.

50. 여자의 태도로 가장 알맞은 것을 고르십시오.
　　① 기술 유출에 대한 기업의 대응 전략을 요구하고 있다.
　　② 기술 유출 범죄를 강하게 처벌할 것을 촉구하고 있다.
　　③ 기술 유출을 방지하는 법을 제정할 것을 주장하고 있다.
　　④ 기술 유출의 원인으로 연구 인력의 이직을 문제 삼고 있다.

TOPIK II 쓰기(51번~54번)

※ [51~52] 다음 글의 ㉠과 ㉡에 알맞은 말을 각각 쓰시오. (각 10점)

51.
올해 2월로 계약이 만료되어 재계약서를 보냅니다.
재계약에 동의하시면 성명과 주소를 쓰고 서명을 하신 후에 보내 주시기 바랍니다.
직접 방문하셔도 되고 (㉠   ).
2월 25일까지 제출해 주시기 바랍니다.
재계약에 동의하지 않으시면 다음 주까지 (㉡   ).
감사합니다.

52.
꿀벌은 식물에 영양분을 전달하고 열매를 맺게 하는 역할을 한다. 또한 꿀벌이 만들어 내는 꿀은 인간의 식품과 의약품 생산에 (㉠   ). 하지만 최근 꿀벌의 개체수가 급격하게 감소하고 있어서 여러 가지 문제가 발생하고 있다. 꿀벌의 수를 늘리기 위해서는 (㉡   ).

53. 다음은 '중소기업과 대기업 직원들의 연봉 격차'에 대한 자료이다. 이 내용을 200~300자의 글로 쓰시오. 단, 글의 제목은 쓰지 마시오. (30점)

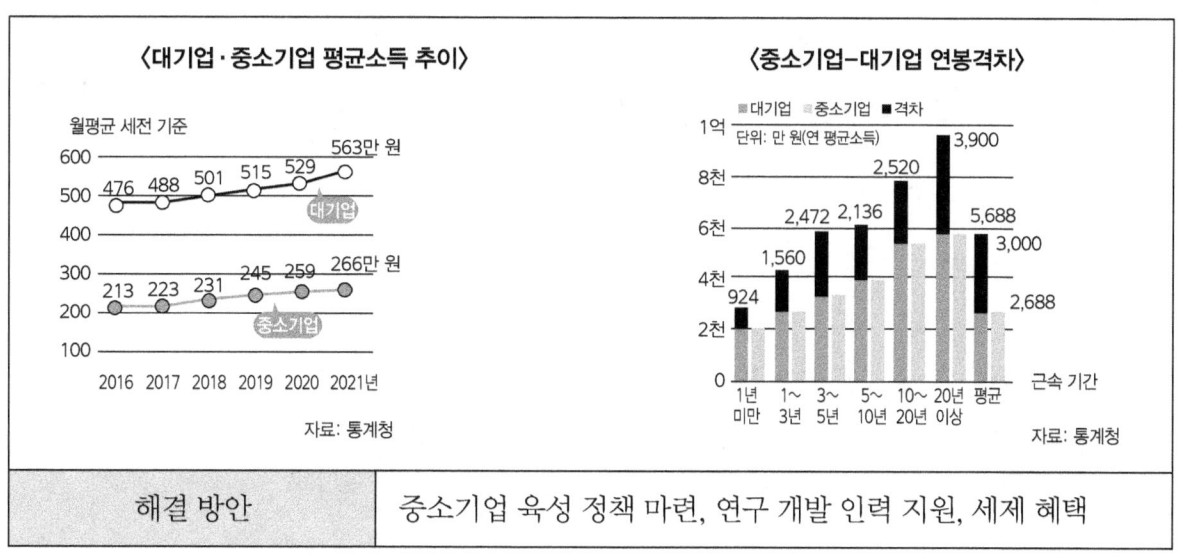

해결 방안	중소기업 육성 정책 마련, 연구 개발 인력 지원, 세제 혜택

54. 다음을 참고하여 600~700자로 글을 쓰시오. 단, 문제를 그대로 옮겨 쓰지 마시오. (50점)

> 유전자 조작은 유전자를 인공적으로 재배합하거나 돌연변이를 일으켜서 유전자의 성질을 바꾸어 놓는 것이다. 유전자 조작은 지나치게 인간중심적이라는 비판을 받고 있다. 아래 내용을 중심으로 '유전자 조작으로 얻을 수 있는 이익과 문제'에 대한 자신의 생각을 쓰라.
>
> • 유전자 조작으로 인간이 얻을 수 있는 이익은 무엇인가?
> • 유전자 조작으로 발생할 수 있는 문제는 무엇인가?
> • 유전자 조작의 문제를 줄이기 위해서 어떤 노력을 해야 하는가?

* 원고지 쓰기의 예

	사	람	들	은		음	악		치	료	를		할		때		환	자	에
게		주	로		밝	은		분	위	기	의		음	악	을		들	려	줄

제1교시 듣기, 쓰기 시험이 끝났습니다. 제2교시는 읽기 시험입니다.

TOPIK II 읽기(1번~50번)

※ [1~2] (　)에 들어갈 말로 가장 알맞은 것을 고르십시오. (각 2점)

1. 돈이 (　　) 다 행복한 것은 아니에요.
   ① 많다면　　　② 많도록　　　③ 많은 대신에　　　④ 많다고 해서

2. 저도 지금 도서관에 (　　).
   ① 갔을 거예요　　　　　　② 가는 모양이에요
   ③ 가려던 참이었어요　　　④ 갈 지도 모르겠어요

※ [3~4] 밑줄 친 부분과 의미가 가장 비슷한 것을 고르십시오. (각 2점)

3. 라면을 싸게 <u>팔길래</u> 좀 많이 사 왔어요.
   ① 팔아서　　　　② 팔더니
   ③ 팔 텐데　　　　④ 파는지

4. 너무 화가 나서 <u>참을 수가 있어야지요</u>.
   ① 참을 뿐이었어요　　　　② 참을 수가 없었어요
   ③ 참으려고 노력했어요　　④ 참을 수밖에 없었어요

※ [5~8] 다음은 무엇에 대한 글인지 고르십시오. (각 2점)

5.
넉넉한 실내 공간…
고속 주행에도 흔들림 없이 편안합니다.

① 책상 ② 침대 ③ 자동차 ④ 자전거

6.
최신 신간 도서를 저렴하게~
두 권 이상 구매하시면 20% 할인해 드립니다!

① 서점 ② 편의점 ③ 백화점 ④ 도서관

7.
우리가 빌려 쓰는 지구
후손에게 깨끗하게 전해 줍시다!

① 안전 운전 ② 의료 보험 ③ 환경 보호 ④ 가족 정책

8.
❶ 1회 1정, 1일 3회 드십시오.
❷ 식후에 드십시오.

① 복용 방법 ② 구입 방법 ③ 저장 방법 ④ 제품 효과

※ [9~12] 다음 글 또는 그래프의 내용과 같은 것을 고르십시오. (각 2점)

9.

아파트 내부 공사 안내문

◆ 공사 기간 : 3월 16일(월) ~ 3월 25(수), 10일간
◆ 공사 세대 : 401동 2301호
◆ 공사 내용 : 마루 교체, 욕실 공사, 도배
◆ 공사 업체 : 인주 인테리어
◆ 연락처 : 010-1234-5678
  ※ 불편 사항이나 문의 사항이 있으면 연락 주세요.
  ※ 평일 오후 6시 이후와 주말에는 작업을 하지 않습니다.
  ※ 소음이 심한 날 : 3월 16일, 3월 17일

① 이틀 동안 소음이 심할 것이다.
② 401동 전체 세대가 내부 공사 작업을 한다.
③ 주말에는 오후 6시까지만 작업을 진행한다.
④ 불편한 점이나 문의할 것이 있으면 이메일로 연락하면 된다.

10.

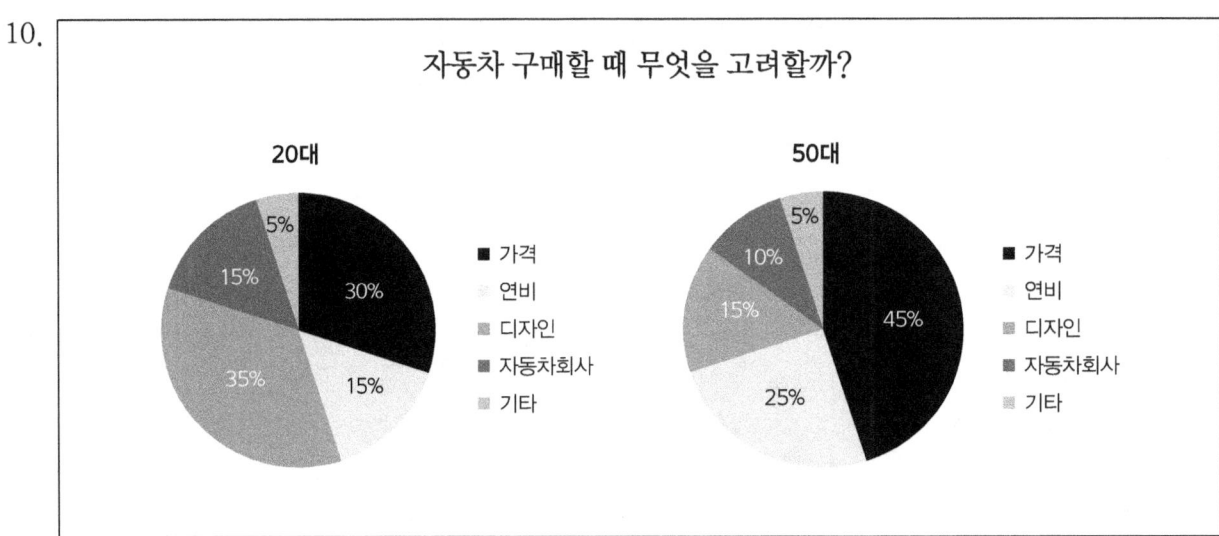

① 20대는 자동차를 살 때 디자인을 제일 많이 고려한다.
② 50대는 자동차를 구매할 때 연비를 가장 중요하게 생각한다.
③ 자동차를 살 때 20대가 50대보다 가격을 중요하게 생각한다.
④ 자동차를 살 때 50대가 20대보다 자동차 회사를 고려하는 사람이 많다.

11.
> 　세계적인 영화인의 행사인 부산 국제 영화제가 오는 10월 4일부터 13일까지 개최된다. 부산에 위치한 상영관 4곳에서 총 269편의 영화가 상영된다. 개막작은 한국영화, 폐막작은 중국영화가 선정되었다. 영화제 기간 동안에 각 상영관을 다니는 무료 셔틀버스도 운행할 예정이다.

① 전국 영화관에서 국제 영화제 영화를 상영한다.
② 부산 국제 영화제 개막작은 중국영화가 선정되었다.
③ 부산 국제 영화제에서는 총 269편의 영화가 상영된다.
④ 영화제 기간 동안 부산 전역에 셔틀버스를 운행할 것이다.

12.
> 　어제 새벽 4시쯤 경기도 인주시에서 충전 중이던 전기버스에서 화재가 일어나 약 8시간 만에 진화되었다. 다행히 인명 피해는 없었으나 전기버스가 전소되는 등 2억 원 상당의 재산 피해가 발생했다. 소방차 10여 대가 바로 출동하였으나 전기버스라서 화재 진압에 어려움을 겪었다. 경찰은 전기 충전기에서 불길이 시작된 것으로 보고 정확한 사고 원인을 조사 중이다.

① 이 사고로 많은 사람이 다쳤다.
② 화재가 난 지 약 8시간 만에 불이 꺼졌다.
③ 다행히 이 사고로 인한 재산 피해는 없다.
④ 소방차 출동이 늦어져 화재 진압이 어려웠다.

※ [13~15] 다음을 순서에 맞게 배열한 것을 고르십시오. (각 2점)

13.
(가) 발에 상처를 입을 수 있기 때문이다.
(나) 맨발로 걸으면 심혈관계 질환 개선과 우울증 완화에 효과적이라고 한다.
(다) 다만 맨발로 걸을 때는 길이 평평하고 이물질이 없는 곳을 선택해야 한다.
(라) 최근에 맨발 걷기 열풍이 불면서 곳곳에서 맨발로 걷는 사람을 볼 수 있다.

① (나)-(가)-(라)-(다)
② (나)-(라)-(가)-(다)
③ (라)-(나)-(가)-(다)
④ (라)-(나)-(다)-(가)

14.
(가) 그래서 이번에는 이사를 하자마자 아랫집에 내려갔다.
(나) 예전에 층간소음 문제로 아래층에 사는 사람과 불편했던 기억이 있다.
(다) 다행히 아랫집에 사시는 분이 걱정하지 말라며 따뜻하게 말씀해 주셨다.
(라) 유치원생인 아들이 조금 시끄러울 수도 있어서 양해를 구하러 간 것이다.

① (나)-(라)-(다)-(가)
② (나)-(가)-(라)-(다)
③ (라)-(다)-(가)-(나)
④ (라)-(가)-(나)-(다)

15.
(가) 그러나 충전 시간이 긴 것이 최대의 약점이다.
(나) 전기차는 전기를 에너지 원료로 사용하는 자동차이다.
(다) 최근에 초고속 충전 기술이 개발되어 약점이 보완되자 판매가 급상승했다.
(라) 이러한 전기차는 디젤이나 가솔린보다 이산화탄소 배출량이 적어 환경친화적이다.

① (가)-(다)-(나)-(라)
② (나)-(라)-(가)-(다)
③ (다)-(가)-(라)-(나)
④ (라)-(나)-(가)-(다)

※ [16~18] (　)에 들어갈 말로 가장 알맞은 것을 고르십시오. (각 2점)

16.
우리의 신체 중에서 외부의 (　　　) 기관은 귀이다. 그래서 비행기가 이륙하거나 착륙할 때 기압의 변화로 인해 귀가 먹먹해지거나 통증을 느끼게 되는 것이다. 이런 경우에 침을 삼키거나 껌을 씹으면 도움이 된다.

① 온도에 따라 달라지는
② 소리에 영향을 받는
③ 공기의 저항을 받지 않는
④ 압력에 민감하게 반응하는

17.
편의점의 상품 진열 위치는 나름대로의 판매 전략이 들어 있다. 편의점 매출이 가장 높은 상품이 음료인데 음료를 구매하려는 (　　　) 위해서 음료는 보통 매장의 안쪽에 위치해 있다. 음료를 찾으러 들어오는 길에 추가로 계획에 없던 다른 상품을 구매하게 만드는 것이다.

① 고객을 잘 모시기
② 고객이 물건을 쉽게 찾도록 하기
③ 고객이 편하게 구매하도록 하기
④ 고객을 매장의 안쪽으로 유도하기

18.
한여름이 되면 어김없이 매미의 울음소리를 들을 수 있다. 매미는 7년 정도 유충으로 땅속에 있다가 지상에서 성충이 된 후 약 1달 정도 생활한다. 그 짧은 시간 동안 수컷은 짝짓기를 하기 위해 끊임없이 울어 댄다. 짝짓기를 한 후 수컷은 죽고 암컷은 알을 낳고 죽는다. 매미의 울음소리는 (　　　) 생존 전략인 것이다.

① 폭염을 피하기 위한
② 종족을 보존하기 위한
③ 매미들이 대화를 하기 위한
④ 다시 땅속으로 돌아가기 위한

※ [19~20] 다음을 읽고 물음에 답하시오. (각 2점)

> 소아청소년 전공의 지원율이 해마다 감소하고 있다. 그 결과 소아과 의사가 부족하여 소아 환자가 입원할 병원이 많지 않고 야간이나 주말 진료는 거의 불가능한 상태이다. 소아 치료는 성인 환자 치료에 비해 위험 부담이 크다. (   ) 저출산으로 인해 환자 숫자가 줄어드는 것도 소아청소년과를 기피하는 원인이 되고 있다. 일도 힘들고 미래도 보장되지 않는 전공을 선택하라고 하는 것은 그들에게 희생을 강요하는 것일 뿐이다.

19. (   )에 들어갈 말로 가장 알맞은 것을 고르십시오.
① 다만   ② 오히려   ③ 게다가   ④ 오로지

20. 윗글의 주제로 가장 알맞은 것을 고르십시오.
① 소아 환자가 입원할 병원이 없어서 문제이다.
② 소아청소년과의 야간과 주말 진료를 늘려야 한다.
③ 소아청소년과 전공의를 기피하는 원인을 분석해야 한다.
④ 소아청소년과 전공의를 기피하는 현상은 당연한 결과이다.

※ [21~22] 다음을 읽고 물음에 답하시오. (각 2점)

> 휴가철이거나 긴 연휴에 해외여행을 가는 사람이 많다. 예전에는 많은 여행객들이 몰리면 공항 출입국심사대는 (　　　　) 붐비기 일쑤였다. 그러나 요즘 자동출입국심사 서비스를 시행하면서 출입국심사에 소요되는 시간이 많이 줄었다. 자동출입국심사 서비스는 주민등록증을 발급받은 대한민국 국민은 누구나 사전 등록 절차 없이 바로 이용이 가능하다. 주민등록증 미소지자는 사전 등록 후에 이용이 가능하다.

21. (　)에 들어갈 말로 가장 알맞은 것을 고르십시오.
① 발 디딜 틈이 없이
② 발을 벗고 나설 만큼
③ 손에 땀을 쥘 정도로
④ 앞뒤를 가리지 못할 만큼

22. 윗글의 내용과 같은 것을 고르십시오.
① 예전에 비해 휴가철이나 연휴에 해외여행을 가는 사람이 감소했다.
② 자동출입국심사 서비스를 이용하면 출입국심사할 때 시간을 줄일 수 있다.
③ 한국 국민은 모두 사전 등록을 해야 자동출입국심사 서비스를 이용할 수 있다.
④ 주민등록증을 발급받지 못한 사람은 자동출입국심사 서비스를 이용할 수 없다.

※ [23~24] 다음을 읽고 물음에 답하시오. (각 2점)

> 다음 달에 새집으로 이사를 가게 되어서 창고에 넣어 두었던 묵은 짐을 정리하였다. 정리하다 보니 오래된 상자 하나가 눈에 띄었다. 상자를 보자마자 옛 추억이 떠올랐다. 초등학교 4학년 때 타임캡슐을 만드는 과제가 있었는데 추억이 될 만한 물건을 넣어서 밀봉하고 10년 후에 열어 보기로 한 상자였다. 뭐가 그리 바빴는지 타임캡슐을 만들었다는 사실조차 잊고 살았다. 내 방에 상자를 가지고 와서 열어 봤더니 내가 그린 그림과 내가 아끼던 만화책, 그리고 10년 후의 나에게 쓴 편지가 있었다. '대학 생활을 열심히 하고 있을 미래의 나에게'라는 제목 아래 대학교에 다니는 나의 모습을 생각하며 쓴 편지였다. 초등학교 때 무슨 내용을 써야 할지 몰라서 골똘히 생각했던 내 모습이 떠올라서 배시시 웃음이 났다. 그동안 까맣게 잊고 살았는데 <u>초등학교 때의 추억들이 밀려왔다.</u> 친구들과 함께 했던 등굣길, 수업이 끝나고 떡볶이를 먹으며 수다를 떨었던 일 등 그때의 그 시절로 돌아간 기분이었다.

23. 밑줄 친 부분에 나타난 '나'의 심정으로 가장 알맞은 것을 고르십시오.
① 반갑고 그립다
② 슬프고 후회스럽다
③ 기쁘고 만족스럽다
④ 억울하고 걱정스럽다

24. 윗글의 내용과 같은 것을 고르십시오.
① 나는 대학교에 입학하자마자 타임캡슐을 개봉했다.
② 나는 초등학교에 다닐 때 타임캡슐을 만드는 과제를 했다.
③ 나는 초등학교 때 수업 시간에 친구들과 떡볶이를 먹은 적이 있었다.
④ 나는 새집으로 이사를 가서 창고를 정리하다가 타임캡슐을 발견했다.

※ [25~27] 다음 신문 기사의 제목을 가장 잘 설명한 것을 고르십시오. (각 2점)

25.
> 근거 없는 악성 댓글, 인기 가수 이인주 법적 대응 예고

① 인기 가수 이인주가 악성 댓글로 힘들어하고 있다.
② 인기 가수 이인주는 과거의 잘못된 행동으로 인한 악성 댓글을 많이 받았다.
③ 인기 가수 이인주는 법적으로 잘 대응하여 근거 없는 악성 댓글이 많이 줄었다.
④ 인기 가수 이인주는 악성 댓글을 쓴 사람들을 상대로 법적으로 대응하려고 한다.

26.
> 매콤한 한국의 전통 고추장, 세계인의 입맛을 사로잡다.

① 해외에 수출하기 위해서 고추장의 맛을 바꾸었다.
② 매운 한국의 고추장이 해외에서도 인기를 끌고 있다.
③ 고추장이 매워서 다른 나라 사람들의 입맛에는 맞지 않다.
④ 세계인의 입맛에 맞추려면 한국의 전통 고추장을 좀 더 맵게 만들어야 한다.

27.
> 신제품 가격 동결, 소비자 반응은 시큰둥해

① 소비자들의 반응을 보고 신제품의 가격을 결정하기로 했다.
② 새로 나온 제품의 가격이 올라서 소비자들이 외면하고 있다.
③ 새로 나온 신제품의 가격이 저렴해서 소비자들의 반응이 좋다.
④ 신제품의 가격을 동일하게 책정했지만 소비자들의 반응은 좋지 않다.

※ [28~31] (   )에 들어갈 말로 가장 알맞은 것을 고르십시오. (각 2점)

28.
　　최근에 명품을 구매할 때 누구나 (   ) 로고가 큰 제품보다 로고가 드러나지 않는 명품을 선호하는 경향이 뚜렷하게 나타나고 있다. 예전에는 자신의 부를 과시하기 위해 명품을 구입하는 경우가 많았다. 하지만 최근에는 남들이 알아보지 못하는 명품을 구매함으로써 다른 사람과의 차별화를 추구하는 명품 소비족들이 늘어난 것으로 분석된다.

① 선호하는
② 디자인이 특별한
③ 한눈에 알아볼 수 있는
④ 다른 사람들이 가지지 못한

29.
　　폭설이 내리면 염화칼슘을 뿌리는 차량을 쉽게 볼 수 있다. 염화칼슘은 (   ) 성질이 있기 때문에 눈이 쌓여 있거나 눈이 얼어서 빙판이 된 곳에 염화칼슘을 뿌리면 수분을 빨아들인다. 수분을 머금은 염화칼슘이 녹으면서 발생한 열로 인해 주변에 있는 눈이 녹게 되는 것이다. 또한 한 번 녹은 염화칼슘은 영하 55도가 되어야 다시 얼게 되므로 겨울철 빙판 방지에 효과적이다.

① 쉽게 잘 녹는
② 수분을 흡수하는
③ 열을 많이 발생하는
④ 영하 55도 이하에서만 어는

30.
> 운동선수들이 신는 신발에도 경기력 향상을 위한 과학 기술이 들어 있다. 복싱화는 뒤꿈치가 없는데 이는 복싱을 할 때 뒤꿈치를 든 채 지속적으로 움직이기 때문에 가볍게 뛸 수 있도록 (　　　　) 것이다. 반면 역도화는 뒤꿈치의 굽이 높고 굽에 나무를 넣어 안정감을 유지하도록 고안되었다. 무거운 바벨을 들고 앉았을 때 무게 중심이 뒤로 넘어가지 않도록 중심을 잡아 주기 위함이다.

① 부상의 위험을 줄인
② 중심을 잘 잡도록 한
③ 근육을 잘 사용하게 한
④ 뒤꿈치 무게를 최소화한

31.
> 그리스 고대 철학자 플라톤의 저서 〈국가〉에 나오는 '기게스의 반지'는 반지를 끼면 투명인간이 되는 요술 반지이다. 이 반지를 낀 사람들은 평소의 행동과 달리 자신의 이익과 욕망에 따라 행동을 했다. 이처럼 (　　　　) 타인의 시선으로부터 자유로워지기 때문에 도덕이나 정의의 기준에 위배가 된다고 해도 자신에게 이익이 되는 이기적인 행동을 할 가능성이 높은 것이다.

① 자신의 욕망이 강하면
② 익명성이 보장이 되면
③ 정의의 기준에 대해서 잘 모르면
④ 다른 사람의 시선을 의식하게 되면

※ [32~34] 다음을 읽고 글의 내용과 같은 것을 고르십시오. (각 2점)

32.
> 사물놀이는 기존의 야외에서 이루어지던 풍물 가락을 실내에서 연주할 수 있도록 재구성한 국악이다. 꽹과리, 징, 장구, 북 등의 전통 타악기로 연주하는데 4개의 타악기에서 나오는 소리만으로 관객들의 흥을 북돋운다. 서로 다른 타악기의 소리가 정교하게 어우러져 신명나게 만든다. 전통에 기반한 음악이지만 새롭게 창작된 사물놀이는 새로운 예술의 한 장르로 전 세계에 한국의 장단을 알리고 있다.

① 사물놀이는 야외에서 연주되는 음악이다.
② 사물놀이는 전통 타악기로 연주하는 음악이다.
③ 사물놀이는 보고 즐기는 시각 예술의 장르이다.
④ 사물놀이는 공연 내용에 따라 연주하는 악기가 다르다.

33.
> 한국뿐만 아니라 전 세계적으로 꿀벌이 실종되거나 집단 폐사하는 등 꿀벌이 사라지고 있다. 세계 식량의 90%를 차지하는 100대 농작물의 약 70%가 꿀벌을 매개로 수정이 이루어진다. 그러므로 꿀벌의 실종은 벌꿀의 생산량 감소에 그치는 것이 아니라 식량 위기를 초래할 수 있는 중요 사안이다. 아직 꿀벌의 실종에 대한 명확한 원인 규명이 이루어지지는 않았으나 농약과 기후 변화, 환경 오염 등으로 추정하고 있다.

① 다른 나라와 달리 한국에서 꿀벌이 사라지고 있다.
② 꿀벌의 실종은 인류의 식량 위기 원인으로 작용할 수 있다.
③ 꿀벌이 사라지면 세계 식량의 90%가 생산에 어려움을 겪게 된다.
④ 꿀벌의 실종 원인은 농약의 사용과 기후 위기인 것으로 밝혀졌다.

34.
> 귀인이론은 자신이나 타인의 행동에 대해서 원인을 추적하는 이론이다. 귀인은 실패를 경험했을 때 실패의 원인을 능력이나 노력의 부족 등으로 분석하는 내적 귀인과 운이 나빴다거나 과제의 난이도 문제 등으로 분석하는 외적 귀인으로 분류된다. 실패의 원인 분석에 따라 동기 유발 양상은 차이를 보이는데 내적 귀인으로 실패의 원인을 찾는 사람일수록 동기 유발이 잘 되어 성취도가 높다는 연구 결과가 있다.

① 귀인이론은 행동의 결과를 분석한다.
② 실패 경험이 많은 사람이 성취도가 높다.
③ 동기 유발 양상에 따라 성공과 실패가 결정된다.
④ 외적 귀인은 운이나 과제의 난이도 등을 실패의 원인으로 분석한다.

※ [35~38] 다음을 읽고 글의 주제로 가장 알맞은 것을 고르십시오. (각 2점)

35.
> 경제 분석에서 흔히 사용되는 지표가 평균값이다. 이러한 평균값은 사실 함정이 있다. 예컨대 직장인들의 평균 연봉을 계산할 때 고소득자의 연봉이 평균을 끌어올릴 수 있다. 평균 연봉과 비교하여 스스로 박탈감을 느낄 필요가 없는 이유이다. 경제 지표를 발표할 때 평균에만 의존하지 말고 중앙값과 최빈값 등을 참고해서 가장 적절한 값을 정하는 것이 바람직하다.

① 직장인들의 평균 연봉을 올려야 한다.
② 경제 분석을 할 때 평균값을 사용하지 말아야 한다.
③ 고소득자의 높은 연봉이 사회적인 박탈감을 초래하고 있다.
④ 여러 수치를 참고해서 적절한 값을 대표 통계 값으로 활용해야 한다.

36.
> 정부는 인구당 의사 수가 부족하고 지방의 의료 공백을 해결하기 위해서 의과대학의 정원 확대를 추진하고 있다. 그러나 의료계는 의료진의 양적인 확장이 현재의 문제를 해결할 방안이 되지 못한다고 주장한다. 고령화 사회로 접어들면서 필요로 하는 의료인의 수가 증대하였으므로 국민의 건강권을 보장하기 위해서라도 의과대학의 정원은 확대되어야 한다.

① 지방의 의료 공백이 심각한 상황이다.
② 의과대학의 정원을 늘리는 것이 필요하다.
③ 의료계를 설득할 수 있는 방안을 제시해야 한다.
④ 정부는 국민의 건강권을 보장하는 법률을 제정해야 한다.

37.
> '드라이브 스루' 매장은 고객이 차에 탄 채로 주문과 결제, 물건을 수령하는 매장이다. 전 세계적인 전염병의 여파로 비대면 문화가 확산되면서 이러한 매장이 많이 생겼다. 문제는 매장으로 진출입하는 차량들로 인해 교통체증이 유발될 뿐만 아니라 입구로 들어가려는 차들이 인도를 점령하여 보행자의 안전도 보장할 수 없다는 점이다. 드라이브 스루 매장의 실태 조사와 함께 대책 마련이 필요하다.

① 무엇보다도 보행자의 안전이 중요하다.
② 세계적으로 드라이브 스루 매장이 인기이다.
③ 드라이브 스루 매장에 대한 해결책이 필요하다.
④ 비대면 문화가 확산되면서 문제가 많이 생긴다.

38.
> 전통시장과 골목 시장 활성화를 위해 제정된 대형 마트 의무 휴무일에 대한 논란이 다시 제기되고 있다. 고객이 몰리는 주말에 대형 마트가 영업을 하지 않으면 오히려 쇼핑객이 줄어 전통시장 매출도 소폭 감소된다고 한다. 시행 의도는 좋았으나 현장을 제대로 반영하지 못하고 실효성을 상실한 규제는 유지할 명분이 없다.

① 전통시장의 활성화는 필요하다.
② 의무 휴무일 제도는 지속되어야 한다.
③ 실효성이 없는 규제는 개정되어야 한다.
④ 대형 마트 쇼핑객의 감소가 문제가 되고 있다.

※ [39~41] 주어진 문장이 들어갈 곳으로 가장 알맞은 것을 고르십시오. (각 2점)

39.
> 시대적 배경을 중심으로 화가들이 표현하고자 했던 것을 담담하게 기술하고 있는데 작가의 내공과 방대한 지식이 경이롭기까지 하다.

> 수필가 김영은의 '나의 여행일기'는 단순한 여행 이야기가 아니다. (㉠) 작가는 이 책에서 자신의 예술적 지식을 가감없이 드러내고 있다. (㉡) 이처럼 이 책은 그림과 화가의 생애가 중심이므로 작가가 선정한 도시 또한 관광지의 개념이 아니라 예술품을 전시하고 있는 곳이나 그들의 발자취를 더듬을 수 있는 곳이다. (㉢) 작가의 편안한 글의 흐름은 그림에 대해서 문외한인 독자들도 쉽게 접할 수 있도록 한다. (㉣)

① ㉠ ② ㉡ ③ ㉢ ④ ㉣

40.

> 하지만 전문가들은 기후 변화를 하나의 원인으로 지목하고 있다.

> 뎅기열은 모기 등을 매개로 하는 열대성 전염병으로 3~8일 정도의 잠복기를 거쳐 두통, 고열, 발진 등의 증상이 나타난다. (㉠) 대부분 1주일 정도면 호전되나 심한 경우 사망에 이를 수도 있다. (㉡) 올해 들어 뎅기열 발병 사례가 대폭 늘었으나 그 이유는 명확하게 밝혀지지 않았다. (㉢) 기후 변화로 인한 폭염, 가뭄과 홍수 등이 모기의 서식지를 제공하면서 바이러스가 확산되었다는 것이다. (㉣)

① ㉠   ② ㉡   ③ ㉢   ④ ㉣

41.

> 그러므로 종묘의 건물은 화려하지 않고 절제미가 있다.

> 서울 종로구에 위치한 종묘는 사적으로 지정되어 보존되고 있는 건물이다. (㉠) 종묘의 건물은 1395년 지어졌으나 소실되어 1608년에 다시 지어졌다. (㉡) 종묘는 조선 왕조의 왕과 왕후의 신주를 모시고 제례를 지내는 공간이다. (㉢) 종묘는 건축물과 제례 행사의 가치가 인정되어 1995년에 유네스코 세계문화유산으로 등재되었다. (㉣)

① ㉠   ② ㉡   ③ ㉢   ④ ㉣

※ [42~43] 다음을 읽고 물음에 답하십시오. (각 2점)

> 1남 5녀의 막내딸인 영희는 어렸을 때부터 몸이 약했다. 아들을 원했던 어머니는 다섯 번째 자식도 딸이자 실망이 큰 나머지 갓난아기였던 영희를 거의 방치하다시피 했다. 부모의 보살핌이 절실히 필요했던 유아기에 제대로 모유를 먹지 못한 탓인지 영희는 각종의 병치레를 달고 살았다. 영희 다음에 아들이 태어나자 가족들의 모든 관심은 남동생에게 쏠리고 영희는 더더욱 소외되었다. (중략)
> 어린 시절의 외로움에 대한 보상 심리였을까? 영희는 주위에 있는 사람들에게 관심을 받기 위해 처절할 정도로 노력을 했다. 회사에서는 주어진 업무뿐만 아니라 일찍 출근해서 청소를 하는 등 자신의 일이 아닌 것까지 도맡아 했다. 그러나 주위의 사람들은 영희의 관심과 노력이 불편할 뿐이었다. 영희와 휴게실에서 만나기라도 하면 얼른 자리를 피하기 일쑤였다. 영희가 가까이 다가서기 위해 노력할수록 그들은 더 멀어져 가곤 했다. (중략)
> "부장님, 커피 한 잔 갖다 드릴까요?"
> "아... 아니... <u>괜찮아.</u> 나중에 내가 갖다 마실게."
> 부장의 거절을 제대로 이해하지 못한 영희는 조금 후에 다시 부장님께 여쭤봐야겠다고 생각했다.

42. 밑줄 친 부분에 나타난 '부장'의 심정으로 가장 알맞은 것을 고르십시오.
   ① 미안하다
   ② 실망스럽다
   ③ 부담스럽다
   ④ 원망스럽다

43. 윗글의 내용으로 알 수 있는 것을 고르십시오.
   ① 영희는 4명의 언니가 있다.
   ② 영희는 직장 동료들과 잘 어울렸다.
   ③ 영희의 어머니는 어린 영희를 잘 돌봐 주셨다.
   ④ 영희는 퇴근 시간이 지난 후에 청소를 하곤 했다.

※ [44~45] 다음을 읽고 물음에 답하십시오. (각 2점)

> 붉은 악마는 대한민국 축구 대표팀의 공식 지원 단체이다. 축구를 좋아하는 사람들이 자발적으로 만든 응원 단체로 비상업적, 비정치적 활동을 지향하고 있다. 처음에는 함께 경기를 단체 관람하는 수준으로 응원 활동을 하였으나 응원 도구를 제작하거나 응원가를 선정하는 등 점점 (　　　　　　) 경기장에서의 선수들의 활동에 공감하며 적극적으로 참여하게 된다. 때로는 격려의 함성으로 때로는 환희의 함성으로 선수들과 함께 호흡하며 선수들을 응원한다. 1997년 8월에 붉은 악마라는 공식 명칭을 제정한 이 응원 단체는 2002년 월드컵 대회를 계기로 전 세계에 알려졌다. 모두 붉은 옷을 입고 열정적으로 응원을 하는 붉은 악마는 축구 대표팀의 12번째 선수라는 애칭으로 불리기도 했다. 붉은 악마의 뜨거운 응원이 선수들의 사기 충전에 큰 역할을 했음은 아무도 부인할 수 없는 사실이다.

44. (　)에 들어갈 말로 가장 알맞은 것을 고르십시오.
① 개별적인 활동으로
② 응원 문화가 조직화되어
③ 붉은 악마의 회원이 늘어
④ 직접 선수들과 만남을 가져

45. 윗글의 주제로 가장 알맞은 것을 고르십시오.
① 자발적인 응원 문화가 사라지고 있다.
② 스포츠 응원 문화가 점점 변화되고 있다.
③ 선수들과 공감하는 응원 단체가 부족하다.
④ 붉은 악마의 응원이 선수들에게 큰 힘이 된다.

※ [46~47] 다음을 읽고 물음에 답하십시오. (각 2점)

> 지방에서 젊은이들은 자취를 감추고 노인들만 생활하고 있는 마을을 찾는 것은 어렵지 않다. 정부는 이러한 인구 감소 지역에 관광 단지 기준을 완화하여 관광업을 활성화시키는 방안을 마련하였다. 인구가 줄고 있는 지역에 관광객을 불러들여 지역의 경제를 발전시키겠다는 의도이다. 또한 수도권에서 집을 한 채 소유하고 있는 사람이 인구 감소 지역에 추가로 주택을 구입해도 세금 혜택을 주는 방안을 발표했다. 그러나 이러한 정책들이 인구 감소 지역에 어느 정도의 효과를 가져올 수 있을지 의문이다. 실제 인구 소멸 위험 지수가 높은 곳을 분석해 보면 주로 농어촌 지역이 많다. 대체로 산업기반이 약하고 임금을 받는 근로자가 적다. 이러다 보니 젊은 계층들은 일자리를 찾아서 고향을 떠나게 되는 것이다. 일자리 기회를 창출하고 부족한 교통, 의료 체계 등을 구축하여 지방에서도 잘 살 수 있도록 기반을 만드는 것이 중요하다. 이러한 기반이 구축되지 않는 한 지방 인구의 감소는 막을 수 없을 것이다.

46. 윗글에 나타난 필자의 태도로 가장 알맞은 것을 고르십시오.
    ① 정부의 세금 혜택 방안을 지지하고 있다.
    ② 저출산 문제의 심각성에 대해 우려하고 있다.
    ③ 지방 소멸 지역에 대한 조사의 필요성을 주장하고 있다.
    ④ 정부의 지방 소멸 대책에 대한 문제점을 지적하고 있다.

47. 윗글의 내용과 같은 것을 고르십시오.
    ① 지방의 의료 체계는 큰 문제가 없다.
    ② 구직을 위해 고향을 떠나는 젊은이들이 많다.
    ③ 인구 소멸 위험 지수가 높은 지역은 수도권이 많다.
    ④ 정부는 관광 단지 기준을 강화하여 관광 산업을 활성화시키고자 한다.

※ [48~50] 다음을 읽고 물음에 답하십시오. (각 2점)

> 대학교에서 진행되는 강의 중에 조별 과제 수행을 요구하는 과목이 많다. 조별 과제는 학습자를 2명 이상의 조 단위로 구성하여 조별로 과제를 수행하는 것이다. 조별 과제는 협업을 통하여 깊이 있는 주제를 다룰 수가 있다. 또한 폭넓은 자료 수집을 기반으로 동료 학습자와의 토론을 통하여 개인이 혼자 다루기 벅찬 내용을 접할 수 있고 다양한 시각으로 분석하는 방법을 터득할 수 있다. 조별 과제는 조원들이 (   ) 모두 성실하게 맡은 과제를 수행한다면 문제가 없다. 그러나 한 명의 조원에게 지나치게 많은 역할이 몰리거나 과제 수행에 비협조적인 조원이 있다면 조원들과의 갈등이 발생할 수밖에 없다. 과제 수행에 들인 노력이 다른데 조원들이 모두 동일한 점수를 받는 것이 불합리하다며 조별 과제 수행에 문제를 제기하는 학생들도 많다. 하지만 조원들과 갈등이 생겼을 때 갈등을 해소하는 방법도 배우고, 비협조적인 동료에게 적극적인 참여를 유도하는 과정 등도 학교에서 학습해야 할 내용이다. 개인적인 성향이 점점 강해지는 요즘 사회 구성원들에게 협업의 과정은 꼭 필요한 학습 영역이다.

48. 윗글을 쓴 목적으로 가장 알맞은 것을 고르십시오.
    ① 조별 과제 수행을 소개하려고
    ② 조별 과제 수행의 문제점을 파악하려고
    ③ 조별 과제 수행의 필요성을 주장하려고
    ④ 조별 과제 수행이 미치는 영향을 분석하려고

49. (   )에 들어갈 말로 가장 알맞은 것을 고르십시오.
    ① 동일한 학점을 받고
    ② 합리적으로 역할을 분담하고
    ③ 다양한 분석 방법을 터득하고
    ④ 혼자 할 수 없는 주제를 정하고

50. 윗글의 내용과 같은 것을 고르십시오.
    ① 개별 과제 수행을 통해 협업을 배울 수 있다.
    ② 개별 과제는 깊이 있는 주제를 다루기에 좋다.
    ③ 조별 과제는 보통 조별 단위로 평가가 이루어진다.
    ④ 조별 과제 수행 중에 갈등이 생기면 과제 수행을 중단한다.

한국어능력시험
제3회 실전 모의고사

Test of Proficiency in Korean
Actual Mock test

TOPIK II

1교시	듣기, 쓰기 (Listening, Writing)
2교시	읽기 (Reading)

수험번호(Registration No.)	
이름 (Name)	한국어(Korean)
	영 어(English)

유 의 사 항
Information

1. 시험 시작 지시가 있을 때까지 문제를 풀지 마십시오.

   Do not open the booklet until you are allowed to start.

2. 수험번호와 이름을 정확하게 적어 주십시오.

   Write your name and registration number on the answer sheet.

3. 답안지를 구기거나 훼손하지 마십시오.

   Do not fold the answer sheet; keep it clean.

4. 답안지의 이름, 수험번호 및 정답의 기입은 배부된 펜을 사용하여 주십시오.

   Use the given pen only.

5. 정답은 답안지에 정확하게 표시하여 주십시오.

   Mark your answer accurately and clearly on the answer sheet.

   marking example ① ● ③ ④

6. 문제를 읽을 때에는 소리가 나지 않도록 하십시오.

   Keep quiet while answering the questions.

7. 질문이 있을 때에는 손을 들고 감독관이 올 때까지 기다려 주십시오.

   When you have any questions, please raise your hand.

TOPIK Ⅱ 듣기(1번~50번)

※ [1~3] 다음을 듣고 가장 알맞은 그림 또는 그래프를 고르십시오. (각 2점)

1. ①  ②

   ③  ④

2. ①  ②

   ③  ④

3. ① 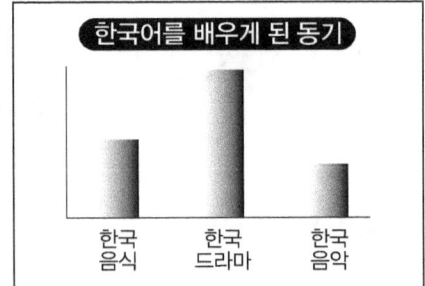 ②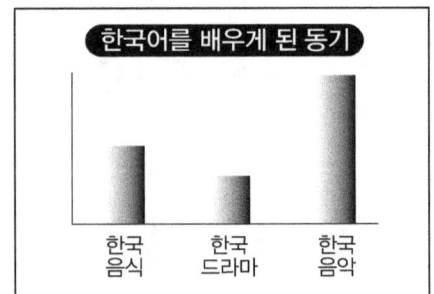

③ 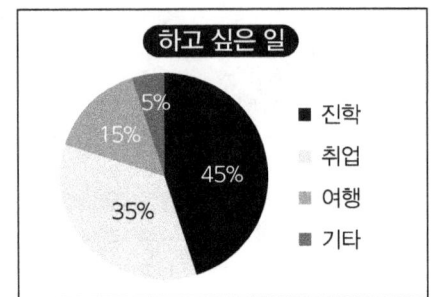 ④

※ [4~8] 다음을 듣고 이어질 수 있는 말로 가장 알맞은 것을 고르십시오. (각 2점)

4. ① 그럼, 좀 쉬지 그래?
   ② 배운 지 얼마나 됐어?
   ③ 나도 지난번에 본 적이 있어.
   ④ 어렵기는 하지만 마음만 먹으면 돼.

5. ① 등산을 좋아하시나 봐요.
   ② 친구들과 같이 간다면서요?
   ③ 잘 할 수 있을지 모르겠어요.
   ④ 건강을 위해서 등산이 좋을 텐데요.

6. ① 다른 사람이 앉을지도 몰라.
   ② 괜찮으면 나도 쇼핑을 할까 해.
   ③ 모두 바쁠 테지만 부탁을 해 보자
   ④ 조금 기다렸다가 안내데스크에 갖다주자.

7. ① 민수 씨도 알고 있대요?
   ② 내일은 눈이 안 올 거래요.
   ③ 우리 같이 병문안을 갈래요?
   ④ 다치지 않았다니 다행이네요.

8. ① 벌써 결제가 처리되었다니 다행이네요.
   ② 제 휴대전화에 문제가 있다는 말씀인가요?
   ③ 언제쯤 결제가 가능할지 알려 주실 수 있어요?
   ④ 인증은 받았는데 다음 단계로 진행이 안 돼요.

※ [9~12] 다음을 듣고 여자가 이어서 할 행동으로 가장 알맞은 것을 고르십시오. (각 2점)

9. ① 음식을 주문한다.
   ② 음료수를 사 온다.
   ③ 음료수를 꺼내 온다.
   ④ 음식을 냉장고에 넣는다.

10. ① 객실을 빨리 정리한다.
    ② 입실할 시간을 기다린다.
    ③ 자신의 신분증을 제시한다.
    ④ 예약을 확인하려고 줄을 선다.

11. ① 설명서를 읽는다.
    ② 새 의자로 교환한다.
    ③ 판매회사에 연락한다.
    ④ 다른 방법으로 조립한다.

12. ① 자료를 미리 보고 고친다.
    ② 시간에 맞춰 회의에 참석한다.
    ③ 자료를 참석자들에게 나눠 준다.
    ④ 참석자 수에 맞춰 자료를 복사한다.

※ [13~16] 다음을 듣고 내용과 같은 것을 고르십시오. (각 2점)

13. ① 여자는 박물관에서 안내를 한다.
    ② 휴일에 박물관에 관람객이 많다.
    ③ 두 사람은 박물관에서 구경하고 있다.
    ④ 남자는 박물관에 가고 싶어 하지 않는다.

14. ① 곧 화재 경보가 울릴 것이다.
    ② 화재가 발생해서 대피해야 한다.
    ③ 11시부터 계단을 이용할 수 있다.
    ④ 화재 시 엘리베이터를 이용해야 한다.

15. ① 이 사고는 집안에서 발생했다.
    ② 야영객 세 명이 모두 구조되었다.
    ③ 경찰은 사고를 낸 범인을 찾고 있다.
    ④ 사고의 원인은 일산화탄소 때문이다.

16. ① 여자는 감독으로 일하고 있다.
    ② 여자는 작가로 일하려고 한다.
    ③ 여자는 선택되기를 기다리고 있다.
    ④ 여자는 영화에 출연하고 싶어 한다.

※ [17~20] 다음을 듣고 남자의 중심 생각으로 가장 알맞은 것을 고르십시오. (각 2점)

17. ① 전통 음악은 편곡해야 한다.
② 전통 음악은 당연히 지루하다.
③ 전통 음악은 새롭게 변해야 한다.
④ 전통 음악은 흥겹고 재미있어야 한다.

18. ① 학교에서 일을 하려고 한다.
② 식당이나 편의점은 일이 많다.
③ 학비를 벌기 위해서 일해야 한다.
④ 학생에게 아르바이트가 필요하다.

19. ① 직장에서 연수 경험이 필요하다.
② 경험자의 조언이 제일 중요하다.
③ 해외 연수에 지원해 보는 것이 좋다.
④ 해외 연수 지원자를 위한 설명회가 도움이 된다.

20. ① 청년들은 창업을 하는 것이 좋다.
② 지역경제를 위해 창업이 필요하다.
③ 우수한 청년창업자를 지원해야 한다.
④ 창업을 계획하고 시작하기가 어렵다.

※ [21~22] 다음을 듣고 물음에 답하십시오. (각 2점)

21. 남자의 중심 생각으로 가장 알맞은 것을 고르십시오.
① 직원들이 이직할 수 있도록 도와야 한다.
② 복지를 늘려서 직원의 만족도를 높여야 한다.
③ 정부 기관의 도움을 받아서 직원을 늘려야 한다.
④ 다른 회사와 경쟁할 수 있는 직원을 뽑아야 한다.

22. 들은 내용과 같은 것을 고르십시오.
① 회사가 사원들의 복지 문제를 상담해 준다.
② 회사의 복지를 늘리려면 비용이 많이 든다.
③ 회사 직원들의 이직으로 일에 차질이 생겼다.
④ 회사의 경쟁력을 높이려면 많은 사원이 필요하다.

※ [23~24] 다음을 듣고 물음에 답하십시오. (각 2점)

23. 남자가 무엇을 하고 있는지 고르십시오.
① 신용카드 종류를 확인하고 있다.
② 신용카드를 잃어버려서 신고하고 있다.
③ 신용카드를 발급받으려고 알아보고 있다.
④ 신용카드를 사용하기 위해서 등록하고 있다.

24. 들은 내용으로 맞는 것을 고르십시오.
① 법인카드는 개인 명의로 발급받을 수 없다.
② 신용카드를 분실하면 다시 발급받을 수 없다.
③ 법인카드를 분실하면 일괄 신고를 할 수 있다.
④ 신용카드를 분실하면 타사 카드도 신고할 수 있다.

※ [25~26] 다음을 듣고 물음에 답하십시오. (각 2점)

25. 남자의 중심 생각으로 알맞은 것을 고르십시오.
① 장애인용 특수 섬유를 개발해야 한다.
② 더위나 추위를 막아주는 섬유가 필요하다.
③ 과학적 연구는 인간의 편의를 위한 것이다.
④ 열악한 환경에서 일하는 사람을 도와야 한다.

26. 들은 내용과 같은 것을 고르십시오.
① 이 섬유는 열을 빼내서 추위를 막는다.
② 이 섬유로 만든 옷은 입고 벗기가 편하다.
③ 이 섬유는 냉각과 보온 기능을 모두 할 수 있다.
④ 이 섬유는 인간의 반응을 감지해서 열을 조절한다.

※ [27~28] 다음을 듣고 물음에 답하십시오. (각 2점)

27. 남자가 말하는 의도로 알맞은 것을 고르십시오.
① 신입생 오리엔테이션을 함께 계획하려고
② 신입생 오리엔테이션에 함께 참석하려고
③ 신입생 오리엔테이션 자료를 함께 만들려고
④ 신입생 오리엔테이션 영상을 함께 촬영하려고

28. 들은 내용과 같은 것을 고르십시오.
① 이 행사는 올해 처음으로 진행된다.
② 이 행사에 신입생들은 참여할 수 없다.
③ 이 행사에서 학과 소개를 들을 수 있다.
④ 이 행사는 재학생 활동을 돕기 위한 것이다.

※ [29~30] 다음을 듣고 물음에 답하십시오. (각 2점)

29. 남자가 누구인지 고르십시오.
① 방송에 출연하는 가수들을 관리하는 사람
② 젊은이들에게 연예 기획사를 알리는 사람
③ 음악 영재를 찾아내서 훈련을 시키는 사람
④ 유명한 연예인들의 방송 출연을 관리하는 사람

30. 들은 내용과 같은 것을 고르십시오.
① 이 일은 유명 연예인을 관리하는 일이다.
② 이 일은 보람을 느끼기 어려운 직업이다.
③ 남자는 연예인들의 친구 관계를 관리한다.
④ 남자는 알려지지 않은 가수 지망생을 지원한다.

※ [31~32] 다음을 듣고 물음에 답하십시오. (각 2점)

31. 남자의 중심 생각으로 가장 알맞은 것을 고르십시오.
① 인공지능의 이용은 신중하게 접근해야 한다.
② 인공지능의 장점을 수업에서 활용해야 한다.
③ 인공지능은 잘못된 결과물을 생성할 수 있다.
④ 인공지능의 단점을 파악해서 문제를 예방해야 한다.

32. 남자의 태도로 가장 알맞은 것을 고르십시오.
① 문제의 해결 방안을 제시하고 있다.
② 상대방의 의견에 강하게 반박하고 있다.
③ 장점을 적극적으로 활용하자고 주장한다.
④ 장점과 단점을 구체적으로 설명하고 있다.

※ [33~34] 다음을 듣고 물음에 답하십시오. (각 2점)

33. 무엇에 대한 내용인지 알맞은 것을 고르십시오.
    ① 에너지 비용을 절감하는 방법
    ② 신재생 에너지를 개발할 필요성
    ③ 화석 연료의 문제점을 개선하는 방안
    ④ 대체에너지를 활용하는 기술의 문제점

34. 들은 내용과 같은 것을 고르십시오.
    ① 이 시설은 실내 온도를 높이지만 습도를 낮춘다.
    ② 이 시설은 연료 폐기물이 발생하는 단점이 있다.
    ③ 이 시설은 따뜻한 물을 흘려보내서 난방을 한다.
    ④ 이 시설은 화석 연료를 사용해서 비용이 적게 든다.

※ [35~36] 다음을 듣고 물음에 답하십시오. (각 2점)

35. 남자는 무엇을 하고 있는지 고르십시오.
    ① 쓰레기로 인해 발생하는 문제를 알리고 있다.
    ② 소각장을 건립하기 위해 주민들을 설득하고 있다.
    ③ 쓰레기 소각장의 새로운 시설에 대해 홍보하고 있다.
    ④ 주민들이 쓰레기를 제대로 처리할 것을 부탁하고 있다.

36. 들은 내용과 같은 것을 고르십시오.
    ① 이 지역은 타 지역의 쓰레기를 받아서 처리한다.
    ② 이 지역은 정부의 지원을 받아서 쓰레기를 처리한다.
    ③ 이 지역은 쓰레기를 처리하기 위해서 돈을 쓰고 있다.
    ④ 이 지역의 주민들은 쓰레기 소각장이 없어서 걱정한다.

※ [37~38] 다음을 듣고 물음에 답하십시오. (각 2점)

37. 여자의 중심 생각으로 알맞은 것을 고르십시오.
   ① 공유문화는 효율적이고 경제적인 생활방식이다.
   ② 물건이나 공간을 소유해야 한다는 생각에 공감한다.
   ③ 공간의 공유는 관리와 비용에 대한 부담을 줄 수 있다.
   ④ 소유보다 공유가 유행하는 상황의 장단점을 확인해야 한다.

38. 들은 내용과 일치하는 것을 고르십시오.
   ① 공유는 이용하는 시간이 길면 길수록 비효율적이다.
   ② 공유는 셰어하우스에서 처음 사용된 경제 용어이다.
   ③ 공유는 물건, 공간 등 다양한 곳에서 사용되고 있다.
   ④ 공유는 개인의 생활을 보장하지 못하는 단점이 있다.

※ [39~40] 다음을 듣고 물음에 답하십시오. (각 2점)

39. 이 대화 전의 내용으로 가장 알맞은 것을 고르십시오.
   ① 정년 연장을 반대하는 의견이 있다.
   ② 기대수명이 늘고 있다는 발표가 있다.
   ③ 고령의 근로자가 늘고 있는 상황이다.
   ④ 연금을 받는 시기에 대한 논의가 있다.

40. 들은 내용과 같은 것을 고르십시오.
   ① 정부가 노인들을 위한 일자리를 만들려고 한다.
   ② 고령의 근로자들은 일을 하려는 동기가 약하다.
   ③ 고령화로 인해 국민의 재정적 부담이 늘고 있다.
   ④ 정년을 연장하면 연금을 받지 못하는 경우가 생긴다.

※ [41~42] 다음을 듣고 물음에 답하십시오. (각 2점)

41. 이 강연의 중심 내용으로 가장 알맞은 것을 고르십시오.
① 아름다운 광섬유가 다양한 분야에 활용되고 있다.
② 광섬유를 개발하기 위해서 과학자들이 노력하고 있다.
③ 신소재인 광섬유가 고도의 광통신 사회를 이끌고 있다.
④ 정보화 사회를 이루기 위해 광통신의 실용화가 필요하다.

42. 들은 내용과 같은 것을 고르십시오.
① 광섬유는 금속보다 더 많은 데이터를 전달한다.
② 광섬유는 빛을 멀리까지 전달하는 데 이용된다.
③ 광섬유에 대한 연구는 법에 의해 간섭을 받는다.
④ 광섬유는 구리선을 이용해 고온에서 만들어진다.

※ [43~44] 다음을 듣고 물음에 답하십시오. (각 2점)

43. 무엇에 대한 내용인지 알맞은 것을 고르십시오.
① 자가 면역 질환의 원인
② 면역 체계가 작동하는 방식
③ 질병을 예방하는 다양한 방법
④ 인간이 가지고 있는 면역의 종류

44. 알레르기 반응을 일으키는 원인으로 맞는 것을 고르십시오.
① 항체를 인위적으로 인체에 집어넣었기 때문에
② 인체가 외부 물질에 과민하게 반응하기 때문에
③ 면역 체계가 활성화되어 항체를 만들기 때문에
④ 정상 조직을 침입자로 인식해서 공격하기 때문에

※ [45~46] 다음을 듣고 물음에 답하십시오. (각 2점)

45. 들은 내용과 같은 것을 고르십시오.
    ① 탕평채는 왕을 위해서 만들기 시작한 음식이다.
    ② 탕평채는 여러 색깔의 재료를 고루 섞어서 만든다.
    ③ 탕평채는 여러 가지 양념을 넣어서 강한 맛을 낸다.
    ④ 탕평채는 기록으로만 존재하며 실제로 먹지는 않았다.

46. 여자가 말하는 방식으로 알맞은 것을 고르십시오.
    ① 탕평채의 다양한 재료를 소개하고 있다.
    ② 탕평채의 유래에 대해서 요약하고 있다.
    ③ 탕평채의 조리법을 간단하게 설명하고 있다.
    ④ 탕평채와 다른 음식의 특징을 비교하고 있다.

※ [47~48] 다음을 듣고 물음에 답하십시오. (각 2점)

47. 들은 내용과 같은 것을 고르십시오.
    ① 이분법적 사고는 대부분 기준이 없다.
    ② 이분법적 사고는 대립과 갈등의 원인이다.
    ③ 이분법적 사고는 현실을 정확하게 분석한다.
    ④ 이분법적 사고는 무조건 도움이 되지 않는다.

48. 남자의 태도로 알맞은 것을 고르십시오.
    ① 이분법적 사고의 필요성을 설득하고 있다.
    ② 이분법적 사고와 흑백논리를 비판하고 있다.
    ③ 이분법적 사고의 부정적인 면을 경계하고 있다.
    ④ 이분법적 사고의 긍정적인 효과를 기대하고 있다.

※ [49~50] 다음은 강연입니다. 잘 듣고 물음에 답하십시오. (각 2점)

49. 들은 내용과 일치하는 것을 고르십시오.
   ① 동·식물이 멸종되면 기후가 변화할 것이다.
   ② 동·식물은 스스로 위협 요인을 제거할 수 있다.
   ③ 동·식물의 서식지가 자연재해로 파괴되고 있다.
   ④ 동·식물의 보호를 위해 다양한 종을 개발해야 한다.

50. 여자의 태도로 가장 알맞은 것을 고르십시오.
   ① 멸종위기 생물의 복원 사업을 기대하고 있다.
   ② 멸종위기 생물의 활용 방안을 주장하고 있다.
   ③ 멸종위기 생물의 지정 사례를 비판하고 있다.
   ④ 멸종위기 생물의 보호 방안을 촉구하고 있다.

TOPIK II 쓰기(51번~54번)

※ [51~52] 다음 글의 ㉠과 ㉡에 알맞은 말을 각각 쓰시오. (각 10점)

51.
> 교수님, 안녕하세요?
> 교수님께서 써 주신 추천서 덕분에 (㉠   ).
> 2월에 입사하기 전에 교수님을 (㉡   ).
> 괜찮은 시간을 알려 주시면 제가 연구실로 찾아가겠습니다.
> 연락을 기다리고 있겠습니다.
> 감사합니다.

52.
> 부족해지는 식량을 해결하기 위해서 다양한 대체식품이 개발되고 있다. 그중에서 곤충이 미래를 위한 대체식품으로 (㉠   ). 초기의 대체식품은 식물을 이용해서 동물성 식품을 흉내 내는 것이었는데 맛과 영양에서 만족스럽지 않았다. 그러나 곤충은 적은 비용으로 질 좋은 단백질을 공급할 수 있기 때문에 (㉡   ).

53. 다음은 '교육비 부담'에 대한 자료이다. 이 내용을 200~300자의 글로 쓰시오. 단, 글의 제목은 쓰지 마시오. (30점)

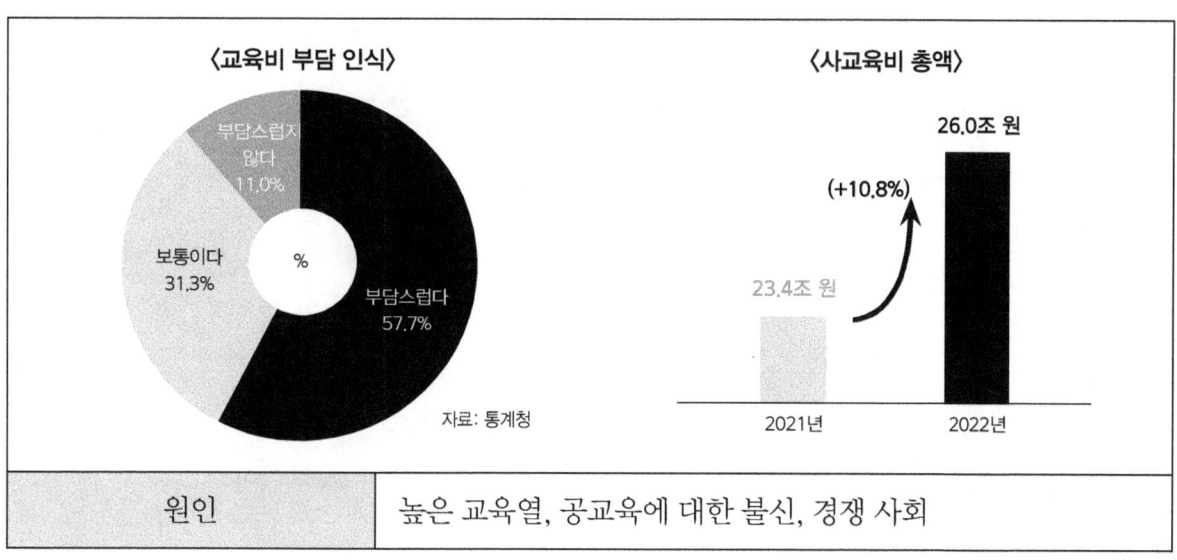

54. 다음을 참고하여 600~700자로 글을 쓰시오. 단, 문제를 그대로 옮겨 쓰지 마시오. (50점)

온실가스는 지구온난화의 주원인으로 꼽힌다. 현대 문명을 이루는 과정에서 발생한 온실가스는 인류의 생존을 위협하고 있다. 아래 내용을 중심으로 '온실가스의 발생 원인과 문제'에 대한 자신의 생각을 쓰라.

- 온실가스가 발생한 원인은 무엇인가?
- 온실가스의 증가로 생길 수 있는 문제는 무엇인가?
- 온실가스 배출량을 줄이기 위해서 어떤 노력을 해야 하는가?

＊ 원고지 쓰기의 예

	사	람	들	은		음	악		치	료	를		할		때		환	자	에
게		주	로		밝	은		분	위	기	의		음	악	을		들	려	줄

제1교시 듣기, 쓰기 시험이 끝났습니다. 제2교시는 읽기 시험입니다.

TOPIK Ⅱ 읽기(1번~50번)

※ [1~2] (　)에 들어갈 말로 가장 알맞은 것을 고르십시오. (각 2점)

1. 아이가 말을 안 (　　) 때리면 안 되지요.
   ① 들으면　　② 듣더니　　③ 듣는다고 해도　　④ 듣기 때문에

2. 너무 스트레스가 심해서 회사를 (　　).
   ① 그만둘 만해요　　② 그만두기는요
   ③ 그만둘까 봐요　　④ 그만둘 수가 있어야지요

※ [3~4] 밑줄 친 부분과 의미가 가장 비슷한 것을 고르십시오. (각 2점)

3. 지하철에서 파는 물건을 <u>속는 셈 치고</u> 샀는데 생각보다 괜찮았다.
   ① 속더라도　　② 속은 탓에
   ③ 속을 것 같아서　　④ 속는다고 생각하고

4. 조금 <u>늦게 출발할 걸 그랬어요</u>.
   ① 늦게 출발할 뻔했어요　　② 일찍 출발했어야 했어요
   ③ 늦게 출발했으면 좋았을 텐데요　　④ 일찍 출발해서 다행이에요

※ [5~8] 다음은 무엇에 대한 글인지 고르십시오. (각 2점)

5.
입이 심심할 때 좋아요~
칼로리는 낮추고 영양은 듬뿍

① 과자　　② 치약　　③ 우유　　④ 영양제

6.
1곡에 500원
스트레스 해소에 최고입니다.

① 편의점　　② 빨래방　　③ 노래방　　④ 피시방

7.
여름에는 에어컨 사용을 줄이고, 겨울에는 내복으로 따뜻하게
우리 모두 실천합시다.

① 안전 보호　　② 환경 보호　　③ 화재 예방　　④ 에너지 절약

8.
❶ 엘리베이터를 사용하지 말고 계단을 이용하십시오.
❷ 연기를 마시지 않도록 젖은 수건으로 입을 막고 이동하십시오.

① 대피 방법　　② 이용 문의　　③ 이동 확인　　④ 구조 요청

※ [9~12] 다음 글 또는 그래프의 내용과 같은 것을 고르십시오. (각 2점)

9.

전기차 충전 구역 안내

◆ 전기차 충전 구역에 일반 차량의 주차를 금지합니다. 충전 구역이 아닌 다른 장소에 주차해 주시기 바랍니다.
◆ 과태료 부과
  - 충전 구역 내 주차 및 충전 방해 : 10만 원
  - 충전 시간을 초과하여 주차한 경우 : 10만 원
  - 충전 구역을 훼손한 경우 : 20만 원
◆ 단속 시기 : 5월 1일부터

① 이 주차장에 일반 차량은 주차할 수 없다.
② 전기차 충전을 방해하면 과태료를 내야 한다.
③ 전기차는 충전 구역에 언제든지 주차가 가능하다.
④ 전기차 충전 구역을 훼손했을 때 10만 원의 과태료를 내야 한다.

10.

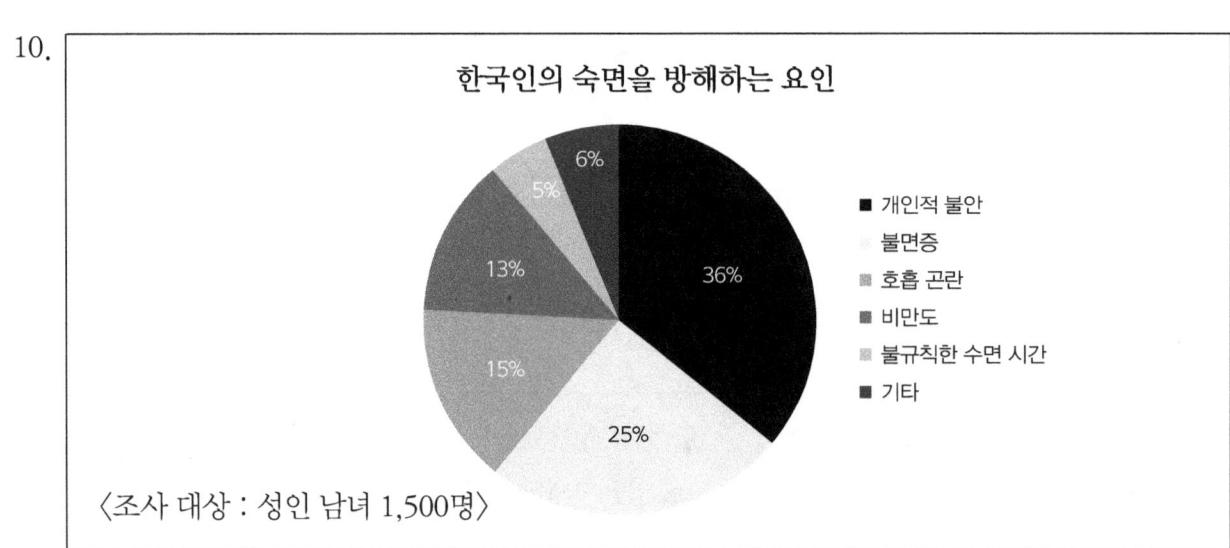

① 개인적인 불안보다 비만으로 인한 숙면 부족이 더 많다.
② 호흡 곤란보다 불면증으로 인한 숙면 부족이 2배 이상 많다.
③ 불면증으로 인해 숙면을 취하지 못하는 한국인이 가장 많다.
④ 수면 시간이 규칙적이지 않아서 숙면을 취하지 못하는 사람이 가장 적다.

11.
> 정부는 올해 1학기부터 2,741개의 초등학교에서 늘봄학교를 시행한다고 밝혔다. 늘봄학교는 정규 수업 이외의 시간에 다양한 돌봄 프로그램을 제공하는 제도로 초등학교 저학년인 1, 2학년을 대상으로 한다. 희망하는 초등학교 1, 2학년생은 모두 무상으로 돌봄 프로그램에 참여할 수 있다. 올해 2학기부터는 전국에 있는 모든 초등학교에서 늘봄학교를 운영할 계획이다.

① 늘봄학교 프로그램은 무료이다.
② 늘봄학교는 모든 초등학생들이 이용할 수 있다.
③ 올해 1학기부터 모든 초등학교에서 늘봄학교를 운영한다.
④ 늘봄학교는 정규 수업 시간에 다양한 프로그램을 진행한다.

12.
> 17일 밤 11시에 택시를 탄 여성 승객이 목적지를 정확하게 말하지 못하고 횡설수설하자 택시 기사는 택시를 몰고 바로 경찰서로 갔다. 처음에는 여성 승객이 마약 투여 사실을 부인했으나 경찰이 팔에 있는 주사 자국 등에 대해 추궁하자 마약 투여 사실을 자백했다. 이 여성 승객은 마약 반응 검사 결과 양성으로 나와서 그 자리에서 현장 체포되었다.

① 이 사건은 오전에 일어났다.
② 여성 승객은 처음부터 마약 투여 사실을 자백했다.
③ 택시 기사는 승객이 폭력적이어서 경찰에 신고했다.
④ 여성 승객은 마약 반응 검사를 받은 후에 체포되었다.

※ [13~15] 다음을 순서에 맞게 배열한 것을 고르십시오. (각 2점)

13.
(가) 이에 웹소설 작가를 꿈꾸는 젊은이들이 많이 증가했다.
(나) 게다가 인기를 끈 웹소설은 드라마나 영화로 제작되기도 한다.
(다) 웹소설은 내용의 전개 속도가 빠른 데다가 스마트폰만 있으면 볼 수 있다.
(라) 초기 투입 비용이 적게 들어 진입 장벽이 낮은 것도 웹소설 작가가 증가한 이유이다.

① (가)-(나)-(다)-(라)
② (나)-(가)-(다)-(라)
③ (다)-(나)-(가)-(라)
④ (라)-(가)-(다)-(나)

14.
(가) 야간에 근무하는 직장에 취직했기 때문이다.
(나) 그러나 지난달부터 나의 모든 일상이 바뀌었다.
(다) 나는 아침에 일찍 일어나서 활동하는 아침형 인간이다.
(라) 야간 근무가 좀 힘들지만 직장 동료들 덕분에 즐겁게 생활하고 있다.

① (가)-(나)-(다)-(라)
② (가)-(나)-(라)-(다)
③ (다)-(가)-(나)-(라)
④ (다)-(나)-(가)-(라)

15.
(가) 이러한 직장인들의 회식 문화에 변화의 바람이 불고 있다.
(나) 그러나 강요되는 음주와 잦은 회식으로 피곤함이 가중되는 부작용도 있다.
(다) 회식 빈도와 회식 시간을 줄이고 문화 공연 등으로 회식을 대체하기도 한다.
(라) 회식은 직장 동료들과 업무 공간을 벗어나 친목을 도모하는 좋은 기회가 된다.

① (가)-(라)-(나)-(다)
② (가)-(라)-(다)-(나)
③ (라)-(나)-(가)-(다)
④ (라)-(가)-(나)-(다)

※ [16~18] (   )에 들어갈 말로 가장 알맞은 것을 고르십시오. (각 2점)

16.
> 철인 3종 경기는 인간의 (   ) 경기이다. 수영을 시작으로 사이클, 마라톤의 3종목을 순서대로 쉬지 않고 연달아 실시한다. 그 어떤 경기보다도 극한의 지구력이 요구되는 경기로 꾸준한 연습으로 단련된 몸이 아니라면 완주하기는 쉽지 않다.

① 정신력에 의존하는   ② 체력의 한계에 도전하는
③ 스포츠 정신을 되새기는   ④ 육체의 중요성을 깨닫게 하는

17.
> 신체 나이는 실제 나이가 아니라 신체 기능에 따라 결정되는 나이이다. 실제 나이는 누구나 해가 바뀌면 한 살씩 더 먹게 되지만 (   ) 달라질 수 있다. 평소에 규칙적으로 생활하고 건강식을 섭취한다면 신체 나이를 낮출 수 있다. 건강 검진 결과 실제 나이보다 신체 나이가 높게 나왔다면 자신의 생활을 되돌아 볼 필요가 있다.

① 신체 나이는 관리하기에 따라   ② 신체 나이는 생각하기에 따라
③ 실제 나이는 생활 습관에 따라   ④ 실제 나이는 건강 상태에 따라

18.
> 과학 기술의 발달로 품종 개량한 과일이 많이 생산되고 있다. 1인 가구가 늘면서 사과처럼 깎아 먹을 수 있는 작은 수박, 오렌지와 귤을 교배하여 당도와 과즙을 높인 한라봉도 품종 개량 과일이다. 이처럼 품종 개량을 통해 과일의 품질을 개선하기도 하고 병충해에 대한 저항력을 높여 (   ) 한다.

① 달콤함을 증대시키기도   ② 수확량을 증가시키기도
③ 과일의 크기를 조절하기도   ④ 음식물 쓰레기를 줄이기도

※ [19~20] 다음을 읽고 물음에 답하시오. (각 2점)

> 일반적으로 올림픽의 순위는 금메달의 개수로 결정된다. 금메달의 수가 동일한 경우에 은메달과 동메달의 수를 따져 순위를 정한다. 그러나 이러한 방식은 금메달에 ( ) 많은 가치를 부여하여 다양한 종목에서 메달을 획득한 나라보다 집중적으로 금메달을 딴 나라의 순위가 높게 책정되는 폐단이 있다. 그러므로 금메달과 은메달, 동메달에 각각 차별화된 점수를 부여하고 그 점수의 합산에 따라 국가 간의 순위를 정하는 것이 이상적이라고 생각한다.

19. ( )에 들어갈 말로 가장 알맞은 것을 고르십시오.
   ① 어차피   ② 아무리   ③ 지나치게   ④ 하마터면

20. 윗글의 주제로 가장 알맞은 것을 고르십시오.
   ① 올림픽의 순위를 없애야 한다.
   ② 올림픽의 순위 선정 방식을 바꿔야 한다.
   ③ 올림픽의 경기 종목 선정에 폐단이 많다.
   ④ 올핌픽의 경기 종목은 좀 더 다양화되어야 한다.

※ [21~22] 다음을 읽고 물음에 답하시오. (각 2점)

> 정보화 시대에 살다 보니 개인정보 유출의 위험성은 점점 높아지고 있다. 최근 개인정보 유출로 인한 피해가 (   ) 커지면서 개인정보보호위원회가 보완 대책을 수립했다. 각 기관에서 개인정보가 유출되었을 경우 고의든 아니든 상관없이 처벌을 받게 된다. 처벌 수위도 강화하여 최대 1억 원의 벌금형이 선고되거나 최고 10년의 징역형을 받게 된다. 모든 기관에서는 개인정보가 유출되지 않도록 사전에 유의하고 개인정보 보호에 대한 정기적인 교육을 실시하는 것도 도움이 될 것이다.

21. (   )에 들어갈 말로 가장 알맞은 것을 고르십시오.
   ① 걷잡을 수 없이
   ② 눈코 뜰 새 없이
   ③ 눈 깜짝할 사이에
   ④ 발 디딜 틈도 없이

22. 윗글의 내용과 같은 것을 고르십시오.
   ① 개인정보보호위원회에서 개인정보 보호 교육을 한다.
   ② 실수로 개인정보를 유출한 경우에도 처벌을 받게 된다.
   ③ 처벌 수위가 강화되면서 개인정보 유출의 위험은 감소했다.
   ④ 개인정보를 유출하면 1억 원 이상의 벌금과 10년의 징역형을 받는다.

※ [23~24] 다음을 읽고 물음에 답하시오. (각 2점)

> 엄마와 첫 해외여행을 다녀왔다. 동창들과 단체 해외여행은 가끔 다녀왔지만 자유 여행은 처음인 엄마는 여행 내내 나의 곁을 조금도 떠나려 하지 않으셨다. 화장실에 가는 것조차 내가 동행하지 않으면 참으시기 일쑤였다. 나는 이러한 엄마의 모습이 도저히 이해가 되지 않았다. 나에게는 항상 큰 산이었던 엄마가 언어가 통하지 않는 새로운 장소라는 하나의 이유로 보살핌이 절실한 나약한 어린아이가 되어 버린 것이다. 익숙하지 않은 엄마의 모습에 난 짜증을 내곤 했다. 그때마다 엄마는 짐이 되어 미안하다고 하셨다. 나는 길을 찾고 예약 확인을 하는 역할로 이미 지쳐 엄마를 보살필 여유가 없었다. 엄마의 걸음 속도에 맞출 생각도 하지 않고 앞서서 가곤 했고 엄마가 원하는 것이 무엇인지 살펴보지도 않았다. 여행의 마지막 날 힘든 기색이 역력한 엄마의 얼굴을 보는 순간 여행 기간 내내 잘난 척했던 내 모습이 겹쳐지면서 고개를 들 수 없었다.

23. 밑줄 친 부분에 나타난 '나'의 심정으로 가장 알맞은 것을 고르십시오.
① 죄송스럽다
② 만족스럽다
③ 불만스럽다
④ 당황스럽다

24. 윗글의 내용과 같은 것을 고르십시오.
① 엄마는 해외여행이 처음이었다.
② 엄마는 여행지에서 길을 잘 찾으셨다.
③ 나는 엄마와 걷는 속도가 비슷해서 좋았다.
④ 나는 여행하는 동안 엄마에 대한 배려가 부족했다.

※ [25~27] 다음 신문 기사의 제목을 가장 잘 설명한 것을 고르십시오. (각 2점)

25.
| 치솟는 인기 배우들의 몸값, 드라마 제작 의지 꺾어 |

① 인기 배우들의 출연료가 올라 드라마 제작에 어려움이 있다.
② 인기 배우들의 드라마 기피 현상으로 드라마 제작이 어렵다.
③ 드라마 제작을 활성화시키기 위해서 인기 배우들이 앞장섰다.
④ 드라마 제작이 많지 않아서 인기 배우들의 몸값이 많이 올랐다.

26.
| 강풍까지 더해져 체감 온도 영하 20도로 뚝, 전국이 꽁꽁 |

① 온도가 영하 20도까지 내려간다.
② 영하의 날씨지만 바람은 불지 않는다.
③ 강풍까지 불어 실제 기온보다 더 춥게 느껴진다.
④ 전국이 꽁꽁 얼었지만 기온이 뚝 떨어지지는 않는다.

27.
| 중고 가구 및 저가 가구 판매 급증, 경제 불황에 가성비 소비 늘어 |

① 경제가 좋지 않아서 중고 가구 판매점이 급증했다.
② 경제 불황으로 인해 중고 제품 재고가 많이 늘었다.
③ 경제 불황으로 저렴한 가구를 사는 소비자가 늘었다.
④ 경제 상황의 영향으로 소비자들이 가구를 구매하지 않는다.

※ [28~31] (   )에 들어갈 말로 가장 알맞은 것을 고르십시오. (각 2점)

28.
표절이란 출처를 명확하게 밝히지 않은 상태로 다른 사람의 저작물을 인용하거나 도용하는 것을 의미한다. 이러한 표절은 다른 사람의 창작품이나 아이디어를 훔치는 행위와 다름없으므로 표절 시비에 휘말리게 되면 그동안 쌓아 왔던 명성이 한순간에 무너지는 등 큰 문제가 되기도 한다. (   ) 출처를 밝히지 않고 사용하는 경우 자기표절에 해당하므로 주의해야 한다.

① 창작품이 아니라고 해도
② 중요하지 않은 내용이라도
③ 인용하는 내용이 많지 않아도
④ 자신의 저작물이라고 하더라도

29.
바다 속의 알록달록한 산호초가 색을 잃고 죽어가고 있다. 산호초는 공생관계에 있는 조류에게서 90%의 에너지를 공급받는다. 그러나 지구온난화의 영향으로 (   ) 산호초는 자신을 보호하기 위해서 조류를 방출하게 된다. 조류의 방출로 인해 산호초는 영양분 공급이 중단되어 백화 현상이 발생한다. 즉, 백화 현상은 수온 상승으로 죽어가는 산호초가 보내는 처절한 외침인 것이다.

① 바닷물이 오염되면
② 해양 생물이 사라지면
③ 해수 온도가 상승하면
④ 산호초가 색을 잃게 되면

30.
> 겨울철이 되면 스키를 즐기는 사람이 많다. 스키장에서의 안전사고 못지않게 안구 건강에도 신경을 써야 한다. 스키장의 눈은 아름답지만 햇빛 반사율이 80%에 이르므로 ( ) 스키를 즐기다가 안구 건강에 치명적인 손상을 가져올 수 있다. 설원에 반사된 자외선에 안구가 노출될 경우 심하면 각막이 정상적인 기능을 잃게 되기도 한다. 게다가 장시간 자외선에 노출되면 각막뿐만 아니라 망막까지 손상될 수 있으므로 각별히 주의해야 한다.

① 안구 보호 장비 없이
② 햇빛이 있는 곳에서만
③ 오랜 시간 동안 쉬지 않고
④ 안전사고에 대비하지 않고

31.
> 리플리 증후군은 현실을 부정하고 허구의 세계를 진실이라고 믿고 상습적으로 거짓말과 거짓된 행동을 하는 증상을 말한다. 보통 거짓말을 하게 되면 거짓이 탄로날까 봐 ( ). 반면 리플리 증후군은 자신이 일삼는 거짓을 진실로 인지하기 때문에 반복적인 거짓말에 대한 불안이나 타인에 대한 죄책감을 느끼지 않는다. 이러한 증상이 심해지면 타인에게 금전적이거나 신체적인 위해를 가할 수 있으므로 전문가의 상담을 받아 보는 것이 좋다.

① 죄책감을 느낀다
② 화를 내기도 한다
③ 거짓말을 잘 하지 않는다
④ 불안해하거나 초조해한다

※ [32~34] 다음을 읽고 글의 내용과 같은 것을 고르십시오. (각 2점)

32.
주로 아프리카에 서식하는 침팬지는 유전적으로 인간과 가장 가까운 동물로 유전자의 98%가 인간과 일치하는 것으로 알려져 있다. 채식 위주의 잡식성 동물로 먹이의 60~70%는 과일이지만 사냥을 통해 동물을 잡아먹기도 한다. 도구를 사용할 수 있을 만큼 영리한 동물인 침팬지는 인간들이 실험용 또는 애완용으로 밀렵을 하면서 개체수가 현저히 줄어들어 현재는 멸종 위기 동물로 보호를 받고 있다.

① 침팬지는 인간과 가장 유사한 동물이다.
② 침팬지는 주로 과일을 먹는 채식 동물이다.
③ 침팬지는 서식지가 파괴되면서 개체수가 줄었다.
④ 침팬지는 영리한 동물이지만 도구를 사용하지는 않는다.

33.
늦가을이 되면 감나무 꼭대기에 남겨져 있는 잘 익은 감을 쉽게 볼 수 있다. 무리해서 따면 감을 모두 딸 수 있겠지만 이는 날씨가 추워져 먹이가 부족한 새들을 위해 남겨 놓은 까치밥이다. 조상들의 나눔의 미학이 잘 드러난다. 노벨 문학상 수상자인 펄벅 여사가 1960년에 한국을 처음 방문했을 때 까치밥의 이야기를 듣고 감동을 받아 자신의 작품 소재로 활용하기도 했다.

① 새들을 위해 감을 다 따지 않고 남겨 둔다.
② 감나무 꼭대기에 달려 있는 감이 가장 맛있다.
③ 펄벅 여사는 1960년에 노벨 문학상을 수상했다.
④ 펄벅 여사는 까치밥을 소재로 쓴 작품으로 노벨상을 받았다.

34.
> 학업성취도에 영향을 미치는 중요한 요인 중의 하나가 학습 동기이다. 학습 동기가 강한 학습자는 대체로 학업에 대한 열의가 높고 목표를 달성하기 위해서 최선을 다한다고 알려져 있다. 학습 동기를 분류하는 방법은 여러 가지가 있는데 그중 하나가 행동의 원인이 어디에 존재하느냐에 따른 분류이다. 내적 동기는 성취감이나 지적인 만족감 등 학습 자체에서 비롯된 동기인 반면 외적 동기는 학습의 결과에 따른 칭찬이나 보상 등 외부의 요인에 의한 동기를 말한다.

① 학습 동기는 학업성취도와 관계가 없다.
② 학습 동기의 분류 방법은 정확하지 않다.
③ 내적 동기는 학습 그 자체가 목적이 된다.
④ 외적 동기는 지적인 성취감 등이 학습의 원인이다.

※ [35~38] 다음을 읽고 글의 주제로 가장 알맞은 것을 고르십시오. (각 2점)

35.
> 통계청이 발표한 자료에 따르면 8월 이후 취업자 수가 지속적으로 증가하는 것으로 나타났다. 고용 사정이 호전되고 있다는 소식이긴 하지만 청년층 취업자 수를 보면 그리 긍정적이지 않다. 청년층 취업자 수는 작년에 비해 급격히 감소했기 때문이다. 일하지도 않고 구직 활동도 하지 않는 청년층이 올해 들어 41만 명에 달한다고 한다. 청년들이 희망하는 양질의 일자리를 제공할 수 있도록 정부와 기업이 발 벗고 나서야 할 때다.

① 올해는 고용 사정이 호전되고 있다.
② 해마다 취업자 수가 지속적으로 증가하고 있다.
③ 양질의 일자리만을 고집하는 청년층의 문제가 심각하다.
④ 청년 취업자를 늘리기 위한 정부와 기업의 노력이 필요하다.

36.
　　교육부가 대학의 무전공 선발 비율을 확대하는 정책을 사실상 철폐했다. 무전공 선발 정책은 대학에 입학한 이후에 학생들이 전공을 정하게 하여 적성에 맞는 전공을 선택할 수 있다는 장점이 있다. 하지만 기초학문이나 비인기학과 등은 고사할 가능성이 있다. 교육정책은 미래를 준비하는 중요한 사안이므로 추진력도 필요하겠지만 다양한 의견 수렴과 정확한 실태 파악 등의 충분한 준비가 선행되어야 한다.

① 대학의 무전공 선발 인원을 늘려야 한다.
② 기초학문이나 비인기학과에 대한 대안을 마련해야 한다.
③ 교육정책은 사전에 충분히 준비하여 신중하게 진행되어야 한다.
④ 무전공 선발은 학생들의 전공 선택권을 넓혀 주는 좋은 제도이다.

37.
　　미국의 생물학자인 로저 페인은 1970년 고래의 소리를 녹음한 음반을 발표했다. 작곡가도 가사도 없고 가수도 없는 이 음반은 10만 장이 넘게 판매되는 기록을 세웠다. 시력이 시원찮은 고래들은 소리를 활용하여 어둡고 냄새도 잘 퍼지지 않는 심해에서 서로 지형을 파악하기도 하고 상호 교감하거나 먹잇감을 찾는 것으로 알려져 있다. 고래의 노래 소리는 상호간의 긴밀한 소통 수단인 것이다.

① 고래들은 소리로 서로 의사소통을 한다.
② 고래들은 후각을 통해서 지형을 파악한다.
③ 로저 페인이 노래한 곡이 큰 인기를 끌었다.
④ 고래들은 시력이 좋지 않아서 먹잇감을 찾기가 힘들다.

38.
> 안락사는 인위적으로 생명을 단축시키는 행위를 의미한다. 안락사를 허용할 경우 생명 경시 현상이 생길 수 있고 범죄로 악용될 가능성도 있기 때문에 현재 한국에서는 안락사를 법으로 금지하고 있다. 그러나 환자 스스로가 질병으로 인해 삶의 존엄을 지키기 힘들다고 판단할 때 본인에게 죽음을 선택할 수 있는 자유를 부여하는 것이 맞다. 고귀하게 자신의 죽음을 맞이할 수 있는 권리를 국가가 방해하는 것은 바람직하지 않다.

① 안락사를 허용해야 한다.
② 안락사를 전면 금지해야 한다.
③ 안락사의 장단점을 분석해야 한다.
④ 안락사의 부작용을 해결해야 한다.

※ [39~41] 주어진 문장이 들어갈 곳으로 가장 알맞은 것을 고르십시오. (각 2점)

39.
> 성적이 좋지 못한 주인공은 학교에서 이유 없는 무언의 압박과 억압을 견디며 생활한다.

> 이 책은 모두가 나름의 존재 가치가 있음을 알려주는 책이다. (㉠) 이처럼 억울하게 당하는 주인공을 통해 성적에 따라 우열이 정해지는 우리의 학교 현실을 적나라하게 묘사하고 있다. (㉡) 학교생활에 대한 내용이지만 하나의 목표를 정해 놓고 그 목표만을 향해 나아가는 우리 사회에 경종을 울린다. (㉢) 우리 사회의 어두운 면을 드러내는 무거운 철학적인 내용이지만 만화로 풀어나가고 있어 쉽게 다가갈 수 있는 책이다. (㉣)

① ㉠ ② ㉡ ③ ㉢ ④ ㉣

40.

> 그러나 아직 자동차에 탑재되어 있는 이 기술은 완전하다고 보기 어렵다.

> 과학 기술의 발전은 실로 경이롭기까지 하다. (㉠) 자동차만 해도 스스로 주변 환경을 인식하여 자동차를 제어하는 자율주행 기술이 현재 많은 자동차에 탑재되어 있다. (㉡) 운전자가 개입하지 않아도 자동차가 스스로 판단하며 운행을 하는 것이다. (㉢) 그러므로 자율주행 기술이 들어있다고 해도 운전자는 비상 상황이 발생했을 때 즉각적으로 개입할 수 있도록 주의를 게을리하지 말아야 한다. (㉣)

① ㉠   ② ㉡   ③ ㉢   ④ ㉣

41.

> 그러나 정월대보름의 풍습은 여전히 잘 지켜지고 있다.

> 정월대보름은 한국의 전통적인 명절로 음력 1월 15일이다. (㉠) 이날은 새해에 처음으로 보름달을 맞이하는 날이다. (㉡) 예전에는 설날보다 더 큰 명절로 여겨지기도 했지만 지금은 그 의미가 많이 축소되었다. (㉢) 정월대보름 음식인 오곡밥과 나물을 만들어 먹고 보름달을 보면서 소원을 빌기도 하고 쥐불놀이 등의 전통 놀이를 즐기며 정월대보름을 보내는 사람이 많다. (㉣)

① ㉠   ② ㉡   ③ ㉢   ④ ㉣

※ [42~43] 다음을 읽고 물음에 답하십시오. (각 2점)

> 경제가 호황이었던 시절에 대학을 졸업한 민철은 어려움 없이 입사했다. 특출나지는 않았지만 그리 뒤처지지도 않은 직장 생활이었다. 그러나 세계적으로 불어닥친 경제 불황은 민철의 회사에도 어김없이 다가왔다. 인사철이 되면 감원 대상자가 될까 봐 불안에 떨어야 했다. 숨죽이며 감원 명단을 확인하고 자신의 이름이 오르지 않았음에 감사하기를 몇 해… 그러는 동안 민철은 결혼도 하고 한 아이의 아빠가 되었다. (중략)
> 조금씩 경제가 나아지면서 민철의 회사에도 온기가 돌기 시작할 즈음, 민철의 위기는 생각지도 않았던 곳에서 터졌다. 민철이 근무하는 영업부에 새로 부임한 부장은 민철과 사사건건 부딪쳤다. 민철이 올리는 결재 서류가 반려되는 횟수가 잦아지면서 민철은 부장의 결정에 의구심이 들기 시작했다. '서류의 내용이 문제인 걸까? 내가 문제인 걸까?' 반려된 서류를 들고 나오면서 민철은 긴 한숨을 내쉬었다. (중략)
> 부서원들이 모두 모인 회의 시간, 부장은 민철의 발표를 듣고 언성을 높였다. 부장의 행동에 불만이 많았던 민철은 더 이상 참을 수가 없어서 회의실을 박차고 나왔다. 호기롭게 회의실을 뛰쳐 나왔지만 민철의 발걸음은 회사 문 앞에서 멈추었다. '어디로 가야 하지?' 갈 곳이 마땅찮은 민철은 오늘따라 유난히 맑은 하늘만 바라볼 뿐이었다.

42. 밑줄 친 부분에 나타난 '민철'의 심정으로 가장 알맞은 것을 고르십시오.
① 불쾌하다
② 막막하다
③ 자유롭다
④ 원망스럽다

43. 윗글의 내용으로 알 수 있는 것을 고르십시오.
① 민철은 부장과의 갈등이 잦았다.
② 민철은 영업부로 부서 이동을 했다.
③ 경제가 좋아졌지만 민철의 회사는 위기였다.
④ 능력이 특출했던 민철은 무난히 입사를 했다.

※ [44~45] 다음을 읽고 물음에 답하십시오. (각 2점)

> 해녀는 바다에 들어가 해산물을 채취하는 여자를 의미한다. 토양이 비옥하지 않아서 (　　　　) 제주도에서는 많은 여성들이 산소 공급 장치 없이 부표 하나에 의지한 채 바닷속으로 몸을 던져 전복, 소라, 미역 등을 채취해 왔다. 이러한 제주의 해녀 문화는 화산섬이라는 특수한 환경에 순응하며 살아온 제주 여성들의 강인한 정신을 보여 준다. 제주도의 해녀들은 공동체 활동으로도 유명하다. 해녀 공동체에서 잠수 일정을 정하고 수확한 것을 공동 배분한다. 또한 판매 이익을 지역 사회를 위해 사용하는 등 지역 공동체를 위한 활동을 한다. 이런 점을 인정받아 제주도의 해녀 문화는 2016년에 유네스코 인류 무형 문화유산으로 지정되었다. 그러나 해녀들의 고령화와 고된 해녀 작업을 하려는 사람이 줄고 어족 자원의 고갈로 수확량이 감소함에 따라 현재 해녀 문화는 소멸 위기에 처해 있다. 우리의 독특한 문화유산인 해녀 문화를 지키기 위해서는 정부의 다양한 지원이 필요하다.

44. (　　)에 들어갈 말로 가장 알맞은 것을 고르십시오.
① 물가가 비싼
② 인구가 많지 않은
③ 공업이 발달하지 않았던
④ 농사를 짓는 것이 쉽지 않은

45. 윗글의 주제로 가장 알맞은 것을 고르십시오.
① 제주 해녀들의 안전을 위한 장치가 마련되어야 한다.
② 제주 해녀 문화는 세계 문화유산으로 지정되어야 한다.
③ 제주 해녀 문화를 전승하기 위한 정부의 노력이 필요하다.
④ 제주 해녀들의 공동 작업으로 인한 이익은 증대되어야 한다.

※ [46~47] 다음을 읽고 물음에 답하십시오. (각 2점)

> 최근 연구 결과 일반 시중에서 판매하는 생수 1리터에 미세한 플라스틱 조각이 평균 24만 개가 들어있음이 밝혀졌다. 보통 미세 플라스틱은 5미리미터(mm)에서 1마이크로미터(μm)의 크기이다. 나노 플라스틱은 1마이크로미터보다 작은 플라스틱 입자를 말하는데 생수에서 나온 미세 플라스틱의 90%가 나노 플라스틱으로 나타났다. 나노 플라스틱은 머리카락의 10만분의 1 정도의 아주 미세한 입자이므로 인체에 유입되어 혈관을 따라 뇌 또는 심장으로 들어갈 위험이 있다. 그러나 아직 나노 플라스틱이 인체에 미치는 유해성에 대한 명확한 결론은 없다. 학자들에 따라 의견이 엇갈리기 때문이다. 게다가 나노 플라스틱의 허용 기준에 대한 국제적인 합의도 이루어지지 않은 실정이다. 국내 생수 시장은 지속적으로 성장 추세이다. 아직 나노 플라스틱의 유해성과 허용 섭취량에 대한 기준이 명확하게 제시되지 않은 상태에서 이러한 연구 결과 발표는 소비자들에게 불필요한 공포심을 줄 수 있다.

46. 윗글에 나타난 필자의 태도로 가장 알맞은 것을 고르십시오.
① 최근 연구 결과를 적극적으로 지지하고 있다.
② 최근 연구 결과 발표에 대한 부작용을 우려하고 있다.
③ 미세 플라스틱에 대한 연구의 중요성을 강조하고 있다.
④ 나노 플라스틱의 유해성 연구가 필요함을 주장하고 있다.

47. 윗글의 내용과 같은 것을 고르십시오.
① 나노 플라스틱의 허용 섭취량의 기준은 정해져 있다.
② 나노 플라스틱은 5미리미터(mm)보다 작은 플라스틱을 말한다.
③ 대부분의 학자들이 나노 플라스틱이 인체에 유해하다고 생각한다.
④ 생수에 들어 있는 미세 플라스틱 중에서 나노 플라스틱이 제일 많다.

※ [48~50] 다음을 읽고 물음에 답하십시오. (각 2점)

> 국경없는의사회는 국제 비정부 기구로 의료 지원이 부족하거나 무력 분쟁 발생, 전염병, 자연재해 등으로 인해 생존의 위협을 느끼는 상황에 처해 있는 사람들을 위한 의료 구호 단체이다. 인종이나 종교, 성별, 정치적 성향과 무관하게 활동하는 단체로 그 활동을 인정받아 1999년에는 노벨 평화상을 수상했다. 국경없는의사회는 명칭만 보면 (   ) 사실 직무는 의료, 행정, 기술 지원 등으로 분류된다. 행정과 기술 지원 업무 담당자가 전체의 40% 정도에 이른다. 국경없는의사회의 운영 기금은 대부분 기부금으로 충당되는데 현재의 후원금으로는 활동에 어려움이 많다. 후원금은 개인 후원금이 80% 정도이고 나머지는 기업이나 국가 보조금이다. 정기적인 개인 후원자가 소폭 감소한 반면 의료 지원 대상 지역은 증가해서 어려움을 겪고 있는 실정이다. 운영 자금이 넉넉하지 않아서 열악한 지역에 의료를 담당하는 전문 인력이 파견되지만 급여는 그리 높지 않다. 의료 지원이 필요한 곳에 원활하게 의료 구호를 할 수 있고 의료진들의 노고에 조금이라도 보답을 할 수 있도록 많은 사람들의 관심이 필요한 시점이다.

48. 윗글을 쓴 목적으로 가장 알맞은 것을 고르십시오.
    ① 국경없는의사회를 소개하기 위해서
    ② 국경없는의사회 후원자를 모집하기 위해서
    ③ 국경없는의사회 운영 방식을 분석하기 위해서
    ④ 국경없는의사회의 설립 목적을 설명하기 위해서

49. (   )에 들어갈 말로 가장 알맞은 것을 고르십시오.
    ① 의사들이 만든 단체인 것 같지만
    ② 의료인들만으로 구성된 단체로 여겨지지만
    ③ 다양한 나라에서 활동하는 것처럼 보이지만
    ④ 위험한 지역에서의 의료 활동으로 생각되지만

50. 윗글의 내용과 같은 것을 고르십시오.
    ① 국경없는의사회 소속 의사는 생명의 위협을 느낀다.
    ② 국경없는의사회의 의료진은 고소득자가 대부분이다.
    ③ 국경없는의사회의 운영 자금은 대부분 개인 후원금이다.
    ④ 국경없는의사회의 행정과 기술 지원 종사자가 전체의 절반을 넘는다.

한국어능력시험
제4회 실전 모의고사

Test of Proficiency in Korean
Actual Mock test

TOPIK II

1교시	듣기, 쓰기 (Listening, Writing)
2교시	읽기 (Reading)

수험번호(Registration No.)	
이름 (Name)	한국어(Korean)	
	영 어(English)	

유 의 사 항
Information

1. 시험 시작 지시가 있을 때까지 문제를 풀지 마십시오.
   Do not open the booklet until you are allowed to start.

2. 수험번호와 이름을 정확하게 적어 주십시오.
   Write your name and registration number on the answer sheet.

3. 답안지를 구기거나 훼손하지 마십시오.
   Do not fold the answer sheet; keep it clean.

4. 답안지의 이름, 수험번호 및 정답의 기입은 배부된 펜을 사용하여 주십시오.
   Use the given pen only.

5. 정답은 답안지에 정확하게 표시하여 주십시오.
   Mark your answer accurately and clearly on the answer sheet.

   marking example ① ● ③ ④

6. 문제를 읽을 때에는 소리가 나지 않도록 하십시오.
   Keep quiet while answering the questions.

7. 질문이 있을 때에는 손을 들고 감독관이 올 때까지 기다려 주십시오.
   When you have any questions, please raise your hand.

TOPIK Ⅱ 듣기(1번~50번)

※ [1~3] 다음을 듣고 가장 알맞은 그림 또는 그래프를 고르십시오. (각 2점)

1.

    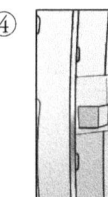

2.

3. ① 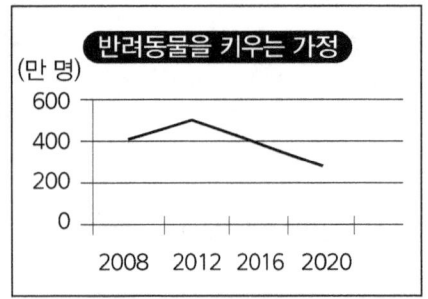 ②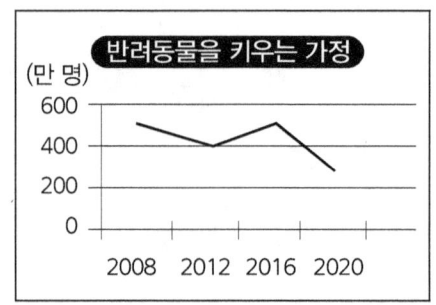

③ 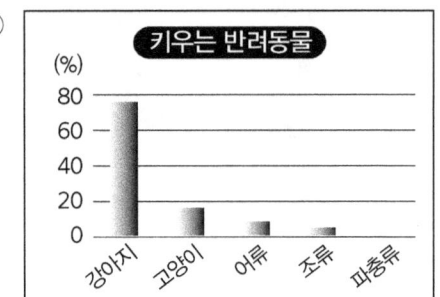 ④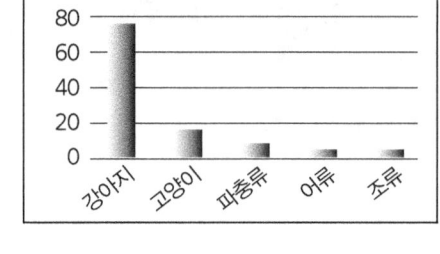

※ [4~8] 다음을 듣고 이어질 수 있는 말로 가장 알맞은 것을 고르십시오. (각 2점)

4. ① 회사 일이 많아서 힘들겠구나.
② 그래? 나도 한번 시작해 볼까?
③ 맞아. 요즘 교통비가 너무 올라서 걱정이야.
④ 직장인이라면 누구나 출퇴근 스트레스가 있지.

5. ① 중고 가구를 파는 사람들이 많군요.
② 가구가 너무 무거워서 잘 올라가지 않아요.
③ 좋아요. 저는 그런 사이트가 있는 줄 몰랐어요.
④ 그럼, 중고 가구를 판매하는 매장에 가 봐야겠어요.

6. ① 내가 다른 식당을 알아볼게.
② 그래? 예약 시간에 맞춰 갈게.
③ 요즘은 전화로 예약하지 않는구나.
④ 다행이다. 난 예약이 마감된 줄 알았어.

7. ① 당분간 큰 추위는 없겠지요.
   ② 일교차가 심해서 건강관리가 힘들어요.
   ③ 그래도 주말에는 기온이 올라서 다행이네요.
   ④ 요즘 날씨가 왜 이리 변덕스러운지 모르겠어요.

8. ① 오늘 몇 시까지 가면 돼요?
   ② 내일 몇 시에 수리 접수를 시작하나요?
   ③ 핸드폰 수리 접수를 하려면 어디로 가야 해요?
   ④ 핸드폰 수리 센터 전화번호 좀 알려 주시겠어요?

※ [9~12] 다음을 듣고 여자가 이어서 할 행동으로 가장 알맞은 것을 고르십시오. (각 2점)

9. ① 봉사단체에 연락한다.
   ② 입지 않는 옷들을 버린다.
   ③ 창고에서 상자를 가져온다.
   ④ 옷의 분류 방법에 대해서 알아본다.

10. ① 핸드폰을 찾으러 간다.
    ② 내시경 검사를 하러 간다.
    ③ 가지고 있는 소지품을 버린다.
    ④ 사물함에 소지품을 두고 온다.

11. ① 운동 기간을 확인한다.
    ② 운동을 시작하러 간다.
    ③ 병원에 치료를 받으러 간다.
    ④ 기간 연장 신청을 하러 간다.

12. ① 행사 시작을 알린다.
    ② 행사장에 추가 좌석을 배치한다.
    ③ 행사에 참석할 인원을 최종 확인한다.
    ④ 추가로 행사에 참석할 명단을 작성한다.

※ [13~16] 다음을 듣고 내용과 같은 것을 고르십시오. (각 2점)

13. ① 두 사람은 핸드폰을 사려고 한다.
    ② 남자는 핸드폰을 수리하려고 한다.
    ③ 남자의 전 핸드폰은 소리가 안 들렸다.
    ④ 여자는 남자의 새 핸드폰이 마음에 든다.

14. ① 지금 바로 세일을 시작한다.
    ② 공산품은 할인 판매를 하지 않는다.
    ③ 수산물은 모두 50% 할인하여 판매한다.
    ④ 내일 이 마트에서 물건을 구매할 수 있다.

15. ① 백화점 매장에서 노인이 쓰러졌다.
    ② 이 간호사는 현재 여의도 병원에서 근무하고 있다.
    ③ 이 간호사는 노인과 같은 엘리베이터를 타고 있었다.
    ④ 70대 노인은 의식을 되찾지 못하고 병원으로 실려 갔다.

16. ① 이 영화는 기성세대에게 인기가 있다.
    ② 이 영화는 젊은이들이 공감하기가 어렵다.
    ③ 천만 명이 넘는 사람이 이 영화를 관람했다.
    ④ 역사적인 사건을 다루고 있는 영화는 많지 않다.

※ [17~20] 다음을 듣고 남자의 중심 생각으로 가장 알맞은 것을 고르십시오. (각 2점)

17. ① 이동 시간을 줄여야 한다.
    ② 직항편이 비싸지만 안전하다.
    ③ 여행 기간을 넉넉하게 잡는 게 좋다.
    ④ 경제적인 면을 고려해서 결정해야 한다.

18. ① 휴가는 사용하지 않는 게 좋다.
    ② 자신의 일정에 맞게 휴가를 써야 한다.
    ③ 과장들은 동료들과 상의해서 휴가를 정해야 한다.
    ④ 회사 일이 많은 시기에는 휴가를 쓰지 않는 게 좋다.

19. ① 신입사원 교육이 필요하다.
    ② 선배들과의 만남이 도움이 된다.
    ③ 회사에 대해서 정확하게 알아야 한다.
    ④ 신입사원들에게 유익한 프로그램을 만들어야 한다.

20. ① 지휘자는 악기를 잘 연주해야 한다.
    ② 지휘자는 연주자들의 특성을 파악해야 한다.
    ③ 지휘자는 연주자들의 조화를 이루어 내야 한다.
    ④ 지휘자는 선장의 역할이 무엇인지 알아야 한다.

※ [21~22] 다음을 듣고 물음에 답하십시오. (각 2점)

21. 남자의 중심 생각으로 가장 알맞은 것을 고르십시오.
    ① 이 사업을 동문들에게 맡겨야 한다.
    ② 이 사업을 위해 예산을 확충해야 한다.
    ③ 이 사업에 대한 학생들의 반응이 중요하다.
    ④ 이 사업의 혜택을 받는 학생들을 늘려야 한다.

22. 들은 내용과 같은 것을 고르십시오.
    ① 이 사업에 대한 반응이 부정적이다.
    ② 동문들의 기부로 이 사업이 유지되고 있다.
    ③ 아침을 먹지 않고 학교에 오는 학생이 많다.
    ④ 이 사업에 대한 올해의 예산을 늘릴 것이다.

※ [23~24] 다음을 듣고 물음에 답하십시오. (각 2점)

23. 남자가 무엇을 하고 있는지 고르십시오.
    ① 입원 수속 안내를 하고 있다.
    ② 병실 신청 안내를 하고 있다.
    ③ 입원 가능 여부를 확인하고 있다.
    ④ 병원 생활에 대해서 설명하고 있다.

24. 들은 내용과 같은 것을 고르십시오.
    ① 여자는 일인실을 신청했다.
    ② 입원 수속은 원무과에 가서 해야 한다.
    ③ 여자는 오늘 다인실에 입원할 예정이다.
    ④ 병실은 한 번 배정이 되면 바꿀 수 없다.

※ [25~26] 다음을 듣고 물음에 답하십시오. (각 2점)

25. 남자의 중심 생각으로 가장 알맞은 것을 고르십시오.
    ① 법성포 굴비는 영양이 풍부한 음식이다.
    ② 법성포 굴비를 만드는 과정이 복잡하다.
    ③ 법성포는 질 좋은 굴비를 만드는 최적의 지역이다.
    ④ 법성포는 굴비의 판매 증대로 지역 경제가 성장했다.

26. 들은 내용과 같은 것을 고르십시오.
    ① 올해 생산한 소금으로 염장을 한다.
    ② 남자는 대를 이어 이 일을 하고 있다.
    ③ 법성포 굴비는 저렴한 가격으로 유명하다.
    ④ 1년 이상 보관된 생선으로 굴비를 만든다.

※ [27~28] 다음을 듣고 물음에 답하십시오. (각 2점)

27. 남자가 말하는 의도로 알맞은 것을 고르십시오.
    ① 공동주택 입주민을 모집하려고
    ② 공동주택의 장단점을 알려 주려고
    ③ 공동주택 신청 방법을 문의하려고
    ④ 입주할 수 있는 공동주택을 소개하려고

28. 들은 내용과 같은 것을 고르십시오.
    ① 공동주택은 관리비를 분담해서 낸다.
    ② 공동주택은 원룸보다 생활이 편하다.
    ③ 공동주택은 보증금과 월세가 비싼 편이다.
    ④ 공동주택은 작년에 시행된 주거 형태이다.

※ [29~30] 다음을 듣고 물음에 답하십시오. (각 2점)

29. 남자가 누구인지 고르십시오.
① 환경 문제를 연구하는 사람
② 택배 회사에서 일하는 사람
③ 포장 테이프를 개발하는 사람
④ 재활용 업체를 운영하는 사람

30. 들은 내용과 같은 것을 고르십시오.
① 종이 박스는 재활용 대상이다.
② 우리나라의 택배 이용률이 줄고 있다.
③ 새로운 테이프는 접착력이 약한 편이다.
④ 종이 박스를 배출하지 않아서 재활용에 문제가 많았다.

※ [31~32] 다음을 듣고 물음에 답하십시오. (각 2점)

31. 남자의 중심 생각으로 가장 알맞은 것을 고르십시오.
① 회사의 채용 시스템을 보완해야 한다.
② 전공을 고려한 부서 배치가 이루어져야 한다.
③ 희망 근무 지역에 대한 조사를 다시 해야 한다.
④ 회사의 발전을 위해 인재를 발굴하는 것이 중요하다.

32. 남자의 태도로 가장 알맞은 것을 고르십시오.
① 상대방의 의견을 지지하고 있다.
② 구체적인 사례를 들어 반박하고 있다.
③ 자료를 제시하며 자신의 주장을 하고 있다.
④ 문제를 지적하며 자신의 의견을 주장하고 있다.

※ [33~34] 다음을 듣고 물음에 답하십시오. (각 2점)

33. 무엇에 대한 내용인지 알맞은 것을 고르십시오.
    ① 미술품 복원 과정의 문제점
    ② 미술품 복원 전문가의 자질
    ③ 미술품 복원 전문가의 필요성
    ④ 미술품 복원의 필요성과 방법

34. 들은 내용과 같은 것을 고르십시오.
    ① 미술품은 보존을 잘하면 변질되지 않는다.
    ② 미술품의 재료에 따라 복원 방법은 다르다.
    ③ 복원사들에게 가장 중요한 자질은 손기술이다.
    ④ 고의적인 훼손에 의한 미술품은 복원이 불가능하다.

※ [35~36] 다음을 듣고 물음에 답하십시오. (각 2점)

35. 남자가 무엇을 하고 있는지 고르십시오.
    ① 이 병원을 홍보하고 있다.
    ② 이 병원의 진료 과목 소개하고 있다.
    ③ 이 병원의 후원과 기부 부탁하고 있다.
    ④ 이 병원의 개원 과정과 소감을 밝히고 있다.

36. 들은 내용과 같은 것을 고르십시오.
    ① 이 병원은 10년 전에 공사를 시작했다.
    ② 이 병원은 저소득층 어린이를 위한 병원이다.
    ③ 2만 명이 넘는 사람들이 이 병원 설립을 위해 기부했다.
    ④ 각계 인사와 시민들의 기부금으로 병원 부지를 구입했다.

※ [37~38] 다음을 듣고 물음에 답하십시오. (각 2점)

37. 여자의 중심 생각으로 가장 알맞은 것을 고르십시오.
    ① 유명 브랜드 옷을 취급해야 사업이 성공한다.
    ② 판매자와 구매자의 요구를 반영하는 것이 중요하다.
    ③ 기존의 중고 의류 판매의 문제점을 잘 분석해야 한다.
    ④ 모든 연령층에게 인기가 있는 사이트를 개설해야 한다.

38. 들은 내용과 같은 것을 고르십시오.
    ① 이 사이트는 반품과 환불이 쉽지 않다.
    ② 이 사이트에서는 새 옷을 싸게 판매한다.
    ③ 이 사이트에서는 판매자가 직접 판매를 한다.
    ④ 이 사이트 이용자들의 절반 이상이 재구매를 한다.

※ [39~40] 다음을 듣고 물음에 답하십시오. (각 2점)

39. 이 대화 전의 내용으로 가장 알맞은 것을 고르십시오.
    ① 세계 경제의 영향으로 기준 금리가 인상되었다.
    ② 한국의 기준 금리 인상에 대한 원인은 명확하지 않다.
    ③ 한국은행의 금리 정책은 세계 경제에 많은 영향을 줬다.
    ④ 기준 금리의 인상은 세계 경제에 부정적인 영향을 미쳤다.

40. 들은 내용과 같은 것을 고르십시오.
    ① 금리가 오르면 물가도 올라간다.
    ② 금리가 인하되면 경제가 침체된다.
    ③ 지금까지 여러 차례 금리가 내렸다.
    ④ 내년 하반기에는 금리가 내려갈 것으로 예상한다.

※ [41~42] 다음을 듣고 물음에 답하십시오. (각 2점)

41. 이 강연의 중심 내용으로 가장 알맞은 것을 고르십시오.
   ① 물레방아는 시골의 외진 곳에 많이 있다.
   ② 물레방아는 농사를 지을 때 꼭 필요한 기구였다.
   ③ 예전의 문학 작품들은 어린 학생들에게 생소하다.
   ④ 물레방아는 특별한 정서를 담고 있는 농기구이다.

42. 들은 내용과 같은 것을 고르십시오.
   ① 요즘은 물레방아를 찾아보기 힘들다.
   ② 물레방아와 수력 발전의 원리는 같다.
   ③ 물레방아는 곡물을 키울 때 사용된다.
   ④ 보통 마을 중앙에 물레방아가 있었다.

※ [43~44] 다음을 듣고 물음에 답하십시오. (각 2점)

43. 무엇에 대한 내용인지 알맞은 것을 고르십시오.
   ① 초파리를 박멸하는 방법
   ② 초파리의 생애와 발생 원인
   ③ 인간의 유전자 치료의 변천 과정
   ④ 질병 치료를 위한 초파리의 활용

44. 초파리를 실험 대상으로 사용하는 이유로 맞는 것을 고르십시오.
   ① 초파리가 번식력이 강하기 때문에
   ② 초파리를 채취하기가 쉽기 때문에
   ③ 초파리의 수명이 길지 않기 때문에
   ④ 초파리의 유전자가 제일 많기 때문에

※ [45~46] 다음을 듣고 물음에 답하십시오. (각 2점)

45. 들은 내용과 같은 것을 고르십시오.
   ① 옹기의 크기는 대체로 일정하다.
   ② 도자기는 실생활에 많이 사용되는 그릇이었다.
   ③ 옹기는 고온의 온도로 구워서 만드는 그릇이다.
   ④ 옹기는 외부의 공기를 막아 주므로 음식을 저장하기에 좋다.

46. 여자가 말하는 방식으로 알맞은 것을 고르십시오.
   ① 옹기의 특성을 설명하고 있다.
   ② 옹기의 제작 방법을 묘사하고 있다.
   ③ 옹기 보존의 필요성을 주장하고 있다.
   ④ 옹기와 도자기를 자세하게 비교하고 있다.

※ [47~48] 다음을 듣고 물음에 답하십시오. (각 2점)

47. 들은 내용과 같은 것을 고르십시오.
   ① 지방 소멸 대응 기금이 부족하다.
   ② 경제 불황으로 인해 지방이 소멸되고 있다.
   ③ 기금 배분 기준 변경에 대해 긍정적인 평가가 많다.
   ④ 앞으로는 지역 평가 결과에 따라 기금액이 달라진다.

48. 남자의 태도로 알맞은 것을 고르십시오.
   ① 기금 배분의 취지를 설명하고 있다.
   ② 기금 배분의 필요성을 주장하고 있다.
   ③ 기금 배분 정책의 도입을 촉구하고 있다.
   ④ 기금 배분의 기준 변경을 우려하고 있다.

※ [49~50] 다음은 강연입니다. 잘 듣고 물음에 답하십시오. (각 2점)

49. 들은 내용과 같은 것을 고르십시오.
   ① 능력이 있는 사람은 첫인상이 좋은 편이다.
   ② 성형수술의 과정을 잘 알 수 있는 광고가 많다.
   ③ 앞으로는 객관적인 미의 기준이 높아질 것이다.
   ④ 인간이 느끼는 감각 중에 시각이 차지하는 비율이 높다.

50. 남자의 태도로 알맞은 것을 고르십시오.
   ① 외모지상주의를 우려하고 있다.
   ② 뇌의 기능을 논리적으로 분석하고 있다.
   ③ 개성의 중요성을 적극적으로 동의하고 있다.
   ④ 사회의 인식 변화를 예를 들어 설명하고 있다.

TOPIK II 쓰기(51번~54번)

※ [51~52] 다음 글의 ㉠과 ㉡에 알맞은 말을 각각 쓰시오. (각 10점)

51.
> 한국어 4급 교재를 판매합니다.
> 제가 책을 1주일밖에 사용하지 않아서 (㉠   ).
> 책값은 3만 원인데 1만 원에 판매합니다.
> (㉡   ) 연락 부탁드립니다.
> 제 전화번호는 010-1234-5678입니다.
> 감사합니다.

52.
> 오랫동안 사교육 문제가 도마 위에 오르고 그때마다 교육 당국은 여러 가지 방안을 내놓았다. 그러나 (㉠   ). 학교 교육이 제 역할을 못한다는 비판과 사교육으로 인해 발생하는 교육 기회의 불균형에 대한 우려를 어떻게 불식시킬 수 있을까? 소득 양극화와 사교육 양극화가 상호작용을 하면서 교육에서 공정한 경쟁이 이루어지지 못하고 있다. 이를 해결하기 위해서는 (㉡   ).

53. 다음은 '직장인들의 점심 해결'에 대한 자료이다. 이 내용을 200~300자의 글로 쓰시오. 단, 글의 제목은 쓰지 마시오. (30점)

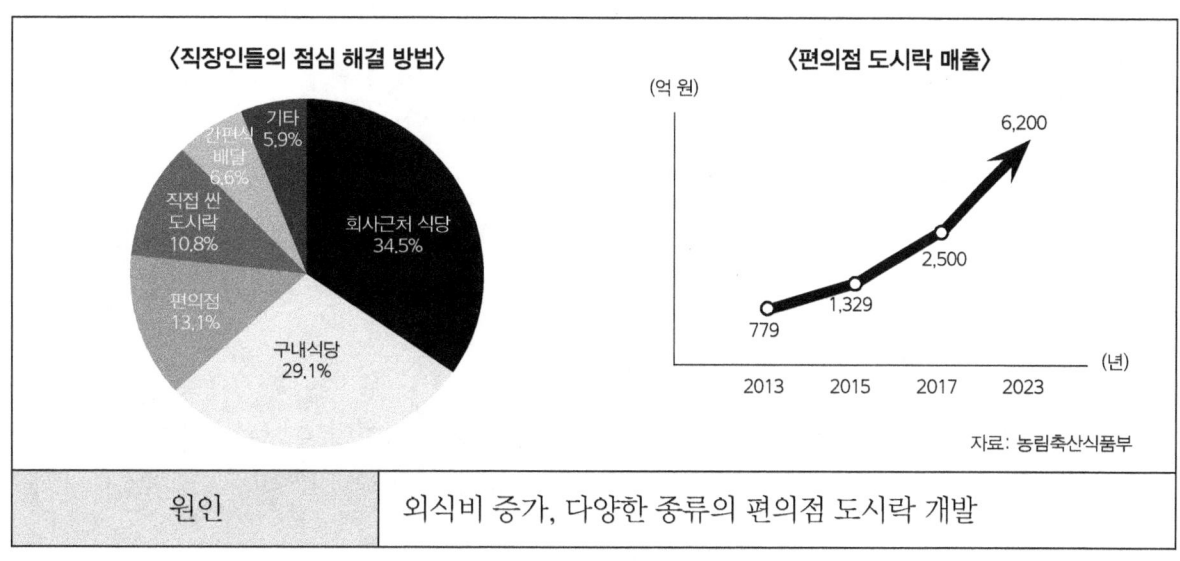

54. 다음을 참고하여 600~700자로 글을 쓰시오. 단, 문제를 그대로 옮겨 쓰지 마시오. (50점)

자존감은 자신이 사랑을 받을 만한 가치가 있는 소중한 존재라고 생각하고 어떤 일에서든 성과를 낼 수 있는 유능한 사람이라고 믿는 마음이다. 아래의 내용을 중심으로 '자존감의 필요성과 이를 높이기 위한 방안'에 대한 자신의 생각을 쓰라.

- 자존감이 필요한 이유는 무엇인가?
- 자존감이 높을 때 얻을 수 있는 결과는 무엇인가?
- 자존감을 높이기 위한 방안은 무엇인가?

＊ 원고지 쓰기의 예

| | 사 | 람 | 들 | 은 | | 음 | 악 | | 치 | 료 | 를 | | 할 | | 때 | | 환 | 자 | 에 |
| 게 | | 주 | 로 | | 밝 | 은 | | 분 | 위 | 기 | 의 | | 음 | 악 | 을 | | 들 | 려 | 줄 |

제1교시 듣기, 쓰기 시험이 끝났습니다. 제2교시는 읽기 시험입니다.

TOPIK Ⅱ 읽기(1번~50번)

※ [1~2] (   )에 들어갈 말로 가장 알맞은 것을 고르십시오. (각 2점)

1. 아침에 밥을 급하게 (   ) 소화가 잘 안 돼요.
   ① 먹다가   ② 먹었더니   ③ 먹는 대로   ④ 먹기 위해서

2. 어렸을 때 어머니께서 저에게 매일 책을 (   ).
   ① 읽으셨을걸요   ② 읽게 하셨어요
   ③ 읽으실 뻔했어요   ④ 읽으신 모양이에요

※ [3~4] 밑줄 친 부분과 의미가 가장 비슷한 것을 고르십시오. (각 2점)

3. 길이 <u>좁은 데다가</u> 통행량도 늘어서 교통이 더 복잡합니다.
   ① 좁을지라도   ② 좁아서 그런지
   ③ 좁으면 좁을수록   ④ 좁을 뿐만 아니라

4. 집중하지 않으면 시합에서 <u>질 수도 있다</u>.
   ① 질 만하다   ② 질 모양이다
   ③ 지기 마련이다   ④ 질지도 모른다

※ [5~8] 다음은 무엇에 대한 글인지 고르십시오. (각 2점)

5.
**찌든 때도 깨끗하게 속 때까지 팡팡~
강한 물살의 힘**

① 세탁기　　② 에어컨　　③ 선풍기　　④ 냉장고

6.
당신의 재산을 안전하게 ~
믿음직한 거래, 든든한 생활 보장

① 병원　　② 은행　　③ 주유소　　④ 경찰서

7.
우리 집 바닥은 아랫집 천장입니다.
배려가 이웃 사랑입니다.

① 범죄 예방　　② 방문 예절　　③ 층간 소음　　④ 기후 변화

8.
❶ 공동 배수관 교체 작업이 10월 5일 ~ 10월 20일에 있습니다.
❷ 소음이 발생하는 작업은 평일 09:00 ~ 17:00에 진행합니다.

① 공사 안내　　② 정전 안내　　③ 교환 안내　　④ 이용 안내

※ [9~12] 다음 글 또는 그래프의 내용과 같은 것을 고르십시오. (각 2점)

9.
제14회 외국인 동영상 공모전

여러분의 한국 생활을 소개해 주세요.
◆ 참가 신청 기간 : 9월 13일(수) ~ 9월 22일(금)
◆ 작품 제출 기간 : 9월 25일(월) ~ 10월 12일(목)
◆ 작품 제출 방법 : 홈페이지 게시 및 방문 제출
 ※ 입상자는 개별 통지합니다.

① 이 대회에는 누구나 참가할 수 있다.
② 이 대회는 방문해서 작품을 제출할 수 있다.
③ 이 대회의 입상자는 홈페이지에 이름을 올린다.
④ 이 대회는 작품을 제출한 후에 참가 신청을 할 수 있다.

10.
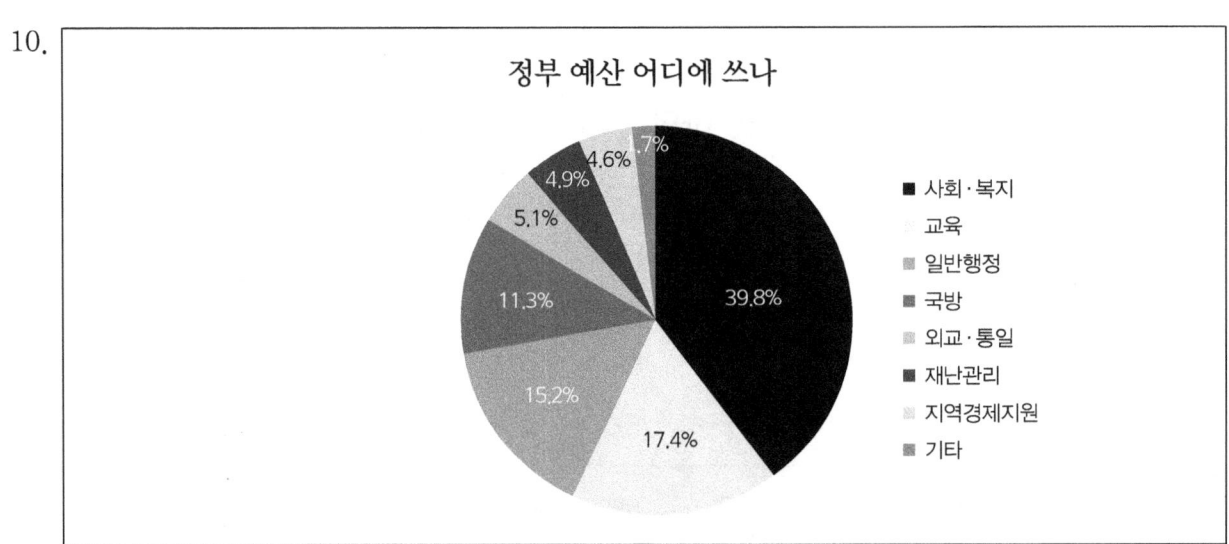

① 예산의 절반 이상을 사회·복지에 사용한다.
② 재난을 관리하는 데에 가장 적은 예산을 쓴다.
③ 외교와 통일 예산의 2배 이상을 국방비로 쓴다.
④ 지역경제를 지원하는 예산이 교육 부문보다 많다.

11.
> 올해도 '아름다운 광고 대상' 시상식이 있었다. 이번 수상작들은 데이터에 기반한 소비자 분석을 바탕으로 기발한 아이디어와 실천 가능한 솔루션을 선보이면서 소비자들의 관심을 끌었다. 출품작 중에는 최근 광고계의 화두가 되고 있는 생성형 인공지능을 활용해서 제작한 영상물이 많았다.

① 올해는 인공지능을 활용한 출품작이 예상외로 적었다.
② 올해는 소비자를 분석해서 만든 작품들이 상을 받았다.
③ 올해는 광고계의 요구를 충실하게 반영한 작품들이 수상했다.
④ 올해는 실천을 지향하기보다는 아이디어를 선보이는 데 집중했다.

12.
> 이번 집중호우로 피해를 입은 지역 중에서 13개 시도가 특별재난지역으로 우선 선포되었다. 해당 지역들은 피해가 심각해서 중앙합동조사 전에 사전 조사를 토대로 우선 재난지역으로 지정되었으며 이번에 선포되지 않은 지역도 피해 조사를 실시해서 선포 기준을 충족하는 경우 추가 선포할 계획이다. 대통령은 특별재난지역의 신속한 복구를 지원하도록 관계 부처에 지시했다.

① 집중호우로 피해를 입은 지역에 특별한 지원을 하기로 했다.
② 집중호우가 예상되는 지역을 지원하도록 대통령이 지시했다.
③ 집중호우로 인한 피해를 막기 위해서 사전 조사가 이루어졌다.
④ 집중호우가 내린 지역은 전국 13개 지역이며 큰 피해가 있었다.

※ [13~15] 다음을 순서에 맞게 배열한 것을 고르십시오. (각 2점)

13.
(가) 왜냐하면 심사위원들은 긴 시간 읽기를 원하지 않기 때문이다.
(나) 작성을 할 때 특별히 정해진 형식은 없지만 한 가지는 분명한 것 같다.
(다) 자신의 강점은 한눈에 드러낼 수 있도록 간단하고 명확하게 써야 한다.
(라) 우리는 대학에 들어갈 때도 회사에 입사할 때도 수없이 많은 지원서를 쓴다.

① (나)-(가)-(다)-(라)
② (나)-(라)-(가)-(다)
③ (라)-(다)-(가)-(나)
④ (라)-(나)-(다)-(가)

14.
(가) 그러니 외국 생활을 즐기고 싶다면 우선 그곳 사람들의 생활을 따라해 보라.
(나) 호기심을 끄는 일이 많으면 많을수록 생활은 더 즐겁고 인상적이게 된다.
(다) 다른 나라에 와서 생활하는 즐거움 중의 하나는 낯선 풍속을 경험하는 일이라고 생각한다.
(라) 처음에는 재미 반 호기심 반으로 시작하겠지만 그곳 사람들을 이해하는 지름길이 될 것이다.

① (나)-(가)-(라)-(다)
② (나)-(다)-(가)-(라)
③ (다)-(라)-(가)-(나)
④ (다)-(나)-(가)-(라)

15.
(가) 이러한 단계를 결정하는 데는 개개인의 사회적 역할이 큰 영향을 미친다.
(나) 생애주기는 시간 변화에 따라 연속적으로 구성되는 일생의 발달단계를 말한다.
(다) 하지만 수명이 연장되고 사회가 변화하면서 발달단계의 주기도 달라진다.
(라) 일을 하기 위해서 교육을 받는 기간, 일하는 기간, 퇴직 시기 등이 주기를 정하는 기준이 된다.

① (나)-(다)-(가)-(라)
② (나)-(가)-(라)-(다)
③ (다)-(라)-(나)-(가)
④ (라)-(다)-(가)-(나)

※ [16~18] (   )에 들어갈 말로 가장 알맞은 것을 고르십시오. (각 2점)

16.
> 전자레인지는 (   ) 불이 아닌 전자기파를 이용한다. 음식물에 전자기파를 쪼이면 전기장이 양과 음으로 진동하고 이때 음식물 속의 물 분자가 빠르게 회전하게 된다. 분자의 회전에 의해 분자들이 충돌하면서 열을 발생시켜 음식물의 온도를 높이게 된다.

① 전파를 막을 때 ② 열을 방지할 때
③ 음식을 데울 때 ④ 물을 회전시킬 때

17.
> 화폐는 해당 국가의 경제를 움직이는 연료와 같다. 그러므로 가짜 화폐가 유통된다면 경제가 타격을 입을 수 있기 때문에 중앙은행과 금융기관들이 위조 화폐의 유통 방지에 신경을 쓰고 있다. 각국은 (   ) 위조방지장치를 다양하게 사용한다. 전통적으로는 화폐 중간에 미세문자나 은선을 넣거나 빛에 비추어야만 볼 수 있는 그림을 숨기기도 한다.

① 화폐 사용의 확대를 위해 ② 위조지폐 관련 범죄로 인해
③ 화폐의 유통을 활성화하려고 ④ 위조지폐를 확인할 수 있도록

18.
> 연어는 알을 낳기 위해서 큰 바다를 건너 자신이 태어난 강으로 돌아오는 습성을 가지고 있다. 학자들은 연어의 회귀 원리를 알아내기 위해 오랫동안 연어를 추적 관찰했다. 연구진들은 연어가 (   ) 태어나 처음 만난 바다의 자기장을 기억하고 성년이 되면 같은 자기장을 가진 해안을 찾음으로써 회귀하게 된다고 밝혔다.

① 위험을 피하기 위해서 ② 알을 낳아 키우기 위해서
③ 고향으로 돌아오기 위해서 ④ 큰 바다로 나아가기 위해서

※ [19~20] 다음을 읽고 물음에 답하시오. (각 2점)

> 바다 한가운데 떠 있는 쓰레기 섬에 대한 이야기가 충격을 주고 있다. (　　　) 버리는 플라스틱 병이나 일회용기, 비닐포장재가 환경을 해치고 그 폐해가 결국 인간에게 미칠 것이라는 위기감에 휩싸이게 한다. 그러나 열심히 분리해서 모은 재활용 쓰레기의 20% 정도만이 활용되고 나머지는 버려진다는 사실이 더욱 놀랍다. 분리하고 모으는 노력에 더해 재활용 쓰레기의 활용률을 높이지 않으면 쓰레기를 줄이는 효과는 기대하기 어려울 것이다.

19. (　)에 들어갈 말로 가장 알맞은 것을 고르십시오.
　① 겨우　　　　② 괜히　　　　③ 아무튼　　　　④ 무심코

20. 윗글의 주제로 가장 알맞은 것을 고르십시오.
　① 쓰레기로 만들어진 섬이 충격을 주고 있다.
　② 재활용 쓰레기를 분리하고 모으는 일이 중요하다.
　③ 쓰레기를 줄이기 위해서는 재활용률을 높여야 한다.
　④ 플라스틱과 일회용기, 비닐포장재가 환경을 해친다.

※ [21~22] 다음을 읽고 물음에 답하시오. (각 2점)

> 월급 빼고 다 올랐다는 말이 나올 정도로 모든 물가가 고공행진을 계속하고 있다. 이런 가운데 이번에는 국제 곡물 가격이 들썩이면서 국내 경제에 (　　　　). 친환경 연료용 곡물의 수요가 증가한 데다가 기상이변으로 주요 생산국들의 곡물 수확량이 줄어든 것이 원인으로 꼽힌다. 곡물 가격이 상승하면 식료품, 외식업 등의 가격 인상으로 이어져 소비자들의 어려움이 가중될 것으로 보인다.

21. (　)에 들어갈 말로 가장 알맞은 것을 고르십시오.
① 트집을 잡았다
② 베일에 가렸다
③ 눈살을 찌푸렸다
④ 적신호가 켜졌다

22. 윗글의 내용과 같은 것을 고르십시오.
① 국제 곡물 가격이 하락하고 있다.
② 친환경 연료의 생산에 곡물이 사용된다.
③ 기상이변 때문에 곡물의 생산이 증가했다.
④ 식료품 값이 올라서 곡물의 수요가 늘었다.

※ [23~24] 다음을 읽고 물음에 답하시오. (각 2점)

> 오늘도 과제가 한가득이다. 필수과목이라서 꼭 수강해야 하는 과목이다. 악명이 높은 교수님은 역시 우리의 기대를 저버리지 않고 매주 엄청난 양의 과제를 내신다. 그때마다 난 <u>입을 삐쭉 내밀고 한숨도 쉬어 보지만</u> 정작 과제가 너무 많다고 대놓고 말씀드리지는 못한다. 사실 여기저기서 한숨 소리가 들리지만 그뿐이다. 교수님은 학생들의 표정에 아랑곳하지 않고 매주 엄청난 과제를 안긴다. 학생들에게 배움의 기회를 주기 위해서라고 하신다. 선생의 가르침과 통제를 벗어난 곳에서 가능한 모든 수단을 동원해서 스스로 배우라는 것이다. 교수님은 우리들 중 누군가가 친구의 과제를 아예 베껴서 냈다고 하시면서 그래도 그 과정에서 서로 가르쳐 주고 협력하면서 배우는 기회를 가졌을 것이라고 말씀하셨다. 묘하게 설득되는 말이다.

23. 밑줄 친 부분에 나타난 '나'의 심정으로 가장 알맞은 것을 고르십시오.
   ① 싫고 불만스럽다
   ② 놀랍고 걱정스럽다
   ③ 고맙고 감동스럽다
   ④ 복잡하고 고민스럽다

24. 윗글의 내용과 같은 것을 고르십시오.
   ① 나는 교수님에게 과제가 많다고 말씀드렸다.
   ② 나는 교수님의 의견에 공감하는 부분이 있다.
   ③ 나는 친구의 과제를 베껴서 제출한 적이 있다.
   ④ 나는 교수님의 가르침과 통제에서 벗어나고 싶다.

※ [25~27] 다음 신문 기사의 제목을 가장 잘 설명한 것을 고르십시오. (각 2점)

25.
무인점포 업종 확대, 도난 사건 급증

① 무인점포의 크기가 커지면서 여러 가지 문제가 발생했다.
② 무인점포가 빠르게 늘면서 고객 유치 경쟁이 치열해졌다.
③ 무인점포의 종류가 다양해지면서 물건을 훔치는 사례가 많아졌다.
④ 무인점포의 주인이 물건을 제대로 관리하지 않아서 문제가 생겼다.

26.
화재 피해 복구 부진, 주민들 불편 호소

① 화재로 피해를 입은 주민들을 위해서 정부가 빠른 지원을 약속했다.
② 화재 피해 지역이 빨리 복구되지 않아서 주민들이 불편을 겪고 있다.
③ 화재로 피해가 심각한 지역에 인근 지역 주민들이 봉사활동에 나섰다.
④ 화재 피해 지역에 사는 주민들의 불편을 조사한 후에 복구하기로 했다.

27.
고물가로 간편 음식 소비 증가, 국민 건강 위협

① 물건 값이 오르자 사람들이 소비를 줄이고 있어서 문제가 발생했다.
② 간편 음식을 많이 소비하면 값이 비싸져서 국민들이 어려움을 겪는다.
③ 건강에 좋지 않지만 간편한 음식을 먹는 사람이 늘어서 값이 비싸졌다.
④ 물가가 올라서 간편 음식을 먹는 사람이 많아지면서 건강이 위험해졌다.

※ [28~31] (   )에 들어갈 말로 가장 알맞은 것을 고르십시오. (각 2점)

28.
여론조사기관이 발표한 보고서에 따르면 노인들은 (   ) 가장 고통스럽게 생각하는 것으로 나타났다. 가족 구성원이 적어 집안에서 노인을 돌볼 부양자가 감소하고 혼자 사는 노인들이 증가하고 있기 때문이다. 이들은 가족을 대신할 제도적 방안이 마련되기를 희망했다.

① 핵가족화에 따른 외로움을
② 노인을 위한 일자리 부족을
③ 고령화로 인한 노동력 상실을
④ 노후 대비 부족에 따른 불안을

29.
한반도 주거 문화에 혁명을 가져온 온돌은 아궁이에서 열이 발생해 굴뚝으로 빠져나가기까지 오랫동안 열을 유지하는 것이 비결이다. 온돌은 아궁이에서 전달받은 열기를 구들장이 잘 보존하고 (   ) 설계되어 있다. 구들장은 돌로 만들어져서 한번 불을 때면 열 에너지를 구들장 밑에 오랫동안 머물게 한다.

① 불이 잘 붙지 않도록
② 빠른 속도로 지나가게
③ 열손실을 최소화하도록
④ 쉽게 밖으로 빠져나가게

30.
> 축구는 남성 중심적인 운동이라는 이미지 때문에 배구나 핸드볼과 같이 손을 사용하는 종목보다 여성의 참여가 많이 늦었다. 1900년대 초 유럽에서 공익 이벤트 형식으로 치러진 여자 축구 경기가 인기를 모으기도 했으나 (　　　　　) 때문에 명맥이 끊어졌다. 여성의 신체가 축구에 적합하지 않다는 이유로 정규 경기장을 사용하지 못하도록 금지한 것이다.

① 유럽 축구 협회의 분열
② 여성에 대한 차별적 규제
③ 여성들의 선수 지원자 부족
④ 경기 운영에 대한 재정적 부담

31.
> '일중독'은 단순히 열심히 일하는 것과 구별된다. 강박적으로 일을 해서 인간관계나 건강에 해를 끼치는 등 부정적인 결과에도 (　　　　　) 상태이다. 이런 증상은 보통 경제력에 강박관념을 가지고 있거나 완벽을 추구하는 성향의 사람에게서 많이 나타난다. 자신이 한 일의 성과에서 만족을 얻으려 하기 때문에 하루 종일 일만 생각하고 일에 빠져서 지내게 된다.

① 직장이나 학교로부터 도피하려는
② 일상에 싫증이 나지만 마음을 다잡는
③ 일에 소비하는 시간을 제한할 수 없는
④ 자신이 할 만한 일을 하고 성취감을 얻는

※ [32~34] 다음을 읽고 글의 내용과 같은 것을 고르십시오. (각 2점)

32.
> 지구상에 인류가 출현한 것은 지금으로부터 약 300만 년 전으로 알려져 있다. 최초의 인류는 아프리카에서 화석으로 발견되었는데 두뇌의 용량이 현생 인류의 3분의 1 정도였다. 이들은 직립 보행을 하고 두 손을 이용해 도구를 만들어 사용할 수 있었다. 이후 불을 사용하면서 음식을 익혀 먹고 추위를 견딜 수 있어서 빙하기의 위기를 넘겼다. 인류가 멸종하지 않고 진화할 수 있었던 것은 생각하는 능력을 가지고 주변 환경에 적응했기 때문이다.

① 최초의 인류는 불을 사용할 수 있었다.
② 최초의 인류는 도구를 만들어 사용했다.
③ 최초의 인류는 두 손과 두 발로 보행을 했다.
④ 최초의 인류는 현생 인류와 비슷한 두뇌를 가졌다.

33.
> 고로쇠나무는 낙엽활엽수로서 암수한그루이며 주로 산지의 숲속에서 자란다. 한국 각지에 분포하고 있는데 수액을 받아서 음료로 마시거나 농축시켜서 시럽으로 만들어 먹는다. 이 나무의 수액에는 뼈를 건강하게 하는 성분이 들어 있어서 민간에서 많이 활용된다. 최근에는 수액을 용이하게 채취하기 위해서 인공림을 조성하고 집약적으로 관리하는 지역이 늘고 있으나 천연림에 비해 우수한 유전자가 부족할 가능성이 높다고 한다.

① 고로쇠나무는 한국의 특정 지역에서만 볼 수 있다.
② 고로쇠나무의 수액은 뼈 건강에 도움을 줄 수 있다.
③ 고로쇠나무의 수액은 천연림에서만 채취할 수 있다.
④ 고로쇠나무는 보존을 위해서 인공적으로 관리하고 있다.

34.
> 사춘기는 육체적으로, 정신적으로 어린이에서 성인이 되는 시기이다. 평균 11~13세부터 시작되는데 신체적으로, 심리적으로 큰 변화를 겪으며 자신만의 가치관이 형성된다. 스스로 중요하고 바람직한 것에 대한 개념이 생기면서 기성세대와 소통에 문제가 생기기도 한다. 어른들의 사고방식을 모방하고 흡수하던 어린 시절과 스스로 판단하고 행동하는 성인 시기의 중간 상태이기 때문에 상황에 적절하게 대응하지 못하고 행동이 앞서면서 갈등을 빚게 된다.

① 사춘기에는 다른 사람의 행동을 판단하고 적절히 대응한다.
② 사춘기에는 많은 변화를 겪으며 자신의 가치관을 형성한다.
③ 사춘기에는 바람직한 사고나 행동에 대한 개념이 아직 없다.
④ 사춘기에는 어른들의 사고방식을 모방하고 흡수하려고 한다.

※ [35~38] 다음을 읽고 글의 주제로 가장 알맞은 것을 고르십시오. (각 2점)

35.
> 인공지능을 악용해서 가짜 뉴스를 대량 생산하고 이를 유통하는 사례가 늘고 있다. 언론의 보도 형식으로 꾸며 거짓 정보, 루머나 유언비어를 마치 사실인 것처럼 유포한다. 이러한 사기성 뉴스는 허위 정보로 소비자를 기만하거나 악의적인 왜곡 보도로 무고한 사람을 공격하기도 한다. 가짜 뉴스를 생산, 유포하는 것은 폭력이며 엄연한 범죄행위이다. 범죄행위에는 합당한 법적 조치가 있어야 하며 엄격한 법적 규제를 위한 강화된 법안이 마련되어야 한다.

① 가짜 뉴스에 대한 강력한 법적 조치가 필요하다.
② 인공지능을 악용한 범죄행위의 사례를 알려야 한다.
③ 가짜 뉴스는 소비자에게 허위 정보를 제공할 수 있다.
④ 인공지능을 이용해 뉴스를 만드는 것은 불법 행위이다.

36.
　　최근 들어 잦은 지진 발생으로 불안감이 높아지고 있다. 이에 정부는 지진 비상대피훈련 시나리오를 발표하고 지진 발생 시 행동요령을 교육하기로 했다. 교육 내용에는 지진이 감지된 시점부터 대피, 2차 피해 방지 등이 포함될 것으로 알려졌다. 이러한 교육이 효과를 거두려면 실제 상황에서 올바르게 적용할 수 있도록 현장 중심으로 훈련이 진행되어야 한다.

① 지진 발생은 불안과 공포를 초래한다.
② 정부가 피해 방지를 위한 교육을 실시해야 한다.
③ 비상대피훈련은 현장 중심으로 진행되어야 한다.
④ 지진이 발생하기 전에 행동요령을 교육해야 한다.

37.
　　실험용 동물은 실험의 목적에 맞춰 생리학적·유전적 특성, 먹이, 새끼 수, 사육 환경 등을 인위적으로 설계해서 생산되고 사육된다. 실험용 동물 대부분은 인간에 비해 성장이 상대적으로 빠르고 수명이 짧기 때문에 경과 관찰이 단시간 내에 가능하다. 동물의 생명을 경시한다는 윤리적인 문제가 논란이 되고 있지만 인간을 제외하고 환경과의 상호관계를 연구할 수 있는 가장 효과적인 방법이다.

① 동물을 실험에 활용하는 것은 윤리적인 문제가 있다.
② 동물은 성장 속도가 빨라서 실험용으로 생산, 사육된다.
③ 동물실험은 인체실험을 대신할 수 있는 유용한 선택이다.
④ 동물실험은 목적에 맞춰 진행되며 단기간에 결과를 얻는다.

38.
> 매년 3월 8일은 '세계 여성의 날'이다. 정치적인 행사로 시작되었지만 현재는 경제, 사회, 교육, 과학, 예술 등의 분야에서 활발하게 활동한 여성들에게 존경을 표하는 날로 기념하고 있다. 이제는 단순히 남성과 차별되는 여성이 아니라 한 인간으로서 행복한 여성을 목표로 사회의 변화를 이끌어야 할 때이다. 모든 상황에서 여성들이 다양성과 능력을 펼치고 평등하게 결정권을 행사할 수 있어야 한다. 그리고 이러한 변화가 모두에게 이득이 될 수 있는 사회가 되어야 한다.

① 여성의 활동에 존경을 표하는 사회가 되어야 한다.
② 여성과 남성 모두에게 이득이 되는 변화가 필요하다.
③ 여성의 날은 경제, 사회 등 모든 분야에서 기념해야 한다.
④ 여성이 평등하게 자신의 결정권을 행사할 수 있어야 한다.

※ [39~41] 주어진 문장이 들어갈 곳으로 가장 알맞은 것을 고르십시오. (각 2점)

39.
> 하지만 이 책에서는 바로 이러한 소설 속의 상황과 생활 모습을 화젯거리로 삼아 당시의 사회와 개인이 경제에 대해 어떤 태도를 취했는지 설명한다.

> 이 책은 자본주의와 시장경제라는 무거운 주제를 소설 작품을 인용해 쉽게 설명한다. 가볍게 접근했지만 우리가 몰랐던 동서양 경제의 숨은 이야기가 가득하다. (㉠) 경제와 소설이라는 생소한 결합이 독자들에게 새로운 세계를 선사한다. (㉡) 보통 소설 속에는 그 시절 사람들의 생활이 생생하게 묘사되어 있지만 이야기의 흐름에 밀려 크게 조명을 받지 못한다. (㉢) 전문가들이나 관심을 가질 법한 무거운 개념을 일반 독자들이 생활 속에서 이해할 수 있게 한다. (㉣)

① ㉠ ② ㉡ ③ ㉢ ④ ㉣

40.
> 그럼에도 불구하고 많은 나라들이 우주 탐사에 나서는 것은 미래를 준비하려는 목적이다.

> 우주 탐사는 가시적인 결과에 비해 천문학적인 비용이 들기 때문에 선뜻 뛰어들기 어려운 분야이다. 더구나 우주 탐사에 대해 비판적인 여론은 우주 탐사 계획의 발목을 잡는다. (㉠) 과학적 가치가 별로 없으면서 국민의 세금을 펑펑 써 대는 '돈 먹는 하마'일 뿐이라는 것이다. (㉡) 지구의 자원이 부족하다는 현실적인 이유를 비롯해 핵전쟁, 전염병, 혜성 충돌 등 지구가 위험해지는 상황에 대비해야 한다는 주장이다. (㉢) 우주 탐사는 다른 행성의 토양, 대기, 환경 등을 조사해서 인간이 지구를 떠나 살 수 있는 행성을 찾기 위한 노력이다. (㉣)

① ㉠   ② ㉡   ③ ㉢   ④ ㉣

41.
> 어진은 왕의 모습이기 때문에 왕을 대하는 것처럼 귀하게 모셔졌다.

> 어진은 삼국시대 이후로 꾸준히 그려졌다. 특히 조선 시대에 많이 그려졌는데 현재는 거의 다 소실되었다. (㉠) 이런 이유로 사진을 찍을 수 없게 금지했기 때문에 현재 전해지는 어진 사진은 대부분 현대에 찍은 것이다. (㉡) 어진을 그릴 때에는 당시의 최고 화가들이 모여서 왕의 모습을 눈썹이나 수염 하나하나까지 정밀하게 표현했다. (㉢) 이러한 어진의 제작 방법은 도사, 모사, 추사 등이 있는데 어진의 용도에 따라서 달랐다. 도사는 왕의 얼굴을 직접 보고 그렸고 모사는 원본을 밑에 대고 위에서 그렸으며 추사는 왕이 생존 시에 가깝게 지냈던 사람들의 증언을 토대로 만들었다. (㉣)

① ㉠   ② ㉡   ③ ㉢   ④ ㉣

※ [42~43] 다음을 읽고 물음에 답하십시오. (각 2점)

어머니와 함께 동네 앞 바닷가로 나선다. 난 고등학교를 졸업하고 고향을 떠났다. 서울 소재 대학을 졸업하고 취직하고 결혼하고 아이 낳고 사느라 고향을 그리워할 시간조차 없었다. 돌아보니 고향도 고향을 지키는 사람들도 모두 까마득하기만 했다. 오랜만에 만나는 바다가 반갑다.
"바구니가 너무 낡았네요."
"아버지가 만들어 준 거야. <u>그냥 바구니가 아니지.</u>"
어머니는 바구니에 미역이며 바지락이며 바다가 주는 선물을 주워 담았다. (중략)
집으로 들어서는데 어머니 눈가에 눈물이 고여 있었다.
"이거 지금 끓여요?"
나는 필요 없는 말을 했다. (중략)
어머니와 아버지는 한 동네에서 나고 자라서 결혼까지 한 정말 대단한 인연이다. 아버지는 서울에서 대학을 나온 지식인이었다. 대학을 졸업했다고 마을 전체가 잔치를 할 만큼 당시로서는 귀한 이력의 소유자였다. 하지만 이런저런 부침으로 서울 생활을 접고 이 곳으로 낙향하여 서당을 세웠다. 그래서 기차역에 내려서 멀지 않은 곳을 지금도 서당골이라고 부른다. 그런 아버지를 일찍 떠나보낸 어머니의 마음이 어떨지 짐작만 할 뿐이다.

42. 밑줄 친 부분에 나타난 '어머니'의 심정으로 가장 알맞은 것을 고르십시오.
① 궁금하다
② 소중하다
③ 걱정스럽다
④ 짜증스럽다

43. 윗글의 내용으로 알 수 있는 것을 고르십시오.
① 나는 고향에 대해서 기억하지 못한다.
② 나는 바닷가에서 어린 시절을 보냈다.
③ 나는 어렸을 때 기차역 근처에 살았다.
④ 나는 어머니와 함께 고향에서 살고 있다.

※ [44~45] 다음을 읽고 물음에 답하십시오. (각 2점)

> 돌고래가 무리를 이루어 생활하는 사회적 동물이며 초음파를 통해서 먹이를 구하고 장애물이나 적으로부터 자신을 보호한다는 것은 오래 전에 밝혀진 연구 결과이다. 그런데 우리의 관심을 끄는 것은 돌고래들이 (   ) 가지고 있다는 점이다. 돌고래는 휘파람 소리나 이가 부딪히는 소리와 비슷한 초음파를 통해서 친구들에게 먹이가 있는 곳이나 위험 상황을 알려 준다. 또한 다양한 주파수의 초음파로 친구를 부르고 상대 돌고래와 소통하거나 협력하며 집단을 유지한다. 최근 돌고래가 자신의 새끼와 의사소통을 할 때 평소와 다른 주파수를 사용하고 주변에 소음이 있을 때는 소리를 높여서 의사를 전달한다는 사실이 확인되었다. 소리에 민감한 돌고래가 소음이 심하거나 지속될 때 의사소통의 성공률을 높이기 위해 다양한 전략을 사용하는 것이다.

44. (   )에 들어갈 말로 가장 알맞은 것을 고르십시오.
    ① 무리를 이루고 유지하는 규칙을
    ② 초음파를 사용할 수 있는 능력을
    ③ 기발하고 뛰어난 의사소통 방법을
    ④ 장애물이나 적의 공격을 피하는 전략을

45. 윗글의 주제로 가장 알맞은 것을 고르십시오.
    ① 돌고래는 무리를 이루어 생활하는 사회적 동물이다.
    ② 돌고래는 상황에 따라 다양한 소통 방법을 사용한다.
    ③ 돌고래는 자신의 새끼와 소통할 때 특별한 소리를 낸다.
    ④ 돌고래는 친구들과 협력하기 위해 특별한 전략을 이용한다.

※ [46~47] 다음을 읽고 물음에 답하십시오. (각 2점)

> 잦은 온라인 여론 조작 사건이 사회적 물의를 빚고 있다. 인터넷을 사용해 여론을 왜곡하거나 조작함으로써 사적인 목적이나 집단의 이익을 추구하는 것이다. 이들은 다중 계정을 이용하거나 댓글 알바를 고용해서 마치 불특정 다수의 의견인 것처럼 인터넷 게시판이나 뉴스의 댓글란에 글을 올린다. 어떤 회사는 자사 제품에 대해 과장된 호평의 댓글을 쓰고 경쟁사의 제품에 대해서는 비방하는 댓글을 올려서 이익을 얻는다. 또 정당이나 정치인들에 대해 터무니없는 비호의 댓글을 쓰거나 근거 없는 비난의 댓글을 쓰기도 한다. 이들은 진실을 거짓처럼, 거짓을 진실처럼 만들고 그것을 전파시킨다. 대중들은 진실과 거짓의 경계가 불확실한 상황에서 불안해지고 고립감마저 느낀다. 온라인 여론 조작은 인터넷 사용자들의 신뢰를 무너뜨리고 사회적 혼란을 야기할 수 있다. 여론을 조작하는 행위는 표현의 자유를 넘어선 범죄 행위이며 반드시 이를 처벌할 수 있는 법적인 규제가 마련되어야 한다.

46. 윗글에 나타난 필자의 태도로 가장 알맞은 것을 고르십시오.
① 여론 조작 행위의 사례를 고발하고 있다.
② 여론 조작 행위의 주체와 목적을 폭로하고 있다.
③ 여론 조작 행위에 대한 법적 규제를 촉구하고 있다.
④ 여론 조작 행위로 인해 발생할 피해를 걱정하고 있다.

47. 윗글의 내용과 같은 것을 고르십시오.
① 대중들은 조작된 여론에 의해 불안감을 느낀다.
② 온라인 댓글은 불특정 다수의 의견으로 봐야 한다.
③ 일부 회사는 댓글을 조작해서 처벌을 받기도 했다.
④ 조작된 댓글도 인터넷 사용자들의 표현의 자유이다.

※ [48~50] 다음을 읽고 물음에 답하십시오. (각 2점)

> 우리가 일상생활에서 문제를 해결하고자 할 때에는 사안에 따라 다양한 방법으로 접근한다. 그중에서 여러 사람이 모여 결정을 이끌어 내야 할 때에는 대부분 다수결 원칙을 선호한다. 이것은 문제를 해결해야 하는 과정에서 서로 의견이 다를 때 더 많은 사람이 선택한 결정이라면 가장 확실하고 효율적인 방법이라고 묵시적으로 합의한 것이다. 물론 다수결로 문제를 해결하는 것은 공정하고 합법적인 절차로 평가할 만하다. 그래서 (   ) 모두 수용하는 것이 원칙이라고 생각한다. 그러나 다수가 선호하는 방법이라고 해도 찬성하는 사람이 전체 참여자의 절반에 미치지 못한다면 내용적으로는 합리적이라고 말하기 어렵다. 예를 들어 세 가지 선택지 중에서 하나가 40퍼센트, 다른 하나가 35퍼센트. 마지막 하나가 25퍼센트를 차지하면 첫 번째가 다수의 선택으로 결정된다. 이 결정에 대해 반대한 60퍼센트는 절차적 합리성이라는 명분 아래 자신과 다른 의견에 대해 이의를 제기하지 못하고 수용해야 하며 결정에 따른 책임을 나눠야 한다.

48. 윗글을 쓴 목적으로 가장 알맞은 것을 고르십시오.
   ① 다수결 원칙의 방법을 소개하려고
   ② 다수결 원칙의 절차를 분석하려고
   ③ 다수결 원칙의 장점을 부각시키려고
   ④ 다수결 원칙의 문제점을 제기하려고

49. (   )에 들어갈 말로 가장 알맞은 것을 고르십시오.
   ① 가장 많은 참여자가 선호하더라도
   ② 자신과 다른 의견으로 결정이 되더라도
   ③ 다수가 공정하고 합법적이라고 생각해도
   ④ 단순하면서도 합리적인 방법이라고 해도

50. 윗글의 내용과 같은 것을 고르십시오.
   ① 다수결의 원칙은 절차적으로 불공정하다는 의견이 있다.
   ② 다수결의 원칙은 문제를 해결하기 위한 최선의 방법이다.
   ③ 다수결의 원칙은 선택한 사람들이 책임을 지는 것이 원칙이다.
   ④ 다수결의 원칙은 결정 내용에 찬성보다 반대가 많을 수도 있다.

한국어능력시험
제5회 실전 모의고사

Test of Proficiency in Korean
Actual Mock test

TOPIK II

1교시	듣기, 쓰기 (Listening, Writing)
2교시	읽기 (Reading)

수험번호(Registration No.)	
이름 (Name)	한국어(Korean)
	영 어(English)

유 의 사 항
Information

1. 시험 시작 지시가 있을 때까지 문제를 풀지 마십시오.
   Do not open the booklet until you are allowed to start.

2. 수험번호와 이름을 정확하게 적어 주십시오.
   Write your name and registration number on the answer sheet.

3. 답안지를 구기거나 훼손하지 마십시오.
   Do not fold the answer sheet; keep it clean.

4. 답안지의 이름, 수험번호 및 정답의 기입은 배부된 펜을 사용하여 주십시오.
   Use the given pen only.

5. 정답은 답안지에 정확하게 표시하여 주십시오.
   Mark your answer accurately and clearly on the answer sheet.

   marking example ① ● ③ ④

6. 문제를 읽을 때에는 소리가 나지 않도록 하십시오.
   Keep quiet while answering the questions.

7. 질문이 있을 때에는 손을 들고 감독관이 올 때까지 기다려 주십시오.
   When you have any questions, please raise your hand.

TOPIK Ⅱ 듣기(1번~50번)

※ [1~3] 다음을 듣고 가장 알맞은 그림 또는 그래프를 고르십시오. (각 2점)

1. ①

②

③
④

2. ①

②

③
④

제5회 실전 모의고사   193

3. ① 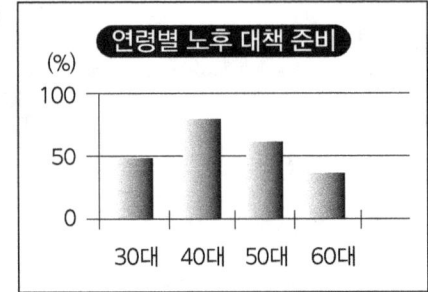 ②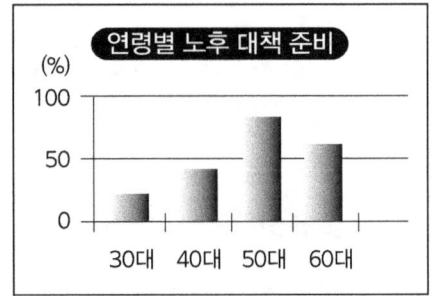

③ 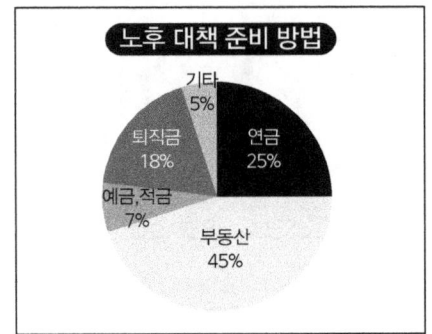 ④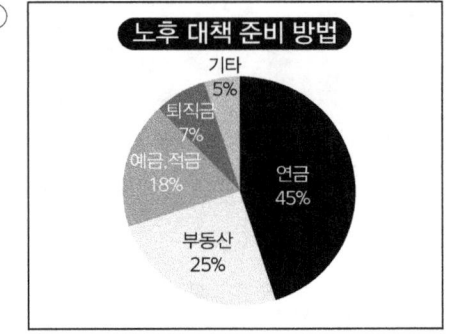

※ [4~8] 다음을 듣고 이어질 수 있는 말로 가장 알맞은 것을 고르십시오. (각 2점)

4. ① 아, 내일이 수미 생일이구나.
   ② 아니, 우리 같이 선물을 살까?
   ③ 수미 생일이 내일인 줄 몰랐구나.
   ④ 무슨 선물을 샀는지 너무 궁금하다.

5. ① 창업 자금을 열심히 모아야겠어요.
   ② 그래요? 그 정보를 어디에서 보셨어요?
   ③ 그럼, 저도 빨리 공지문을 만들어야겠어요.
   ④ 창업을 하면 경제적인 여유가 생길 거예요.

6. ① 백화점에서 사는 게 더 좋겠구나.
   ② 그럼, 주말에 같이 백화점에 가자.
   ③ 나도 온라인으로 겨울옷을 구매했어.
   ④ 나는 옷은 직접 입어보고 사는 게 좋아.

7. ① 회사 업무가 힘들어서 걱정이에요.
   ② 그래도 연봉이 좀 올라서 다행이에요.
   ③ 요즘 회사 실적이 좋지 않은 모양이에요.
   ④ 모두가 기대하고 있으니까 내년에는 오르겠지요.

8. ① 그래요? 그럼, 창가 쪽으로 해 주세요.
   ② 창가 쪽이면 어느 좌석이든지 괜찮아요.
   ③ 저녁 식사를 예약하려면 어디에 전화해야 해요?
   ④ 다음 주 금요일 저녁은 창가 쪽 좌석을 예약할 수 있어요?

※ [9~12] 다음을 듣고 여자가 이어서 할 행동으로 가장 알맞은 것을 고르십시오. (각 2점)

9. ① 체중을 재 본다.
   ② 음식량을 줄인다.
   ③ 어떤 음식이 좋은지 찾는다.
   ④ 오늘 섭취한 음식을 적는다.

10. ① 혈압을 재러 간다.
    ② 생년월일을 확인한다.
    ③ 의사의 진료를 받는다.
    ④ 다음 진료 일자를 예약한다.

11. ① 카페에 간다.
    ② 환전 신청을 한다.
    ③ 수하물을 부치러 간다.
    ④ 은행에 가서 돈을 찾는다.

12. ① 전시회 준비를 시작한다.
    ② 보안 장치를 작동해 본다.
    ③ 보안 설비 회사에 연락한다.
    ④ 전시회 행사를 시범 운영한다.

※ [13~16] 다음을 듣고 내용과 같은 것을 고르십시오. (각 2점)

13. ① 여자는 자신의 성격을 바꾸고 싶어 한다.
    ② 남자는 성격을 바꿀 수가 없다고 생각한다.
    ③ 남자는 여자의 성격에 문제가 있다고 생각한다.
    ④ 여자는 환경에 따라 성격이 달라진다고 생각한다.

14. ① 이번 경기는 5회까지 진행했다.
    ② 비 때문에 이번 경기가 무효가 되었다.
    ③ 경기를 진행했으므로 입장권은 환불되지 않는다.
    ④ 경기 취소 여부는 관중들의 의견에 따라 결정한다.

15. ① 이 사고는 어제 오전에 일어났다.
    ② 이 사고의 사고 원인은 밝혀졌다.
    ③ 이 사고로 인한 재산 피해는 없었다.
    ④ 이 사고로 인해 부상을 입은 사람은 없다.

16. ① 이 남자는 곧 군대에 갈 예정이다.
    ② 이 남자는 예전과 유사한 역할을 맡았다.
    ③ 이 드라마는 시청자들에게 인기가 많았다.
    ④ 이 드라마는 지금 인기리에 방영되고 있다.

※ [17~20] 다음을 듣고 남자의 중심 생각으로 가장 알맞은 것을 고르십시오. (각 2점)

17. ① 잘못했으니 사과해야 한다.
    ② 심한 농담을 하는 것은 문제가 있다.
    ③ 화가 많이 난 상황을 이해할 수 없다.
    ④ 화가 많이 나도 친구의 전화는 받아야 한다.

18. ① 휴가는 무작정 떠나는 것이 좋다.
    ② 여행 계획은 여행을 떠날 때 짜야 한다.
    ③ 휴가 때는 미래의 계획을 짜는 것이 좋다.
    ④ 여행 계획을 짜는 것도 여행의 일부분이다.

19. ① 달력의 디자인이 다양해져야 한다.
    ② 달력에 그림이 들어가는 것이 좋다.
    ③ 달력에 있는 그림이 잘 활용되면 좋겠다.
    ④ 달력을 보면 생활의 여유를 느낄 수 있다.

20. ① 주장은 나이가 어릴수록 좋다.
    ② 주장은 감독이 아니라 선수들이 뽑는 것이 좋다.
    ③ 감독은 선수들이 인정할 수 있는 실력이 있어야 한다.
    ④ 주장은 감독과 선수들의 소통이 잘 이루어지도록 해야 한다.

※ [21~22] 다음을 듣고 물음에 답하십시오. (각 2점)

21. 남자의 중심 생각으로 가장 알맞은 것을 고르십시오.
    ① 직원들의 업무 과중이 문제이다.
    ② 직원들에게 적절한 업무를 배정해야 한다.
    ③ 직원들은 회사의 발전을 위해서 일해야 한다.
    ④ 직장을 쉽게 그만두는 퇴사자들이 많아서 문제이다.

22. 들은 내용과 같은 것을 고르십시오.
    ① 전 사원들에게 설문조사를 실시할 예정이다.
    ② 연봉이 낮아서 퇴사하는 사람들이 가장 많았다.
    ③ 회사의 발전 방안에 대한 조사를 실시할 것이다.
    ④ 직원들은 회사의 복리후생 제도에 문제가 많다고 생각한다.

※ [23~24] 다음을 듣고 물음에 답하십시오. (각 2점)

23. 남자가 무엇을 하고 있는지 고르십시오.
    ① 예약 방법을 안내하고 있다.
    ② 통증 정도를 알아보고 있다.
    ③ 진료 예약 변경을 요청하고 있다.
    ④ 치과 일정에 대해 설명하고 있다.

24. 들은 내용과 같은 것을 고르십시오.
    ① 여자는 왼쪽 어금니가 아프다.
    ② 치과 원장이 아파서 진료를 할 수 없다.
    ③ 여자는 정기검진을 받으려고 예약을 했다.
    ④ 여자는 수요일 오후에 치과 진료를 받을 것이다.

※ [25~26] 다음을 듣고 물음에 답하십시오. (각 2점)

25. 남자의 중심 생각으로 가장 알맞은 것을 고르십시오.
    ① 재활용품 선별 작업을 개선해야 한다.
    ② 재활용품 분리배출에 대한 교육이 필요하다.
    ③ 바다 쓰레기를 줄이는 방법을 마련해야 한다.
    ④ 쉽게 재활용할 수 있도록 만드는 것이 중요하다.

26. 들은 내용과 같은 것을 고르십시오.
    ① 재활용을 하려면 먼저 선별을 해야 한다.
    ② 증가하는 바다 쓰레기가 문제가 되고 있다.
    ③ 뚜껑을 분리해서 배출하는 생수병을 개발했다.
    ④ 뚜껑이 쉽게 떨어지는 플라스틱병이 잘 팔린다.

※ [27~28] 다음을 듣고 물음에 답하십시오. (각 2점)

27. 남자가 말하는 의도로 알맞은 것을 고르십시오.
    ① 서울시 아르바이트를 문의하려고
    ② 서울시 아르바이트를 찾아보려고
    ③ 서울시 아르바이트를 알려 주려고
    ④ 서울시 아르바이트 지원을 부탁하려고

28. 들은 내용과 같은 것을 고르십시오.
    ① 이 아르바이트는 누구나 지원 가능하다.
    ② 이 아르바이트는 학기 중에도 할 수 있다.
    ③ 남자는 아르바이트에 대해서 관심이 없다.
    ④ 여자는 경제적인 문제로 아르바이트를 찾는다.

※ [29~30] 다음을 듣고 물음에 답하십시오. (각 2점)

29. 남자가 누구인지 고르십시오.
    ① 암을 이겨낸 사람
    ② 암을 치료하는 사람
    ③ 암 병원을 운영하는 사람
    ④ 암 치료제를 개발하는 사람

30. 들은 내용과 같은 것을 고르십시오.
    ① 암은 치료를 잘 받으면 완치가 가능하다.
    ② 의학 기술의 발달로 암 사망률은 높지 않다.
    ③ 남자는 암 환자들의 모임을 만들려고 준비 중이다.
    ④ 남자는 자신에게 일어난 일이 기적이라고 생각하지 않는다.

※ [31~32] 다음을 듣고 물음에 답하십시오. (각 2점)

31. 남자의 중심 생각으로 가장 알맞은 것을 고르십시오.
    ① 반도체 경기 침체를 인정해야 한다.
    ② 성과급 지급 규정은 개선되어야 한다.
    ③ 경제가 어려워도 성과급은 지급해야 한다.
    ④ 직원들의 불만 해소를 위한 대책이 필요하다.

32. 남자의 태도로 가장 알맞은 것을 고르십시오.
    ① 구체적인 대안을 제시하고 있다.
    ② 상대방의 의견에 적극 동의하고 있다.
    ③ 문제 해결을 위한 방법 모색을 요구하고 있다.
    ④ 객관적인 자료를 제시하며 구체적으로 설명하고 있다.

※ [33~34] 다음을 듣고 물음에 답하십시오. (각 2점)

33. 무엇에 대한 내용인지 알맞은 것을 고르십시오.
    ① 신용카드의 역사
    ② 다양한 결제 방법
    ③ 백화점 카드의 한계
    ④ 앱을 통한 결제의 문제

34. 들은 내용과 같은 것을 고르십시오.
    ① 현금으로 지불하는 것이 가장 이상적이다.
    ② 세계 최초의 신용카드는 백화점 카드였다.
    ③ 1960년대 말에 한국 최초의 신용카드가 만들어졌다.
    ④ 프랭크 맥나마라는 신용카드 결제가 되지 않아 곤란을 겪었다.

※ [35~36] 다음을 듣고 물음에 답하십시오. (각 2점)

35. 남자가 무엇을 하고 있는지 고르십시오.
    ① 수강 신청 기간을 알리고 있다.
    ② 학교생활을 위한 안내를 하고 있다.
    ③ 동아리 활동의 필요성을 소개하고 있다.
    ④ 도서관의 적극적인 이용을 요청하고 있다.

36. 들은 내용과 같은 것을 고르십시오.
    ① 남자는 이 학교 재학생이다.
    ② 시험 기간에는 도서관을 이용할 수 없다.
    ③ 남자는 동아리 활동에 대해 자세히 설명할 것이다.
    ④ 대학 생활 안내서에 동아리 활동에 대한 소개가 있다.

※ [37~38] 다음을 듣고 물음에 답하십시오. (각 2점)

37. 여자의 중심 생각으로 가장 알맞은 것을 고르십시오.
   ① 귀농이나 귀촌을 하는 인구가 증가할 것이다.
   ② 도시 생활에 지친 사람들을 위한 대책이 필요하다.
   ③ 도시 농부의 증가는 여러 가지 문제를 발생시키고 있다.
   ④ 도시 농업은 여러 장점이 있는 활동이므로 증가할 것이다.

38. 들은 내용과 같은 것을 고르십시오.
   ① 건물의 옥상에서 농사를 짓는 것은 불법이다.
   ② 친환경 먹거리에 대한 관심이 감소하고 있다.
   ③ 아파트 베란다에서 농사를 짓는 사람들이 늘었다.
   ④ 도시 농부는 귀농해서 농사를 짓는 도시인을 의미한다.

※ [39~40] 다음을 듣고 물음에 답하십시오. (각 2점)

39. 이 대화 전의 내용으로 가장 알맞은 것을 고르십시오.
   ① 옛날보다 간병의 필요성이 증대했다.
   ② 간병은 국가가 책임져야 할 사안이다.
   ③ 간병이 필요한 중증 환자들이 많이 늘었다.
   ④ 환자 가족들이 떠안은 간병 부담이 너무 크다.

40. 들은 내용과 같은 것을 고르십시오.
   ① 병원에서 간병인을 직접 고용할 것이다.
   ② 간병이 필요한 환자의 입원비를 지원할 것이다.
   ③ 간병 서비스를 받을 수 있는 범위를 늘릴 것이다.
   ④ 앞으로 요양 병원에 입원하면 간병비를 내지 않아도 된다.

※ [41~42] 다음을 듣고 물음에 답하십시오. (각 2점)

41. 이 강연의 중심 내용으로 가장 알맞은 것을 고르십시오.
① 시각장애인의 운전은 무모하다.
② 운전을 할 때 가장 중요한 감각은 시각이다.
③ 시각장애인을 위한 기술 개발은 많은 노력이 필요하다.
④ 장애인을 위한 과학자의 노력이 장애인들에게 큰 힘이 된다.

42. 들은 내용과 같은 것을 고르십시오.
① 운전면허증을 취득하려면 시력 검사를 해야 한다.
② 시각장애인을 위한 자동차는 곧 출시될 예정이다.
③ 2011년 시각장애인을 위한 운전면허제도가 시행되었다.
④ 세계적인 기업이 시각장애인을 위한 자동차 개발에 앞장섰다.

※ [43~44] 다음을 듣고 물음에 답하십시오. (각 2점)

43. 무엇에 대한 내용인지 알맞은 것을 고르십시오.
① 박쥐의 일생
② 박쥐의 서식지
③ 특별한 포유류인 박쥐
④ 인간에게 도움이 되는 박쥐

44. 박쥐가 인간들에게 부정적으로 인식이 된 이유를 고르십시오.
① 질병의 매개체이기 때문에
② 천장에 거꾸로 매달려 있기 때문에
③ 밤에 돌아다니는 야행성이기 때문에
④ 동굴 등 어두운 곳에서 서식하기 때문에

※ [45~46] 다음을 듣고 물음에 답하십시오. (각 2점)

45. 들은 내용과 같은 것을 고르십시오.
① 파발은 날씨의 영향을 많이 받았다.
② 봉수와 파발은 조선시대의 통신제도였다.
③ 봉수제가 파발제보다 경비가 많이 발생되었다.
④ 봉수제는 방울의 개수로 위급 정도를 알 수 있었다.

46. 여자가 말하는 방식으로 알맞은 것을 고르십시오.
① 조선시대의 통신체제를 비판하고 있다.
② 조선시대의 통신체제 기원을 정리하고 있다.
③ 조선시대의 통신체제를 비교 설명하고 있다.
④ 조선시대의 통신체제 변천 과정을 요약하고 있다.

※ [47~48] 다음을 듣고 물음에 답하십시오. (각 2점)

47. 들은 내용과 같은 것을 고르십시오.
① 임금 체불은 해마다 줄어들고 있다.
② 임금 체불 사업주에 대한 처벌 방법이 없다.
③ 임금 체불 처벌 강화 법안이 국회에 올라와 있다.
④ 올해 임금 체불액은 노동자 한 명당 22만 원 정도이다.

48. 남자의 태도로 알맞은 것을 고르십시오.
① 임금 체불 처벌 강화 법안의 영향을 경계하고 있다.
② 임금 체불 처벌 강화 법안의 통과를 촉구하고 있다.
③ 임금 체불 처벌 강화 법안의 내용을 우려하고 있다.
④ 임금 체불 처벌 강화 법안의 필요성을 설명하고 있다.

※ [49~50] 다음은 강연입니다. 잘 듣고 물음에 답하십시오. (각 2점)

49. 들은 내용과 같은 것을 고르십시오.
    ① 저소득층 학생들로 인해 대학의 재정이 어렵다.
    ② 미국은 오래전부터 기여 입학제를 금지해 왔다.
    ③ 기여 입학제는 공정성과 형평성에 따라 시행되어 왔다.
    ④ 기여 입학제는 부모의 경제적인 능력이 반영되는 제도이다.

50. 남자의 태도로 알맞은 것을 고르십시오.
    ① 기여 입학제의 역사를 설명하고 있다.
    ② 기여 입학제의 문제점을 지적하고 있다.
    ③ 기여 입학제의 공론화를 우려하고 있다.
    ④ 기여 입학제의 필요성을 주장하고 있다.

TOPIK II 쓰기(51번~54번)

※ [51~52] 다음 글의 ㉠과 ㉡에 알맞은 말을 각각 쓰시오. (각 10점)

51.
> 수미야,
> 통화가 되지 않아서 문자를 남겨.
> 콘서트 표가 2장 생겼는데 (㉠   )?
> 이번 주 금요일 6시 공연이야.
> 시간이 괜찮으면 좀 일찍 만나서 같이 점심을 먹고 (㉡   ).
> 문자 확인하면 연락을 줘.

52.
> 인간의 본성을 선하다고 보는 사람도 있고 악하다고 생각하는 사람도 있다. 대체로 동양에서는 인간의 마음이 선하다고 믿어 왔는데 다른 사람의 불행을 안타까워하는 측은지심을 예로 든다. 인간이 나쁜 일을 저지르는 것은 본성이 악해서가 아니라 (㉠   ). 그러므로 인간의 본성을 선하게 지키고 이를 사회 발전의 원동력으로 삼으려면 (㉡   ).

53. 다음은 '명절 연휴 계획 및 명절 스트레스'에 대한 자료이다. 이 내용을 200~300자의 글로 쓰시오. 단, 글의 제목은 쓰지 마시오. (30점)

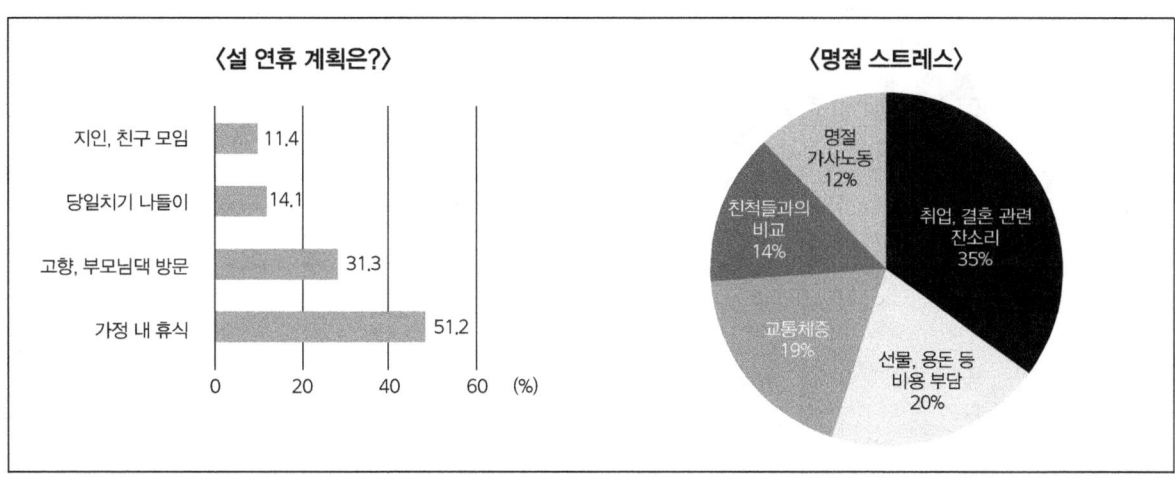

54. 다음을 참고하여 600~700자로 글을 쓰시오. 단, 문제를 그대로 옮겨 쓰지 마시오. (50점)

> '은둔형 외톨이'는 스스로 사회적 관계를 단절한 채 6개월 이상 고립된 생활을 이어가는 사람을 이르는 말이다. 은둔형 외톨이가 증가하면서 이에 대한 대책이 요구되고 있다. 아래 내용을 중심으로 '은둔형 외톨이의 발생 원인과 대책'에 대한 자신의 생각을 쓰라.
> - 은둔형 외톨이가 발생하는 원인은 무엇인가?
> - 은둔형 외톨이의 증가로 인해 생길 수 있는 문제는 무엇인가?
> - 은둔형 외톨이의 발생을 막기 위해서 어떤 대책이 필요한가?

＊원고지 쓰기의 예

	사	람	들	은		음	악		치	료	를		할		때		환	자	에
게		주	로		밝	은		분	위	기	의		음	악	을		들	려	줄

제1교시 듣기, 쓰기 시험이 끝났습니다. 제2교시는 읽기 시험입니다.

TOPIK II 읽기(1번~50번)

※ [1~2] (   )에 들어갈 말로 가장 알맞은 것을 고르십시오. (각 2점)

1. 나이를 (   ) 시간이 점점 빨리 간다.
   ① 먹거든   ② 먹을수록   ③ 먹는데도   ④ 먹는다면

2. 이 책은 내용이 쉬워서 초등학생도 (   ).
   ① 읽을 만하다   ② 읽을까 하다
   ③ 읽는 법이다   ④ 읽는 셈이다

※ [3~4] 밑줄 친 부분과 의미가 가장 비슷한 것을 고르십시오. (각 2점)

3. 우리 아버지는 술에 <u>취했다 하면</u> 어린 시절 이야기를 하신다.
   ① 취하는 대로   ② 취하는 김에
   ③ 취하는 바람에   ④ 취하기만 하면

4. 모든 일은 전체회의를 통해서 <u>결정하고자 한다</u>.
   ① 결정하려고 한다   ② 결정하기가 쉽다
   ③ 결정하기 나름이다   ④ 결정하기 마련이다

※ [5~8] 다음은 무엇에 대한 글인지 고르십시오. (각 2점)

5.
아름다운 자연을 지키려는 노력
천연의 거품으로 설거지를 끝내세요.

① 샴푸 ② 화장품 ③ 소독약품 ④ 주방세제

6.
아무 때나 찾아 주세요.
생활에 꼭 필요한 것들로만 채웠습니다.

① 공원 ② 은행 ③ 편의점 ④ 우체국

7.
먼저 인사하기, 먼저 사과하기
처음만 어색하지 시작하면 습관이 됩니다.

① 생활 예절 ② 환경 보호 ③ 범죄 예방 ④ 재능 기부

8.
❶ 어린이의 손이 닿지 않는 곳에 두세요.
❷ 제품이 직사광선에 노출되지 않도록 하세요.

① 교환 방법 ② 복용 방법 ③ 구매 방법 ④ 보관 방법

※ [9~12] 다음 글 또는 그래프의 내용과 같은 것을 고르십시오. (각 2점)

9.

쓰레기도 줄이고 선물도 받으세요!

◆ 행사 기간 : 3월 1일(목) ~ 3월 30일(금)
◆ 행사 장소 : 거주지 주민센터
◆ 참여 방법 : 재활용이 가능한 쓰레기를 종류별로 모아서 직접 제출
◆ 교환 상품 : 화장지, 세제

① 이 행사는 주민센터에서 일 년 내내 진행된다.
② 이 행사는 살고 있는 지역에서 참여할 수 있다.
③ 이 행사는 화장지와 세제를 홍보하기 위한 것이다.
④ 이 행사는 주민이 연락하면 쓰레기를 가지고 간다.

10.
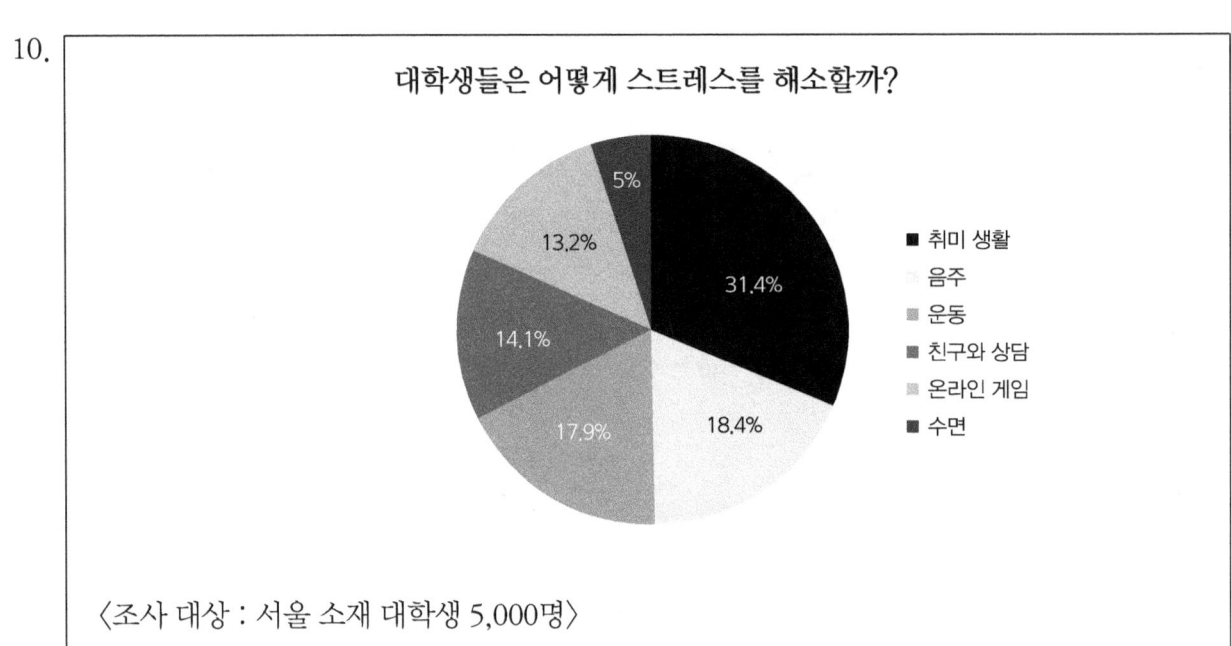

① 취미 생활로 스트레스를 푸는 비율이 낮다.
② 대학생들의 절반이 잠으로 스트레스를 푼다.
③ 친구와의 상담보다 온라인 게임 비율이 높다.
④ 운동보다 술을 마시는 방법을 많이 선택한다.

11.
> 올해로 열한 번째를 맞는 자랑스러운 한국인 인물대상이 발표되었다. 이 상은 각 분야에서 책임감과 사명감을 가지고 국가와 사회의 발전에 이바지하는 인물들을 발굴해서 시상한다. 정치인, 사회단체장, 연예인, 기업, 지역특산물 생산자 등 각 분야의 추천을 받아서 심사위원들의 엄격한 심사를 거쳐 수상자를 선정한다.

① 이 상은 모범이 되는 숨은 인재들에게 시상한다.
② 이 상은 외국에 거주하는 한국인에게 주는 상이다.
③ 이 상은 올해 처음으로 11개 분야에서 만들어졌다.
④ 이 상은 추천을 받은 사람들의 경쟁을 통해서 결정된다.

12.
> 기상청은 봄의 전령사인 개나리, 진달래를 비롯해 식물 7종의 개화 시기가 점점 빨라지고 있다고 밝혔다. 2월 기온이 20도를 넘어 초여름 날씨를 보이면서 봄꽃의 개화 시기가 해마다 앞당겨지고 있는 것이다. 하지만 개화 시기의 변화는 단순히 꽃이 빨리 피는 현상에 그치는 것이 아니라 꽃과 상호작용하는 다른 생물과의 관계를 교란시킬 수 있다는 점에서 우려를 낳고 있다.

① 개나리와 진달래는 초여름에 피는 꽃이다.
② 기온 상승으로 해마다 꽃이 피는 시기가 빨라진다.
③ 기상청은 봄꽃의 개화 시기를 앞당기려고 노력한다.
④ 꽃의 개화 시기와 다른 생물의 활동과는 관계가 없다.

※ [13~15] 다음을 순서에 맞게 배열한 것을 고르십시오. (각 2점)

13.
(가) 우리의 식성과 체질은 대개 어린 시절에 결정된다.
(나) 이처럼 길들여진 식성은 체질에도 영향을 미쳐서 우리의 건강을 좌우한다.
(다) 집에서 자주 먹는 음식을 맛있다고 여기고 그와 비슷한 음식을 즐겨 찾는다.
(라) 예를 들어 고혈압이나 당뇨병과 같은 성인병은 대개 집안의 식사 습관과 생활 습관에서 생긴다.

① (가)-(다)-(나)-(라)
② (가)-(라)-(나)-(다)
③ (다)-(가)-(라)-(나)
④ (다)-(나)-(라)-(가)

14.
(가) 지금부터라도 아이들에 대한 관심을 실천에 옮겨야겠다고 다짐해 본다.
(나) 나도 아빠로서 아이들과 같이 보낼 시간을 내지 못해서 늘 미안하고 아쉽다.
(다) 어느 정도는 공감하지만 직장 생활에 바쁜 아버지들은 집에서도 마음이 편치 않다.
(라) 가정이 흔들리고 자녀교육에 문제가 생기는 것은 아버지가 중심을 잃었기 때문이라고 한다.

① (나)-(가)-(라)-(다)
② (나)-(다)-(가)-(라)
③ (라)-(다)-(나)-(가)
④ (라)-(가)-(다)-(나)

15.
(가) 예로부터 사람들은 소원을 성취하거나 재앙을 예방하려는 목적으로 부적을 지녔다.
(나) 부적은 행복을 기원하는 민간신앙의 한 형태이며 기능과 모양이 아주 다양하다.
(다) 장신구나 호신용 소품 등도 부적의 기능을 하는데 모두가 기복을 위한 원시신앙의 한 형식이다.
(라) 부적은 기능에 따라 글자 형태에서 까치나 호랑이 같은 동물, 불로초와 같은 그림 형태까지 다양하다.

① (가)-(다)-(나)-(라)
② (가)-(라)-(나)-(다)
③ (나)-(가)-(라)-(다)
④ (나)-(다)-(가)-(라)

※ [16~18] (   )에 들어갈 말로 가장 알맞은 것을 고르십시오. (각 2점)

16.
> 웃음뿐만 아니라 우는 과정에서도 몸과 마음이 이완되고 긴장이 줄어든다고 한다. 울 때 나오는 눈물이 (   ) 독성물질을 몸 밖으로 배출하는 역할을 하기 때문이다. 울음이라는 격렬한 과정이 심리적 압력을 푸는 것이다.

① 뇌에서 슬픔을 조절하는
② 웃음만큼 울음을 유발하는
③ 스트레스의 결과로 만들어진
④ 잠재적으로 스트레스를 줄이는

17.
> 현대인의 삶에 영향을 미치는 신문은 정치와 마찬가지로 막강한 힘을 지닌 하나의 권력이다. 정치인이 4, 5년에 한 번 유권자의 심판을 받는 선거를 치른다면 언론인은 일 년 내내 매일매일 (   ) 할 수 있다. 선거에서 패해 물러나는 정치인처럼 독자에게 버림받은 신문도 시장에서 사라지게 마련이다.

① 사라지게 된다고
② 정치권력을 키운다고
③ 막강한 힘을 지닌다고
④ 독자의 심판을 받는다고

18.
> 공룡이 멸종한 가장 큰 원인이 소행성의 충돌이 아니라 충돌 이후에 대기를 뒤덮은 미세먼지 때문이라는 연구 결과가 나왔다. 이 미세먼지는 지구의 온도를 15도 낮추고 광합성을 막아서 (   ) 되었고 이로 인해 초식동물과 일부 공룡이 굶어 죽었으며 결국 멸종 사태를 촉발시켰다. 대기가 다시 깨끗해져서 식물이 충분한 햇볕을 받고 자랄 수 있게 되기까지는 오랜 시간이 걸렸을 것으로 추정된다.

① 식물이 고사하게
② 혹한이 이어지게
③ 지진을 일으키게
④ 오염 물질이 유입되게

※ [19~20] 다음을 읽고 물음에 답하시오. (각 2점)

> 유명인들의 생활 모습을 담은 다큐 형식의 프로그램이 방송사마다 주를 이루고 있다. 유명인들의 꾸밈없는 모습이 흥미와 재미를 유발해 시청률을 높이는 것이다. 시청자들이 연예인의 생활 속에서 (　　　) 자신의 모습을 떠올리고 친근감을 느끼는 것도 인기의 비결이다. 그러나 실제로 한두 회 방영한 후에 시청자들의 외면으로 종영하는 프로그램도 부지기수다. 흥미에 치우쳐서 시청자들의 공감을 끌어내지 못했기 때문이다.

19. (　)에 들어갈 말로 가장 알맞은 것을 고르십시오.
① 문득　　　　② 비록　　　　③ 솔직히　　　　④ 오히려

20. 윗글의 주제로 가장 알맞은 것을 고르십시오.
① 시청자들의 공감을 얻는 프로그램이 인기를 끌 수 있다.
② 방송사는 재미와 흥미가 있는 프로그램을 만들어야 한다.
③ 다큐 형식의 프로그램을 만들어야 시청률을 높일 수 있다.
④ 시청자들은 한두 회로 종영하는 프로그램에 관심을 갖는다.

※ [21~22] 다음을 읽고 물음에 답하시오. (각 2점)

> 온라인 유통업체가 채소와 과일 등 신선식품의 품질과 시간을 앞세운 새로운 전략으로 톡톡히 (   ). 일반적인 대형매장과 달리 온라인 주문 즉시 수확한 신선한 과일과 채소를 반나절 안에 소비자에게 배송하는 방식이다. 관련 광고와 게시물에는 '초신선식품'이란 단어가 등장하며 산지에서부터 소비자가 구매하기까지 시간을 얼마나 단축했냐가 전략의 핵심이다.

21. (   )에 들어갈 말로 가장 알맞은 것을 고르십시오.
    ① 트집을 잡고 있다
    ② 재미를 보고 있다
    ③ 꼬리를 물고 있다
    ④ 열을 올리고 있다

22. 윗글의 내용과 같은 것을 고르십시오.
    ① 대형매장은 품질과 시간으로 경쟁한다.
    ② 대형매장은 초신선식품을 광고하고 있다.
    ③ 온라인 유통업체의 전략은 빠른 배송이다.
    ④ 온라인 유통업체와 대형매장이 협력하고 있다.

※ [23~24] 다음을 읽고 물음에 답하시오. (각 2점)

> 슈퍼를 찾을 때마다 망설이게 되는 지점이 있다. 직원이 계산을 해 주는 곳과 손님이 스스로 계산해야 하는 곳이 있기 때문이다. 일반계산대에는 물건을 많이 구매하는 사람들이 많기 때문에 자연히 진행이 늦다. 하지만 셀프계산대는 계산하는 기계가 많아서 그런지 아니면 물건을 적게 사는 사람이 많아서 그런지 기다리지 않고도 쉽게 계산을 끝낼 수 있다. 급행라인인 셈이다. 셀프계산대에는 일반계산대보다 젊은 사람들이 많이 눈에 띈다. 그들은 셀프계산대로 가서 자신 있게 물건을 올려놓고 빠르게 일을 마치고 나간다. 계산대 앞에서 차례를 기다리고 있노라면 <u>나도 셀프계산대에서 해 볼까</u> 하는 갈등이 생기기도 하지만 실수를 해서 괜히 망신을 당할 것 같아 포기하곤 했다. 여러 번 이런 충동을 느꼈지만 난 여전히 직원이 내 물건을 계산해 줄 때까지 긴 줄에 서서 기다리고 있다. 아마도 도전보다는 안전을 선호하는 내 성향 때문일 것이다.

23. 밑줄 친 부분에 나타난 '나'의 심정으로 가장 알맞은 것을 고르십시오.
    ① 설레고 감동스럽다
    ② 부럽지만 조심스럽다
    ③ 안타깝고 걱정스럽다
    ④ 이해하지만 짜증스럽다

24. 윗글의 내용과 같은 것을 고르십시오.
    ① 셀프계산대에서는 줄을 길게 서야 한다.
    ② 일반계산대에서는 직원이 계산을 해 준다.
    ③ 일반계산대는 젊은 사람들이 많이 이용한다.
    ④ 셀프계산대는 적게 구매한 사람만 이용할 수 있다.

※ [25~27] 다음 신문 기사의 제목을 가장 잘 설명한 것을 고르십시오. (각 2점)

25.
| 아파트 건축 현장에서 유물 출토, 공사 중단 |

① 유물을 보존하기 위해서 해당 지역에 공사를 했다.
② 유물을 찾기 위해서 아파트를 짓지 못하도록 했다.
③ 아파트를 짓는 곳에서 유물이 나와서 공사를 멈췄다.
④ 아파트 건설 현장의 인부들이 공사를 안 하기로 했다.

26.
| 금연 교육 확대, 연중무휴 상시 이용 가능 |

① 학교에서 금연에 대해 가르치도록 여러 가지 지원을 했다.
② 금연이 필요한 사람을 찾아가서 교육하는 정책이 시작됐다.
③ 일정한 교육을 받으면 금연을 할 수 있다는 안내를 확대했다.
④ 아무 때나 금연에 대한 교육을 받을 수 있도록 기회를 늘렸다.

27.
| 주요 기업 올해 영업 이익 발표, 수입 실적 부진 |

① 주요 기업을 상대로 작은 회사가 이익을 많이 남기기가 어렵다.
② 주요 기업들이 회사의 영업 결과를 발표했는데 이윤이 많지 않다.
③ 주요 기업들이 올해 영업을 확장하기로 했으나 경제 여건이 좋지 않다.
④ 주요 기업이 사업 계획을 발표하자 영업 이익에 대한 기대가 커지고 있다.

※ [28~31] (   )에 들어갈 말로 가장 알맞은 것을 고르십시오. (각 2점)

28.
> 최근 젊은 층의 건강 상태에 적신호가 켜졌다. 가장 문제가 되는 것은 영양 불균형인데 (   ) 인해 우리 몸에 필요한 영양소가 적정량보다 적게 또는 과잉 섭취하게 되어 이상 증세가 나타난다. 불균형 상태가 지속되면 각종 질병을 유발하는 원인이 되기 때문에 평소 양질의 영양소가 골고루 들어 있는 식단으로 음식을 섭취해야 한다.

① 규칙적인 식생활로
② 과식하는 식습관으로
③ 편식하는 식습관으로
④ 전통을 고수하는 식생활로

29.
> 비단길은 근대 이전에 동서양을 잇는 무역 경로를 가리키는데 이 교역로를 통해 비단이 운반되었다고 해서 붙여진 이름이다. 비단길이 지나는 곳은 자연환경이 척박한 곳이었지만 (   ) 크고 작은 도시나 마을이 생겼다. 동서양의 상인들이 모이고 무역 거래로 부가 축적되었기 때문이다.

① 교통이 발달하면서
② 교역이 활발해지면서
③ 농업기술이 발전하면서
④ 기후 관리가 가능해지면서

30.
> 야구 경기에 로봇 심판이 도입된다. 야구 협회는 정밀한 판정 기준을 제시해서 오류 없는 경기를 진행하도록 준비하겠다고 밝혔다. 기존의 심판 없이 로봇 심판만으로 경기를 운영하는 이유는 (   )이다. 똑같은 공에 대해 로봇 심판과 인간 심판의 판정이 다를 경우 로봇의 도입이 오히려 역효과를 낼 수 있기 때문이다.

① 선수들의 요구를 반영하기 위해서
② 판정에 따른 잡음을 차단하기 위해서
③ 심판에 대한 인신공격을 줄이기 위해서
④ 경기 상황을 실시간으로 전달하기 위해서

31.
> '과잉행동장애'는 주로 아동기에 나타나는데 유전적, 신경학적, 사회심리학적 연관성을 가진 혼합적인 행동 장애이다. 주의가 산만하고 (   ) 지속적으로 집중을 잘 못하기 때문에 학습에 문제가 생긴다. 주의력 결핍과 함께 안절부절못하고 불필요한 움직임을 보이거나 생각 없이 행동부터 먼저 하는 충동성 경향을 보이기도 한다.

① 끈기가 부족해서
② 활동을 싫어해서
③ 자극에 무관심해서
④ 언어 발달이 늦어서

※ [32~34] 다음을 읽고 글의 내용과 같은 것을 고르십시오. (각 2점)

32.
> 태양계는 항성인 태양과 태양을 중심으로 공전하는 행성으로 이루어져 있다. 행성은 고체 행성인 수성, 금성, 지구, 화성과 유체 행성인 목성, 토성, 천왕성, 해왕성으로 알려져 있다. 인류는 오랫동안 태양계의 존재를 인식하지 못했으며 지구가 우주의 중심에 있고 움직이지 않는다고 생각했다. 그리고 하늘에서 보이는 다른 천체가 지구를 중심으로 움직인다고 생각했다. 하지만 17세기 이후 물리학의 도움으로 지구가 태양 주위를 돈다는 것을 수용하게 되었다.

① 태양계는 항성과 그 주변의 행성으로 이루어진 체계이다.
② 태양계는 움직이지 않는 고체 행성으로 만들어진 체계이다.
③ 태양계는 여러 개의 행성이 서로 주변을 공전하는 체계이다.
④ 태양계는 지구를 중심으로 주변의 천체가 움직이는 체계이다.

33.
> 버섯은 균류 중에서 육안으로 식별할 수 있는 자실체이다. 자실체는 식물의 꽃에 해당하는데 생의 대부분을 땅속에서 균사체로 지내다가 종족 번식을 위해 잠깐 자실체를 형성하고 포자를 퍼뜨린다. 버섯은 보통 물기가 많고 햇빛이 들지 않는 곳에서 자라며 주로 죽은 나무나 동물의 사체를 분해하고 번식하기 때문에 숲속의 청소부라고 부른다.

① 버섯은 꽃을 피우기 위해서 햇빛을 필요로 한다.
② 버섯은 죽은 나무나 떨어진 나뭇잎에서만 자란다.
③ 버섯은 땅 위에서 자라서 관찰이 가능한 균류이다.
④ 버섯은 숲속의 공기를 맑게 하는 숲속의 청소부이다.

34.
> 개인의 인지구조는 유아에서 성인에 이르기까지 환경에 적응하며 서서히 변화하는데 각 시기마다 전형적인 사고양식이 나타난다. 인간은 스스로 복잡한 상황을 학습하고 이해할 수 있는 인지력을 선천적으로 가지고 태어난다. 신체적 성숙과 함께 환경적 경험이 쌓이면서 인간의 지적 능력인 인지가 발달한다. 언어는 인지 발달을 통해 습득된 대표적인 지식이다.

① 인간의 인지구조는 환경에 맞춰 급격히 바뀐다.
② 인간은 언어를 통해서 인지하는 능력을 키운다.
③ 인간은 발생학적으로 인지력을 가지고 태어난다.
④ 인간은 성인이 될 때까지 동일한 사고양식을 유지한다.

※ [35~38] 다음을 읽고 글의 주제로 가장 알맞은 것을 고르십시오. (각 2점)

35.
> 고령화 사회가 되면서 노인들의 빈곤이 사회 문제로 떠오르고 있다. 은퇴 후에도 여전히 신체적 능력과 일에 대한 욕구를 가진 노인들의 현실을 반영한 실효성 있는 정책이 요구된다. 노후의 경제적 안정을 돕기 위해 노인일자리를 만들고 사회활동을 지원하는 사업을 펼치고 있지만 만족도가 떨어진다. 거리 청소와 같은 단순하고 일회적인 일자리로는 지속적이고 생산적인 활동을 원하는 노인들의 요구에 부응하기가 어렵다.

① 노인들의 신체적 능력과 일에 대한 욕구를 파악해야 한다.
② 노인들이 원하는 것이 무엇인지 지속적으로 확인해야 한다.
③ 노인들을 위한 현실적이고 지속가능한 일자리를 만들어야 한다.
④ 노인들을 위한 단순 일자리를 더 늘릴 수 있도록 지원해야 한다.

36.
> 의약품에는 '반드시 의사나 약사와 상의하세요.'라는 문구가 들어가 있다. 그러나 건강보조제는 식품으로 분류되기 때문에 선택과 책임이 철저히 소비자의 몫이다. 업체들은 건강보조제가 의약품인 것처럼 효능을 강조하고 과학적인 근거가 있는 것처럼 광고하지만 대부분 섭취 후의 부작용에 대해서는 설명하지 않는다. 건강보조제가 약효가 있다면 이는 의약품에 준하는 기준으로 관리되어야 한다.

① 건강보조제의 의학적 효능을 강조해서 광고하면 안 된다.
② 건강보조제의 광고 내용에 대해 더 엄격하게 관리해야 한다.
③ 건강보조제의 선택을 철저히 소비자의 권리로 보장해야 한다.
④ 건강보조제에 의사나 약사와 상의하라는 문구를 넣어야 한다.

37.
> 성격이나 성향을 테스트하는 문항은 본래 각자에게 적합한 일을 찾도록 돕고자 만들어진 것인데 최근 대중적인 인기를 끌면서 유행처럼 번지고 있다. 나아가 이런 테스트를 동물에게 적용해서 동물의 성향을 파악해 보려는 시도가 진행되고 있다. 그러나 동물은 자신의 의사를 말로 표현할 수 없고 성격 유형 테스트에서 대답을 선택할 수도 없다. 따라서 동물의 성향은 외부 환경을 대하는 동물의 행동을 관찰해서 구별해야 하는데 주인과 그 외의 사람, 다른 동물을 대하는 방식을 관찰하는 것이 핵심이다.

① 동물의 성향 테스트는 동물의 의사를 반영할 수 없다.
② 성격 유형 테스트는 적합한 직업을 찾는 데 도움을 준다.
③ 동물의 성향은 환경을 대하는 태도를 관찰해서 구별한다.
④ 성격 유형 테스트를 동물에게 적용해 보려는 시도가 있다.

38.
> 혈액은 수혈이 필요한 환자의 생명을 구하는 유일한 수단으로 대체할 물질이 없고 인공적으로 만들 수도 없다. 더구나 혈액은 장기간 보관이 불가능하기 때문에 지속적인 헌혈만이 해결 방법이다. 그러나 많은 사람들은 헌혈 과정에서 질병에 감염되거나 헌혈 후에 건강상의 문제가 생길 수 있다는 이유로 꺼린다. 하지만 헌혈에 사용되는 모든 기구는 무균처리 되고 1회만 사용하기 때문에 감염의 위험이 없다. 또 정기적으로 헌혈을 하면 몸속의 과다한 철분을 배출할 수 있어서 심장질환을 예방하는 데 도움이 된다.

① 헌혈은 혈액을 공급할 수 있는 방법이다.
② 헌혈은 정기적이고 지속적으로 하는 것이 좋다.
③ 헌혈은 질병이나 건강상의 문제를 일으킬 수 있다.
④ 헌혈은 환자뿐만 아니라 제공자에게도 이점이 있다.

※ [39~41] 주어진 문장이 들어갈 곳으로 가장 알맞은 것을 고르십시오. (각 2점)

39.
> 하지만 진실은 생각하는 대로 되지 않기 때문에 인간은 갈등하고 분노하며 고통스러워한다.

> 『분별 내려놓기』는 모든 근심과 걱정, 고통이 우리의 분별심에서 비롯된다고 설파한다. (㉠) 우리는 옳고 그름, 좋고 나쁨, 있고 없음을 분별해서 좋은 것은 취하려고 하고 나쁜 것은 버리려고 한다. (㉡) 이 책에서는 이러한 분별을 내려놓으면 삶이 가벼워지고 삶에 대한 지혜가 생긴다고 가르친다. (㉢) 아무 일 없던 세상이 갑자기 지옥으로 변하거나 죽을 것 같이 힘든 세상이 순식간에 사라지는 것은 모두 분별 때문이라는 평범한 진리를 일깨운다. (㉣)

① ㉠ ② ㉡ ③ ㉢ ④ ㉣

40.

말하자면 극히 작은 금속 가루가 공기 중에 떠다니면서 인간의 건강을 해치고 각종 질환을 유발하는 것이다.

초미세먼지는 미세먼지의 4분의 1보다 작은 분진으로 눈에 보이지 않을 뿐만 아니라 피부의 모공을 통해서도 인체에 침투한다. (㉠) 상대적으로 입자가 큰 미세먼지는 석유나 석탄과 같은 화석연료, 자동차 매연, 흙먼지 등의 원인으로 발생하며 주로 눈과 코에 영향을 준다. (㉡) 그러나 초미세먼지는 공기 중의 탄소, 질산염, 유해금속 성분 등으로 구성되어 있고 인체 내 기관지, 심혈관, 뇌의 깊숙한 곳에까지 영향을 미친다. (㉢) 더구나 한번 몸속으로 들어온 초미세먼지는 좀처럼 밖으로 빠져나가지 않기 때문에 치명적인 위협이 될 수 있다. (㉣)

① ㉠ ② ㉡ ③ ㉢ ④ ㉣

41.

장원은 장원서의 수석 관원으로서 궁중의 정원과 화초를 관리하고 각 지역에서 진상한 과일의 관리를 총괄했다.

장원서는 조선 시대 궁궐의 조경을 담당하던 부서로 이곳에서 일하는 관리를 장원이라고 한다. (㉠) 장원의 감독 아래에는 많은 노비가 소속되어 빈터에 과일나무나 잣나무, 잡목 등을 심고 관리하였다. (㉡) 그리고 화초 가꾸는 법을 익혀 궁중 내에 각종 화초를 기르거나 옮겨 심는 역할을 담당하였다. 또한 장원서에서는 겨울에도 시금치 등 여러 가지 채소를 공급하기 위하여 흙집을 쌓고 겨우내 재배하기도 하였다. (㉢) 이처럼 장원서는 궁궐을 아름답게 가꾸는 것은 물론 식생활에도 큰 역할을 하였다. (㉣)

① ㉠ ② ㉡ ③ ㉢ ④ ㉣

※ [42~43] 다음을 읽고 물음에 답하십시오. (각 2점)

> 오랜만에 만난 친구들의 모습이 조금은 낯설었다. 그래도 누구겠거니 짐작이 가는 걸 보면 사람에게는 지워지지 않는 지문 같은 게 분명히 있는 것 같다. (중략)
>
> 우리는 서로 '야, 대학 때 그대로다.', '어쩜 이렇게 안 늙었니?'라고 호들갑을 떨면서 반가움을 표현했다. 사실 '하나도 안 변했다'는 말은 글자 그대로 보면 거짓말이겠지만 '내가 널 알아볼 수 있으니 안 변한 거야.'라는 측면에서는 얼마간 진실이었다. (중략)
>
> 직원이 두 명밖에 안 되지만 명색이 사장이라고 목에 힘을 주고 있는 수미를 보면서 자꾸 웃음이 났다. 사회의 부조리를 비판하면서 마치 세상의 고민을 모두 짊어진 것처럼 대학시절을 보낸 아이치고는 세속의 물이 너무 들었기 때문이었다. 짙은 화장도 그렇고 거의 야광 빛이 도는 모자의 색깔도 그렇고 사장 티를 내는 모습도 그렇고 어느 하나 대학시절의 그녀를 떠올리기 어려운 상황이었다. (중략)
>
> "오늘부터 우리 만남은 1일이야."
>
> "<u>촌스럽게 뭘 그런 걸 챙기냐?</u>"
>
> 수미의 말에 내가 퉁명스럽게 말했다.
>
> "기념일이라도 만들어서 자주 만나자."
>
> 수미는 무엇 때문인지 재차 다시 만나자고 제안했다. 왠지 강압적으로 다가오는 그녀의 목소리가 귀에 거슬렸다.

42. 밑줄 친 부분에 나타난 '나'의 심정으로 가장 알맞은 것을 고르십시오.
① 궁금하다
② 불안하다
③ 만족스럽다
④ 못마땅하다

43. 윗글의 내용으로 알 수 있는 것을 고르십시오.
① 나는 친구들에게 자주 만나자고 제안했다.
② 나는 사회를 비판하면서 대학 시절을 보냈다.
③ 나는 친구들이 많이 달라지지 않았다고 생각했다.
④ 나는 대학 때 친구들의 모습을 떠올리기가 어렵다.

※ [44~45] 다음을 읽고 물음에 답하십시오. (각 2점)

> 　세계보건기구는 지구촌의 공중보건을 책임지고 있는 국제 전문 기구로서 질병으로부터 인류의 건강을 지키기 위해서 설립되었다. 이 기구의 활동 목적은 세계의 모든 사람들이 (　　　　　) 것이라고 명시되어 있다. 이러한 목적을 달성하기 위해서 규약을 정하고 국제 보건에 대한 지도와 조정을 담당한다. 또한 회원국들이 보건 시설을 확보하고 강화할 수 있도록 지원하고 있으며 요구에 따라 질병학, 통계학을 포함한 기술적, 행정적 도움을 주기도 한다. 세계보건기구는 설립 이후 세계인의 생명을 위협하는 수많은 전염병을 예방하고 퇴치함으로써 건강한 세계를 만드는 데 이바지했다는 평가를 받고 있다. 최근 들어 전 세계가 공동으로 대처해야 하는 새로운 질병이 늘고 있는 만큼 세계보건기구의 역할이 중요해지고 있다. 세계인들은 세계보건기구가 이러한 질병을 예방하고 근절시킬 수 있는 유일한 적임자라고 믿고 있다.

44. (　　)에 들어갈 말로 가장 알맞은 것을 고르십시오.
① 전염병 예방에 힘쓰는
② 건강의 중요성을 인식하는
③ 발전된 의학의 도움을 받는
④ 최고의 건강 수준에 도달하는

45. 윗글의 주제로 가장 알맞은 것을 고르십시오.
① 세계인이 함께 질병의 예방을 위해서 노력해야 한다.
② 세계보건기구는 수많은 전염병을 예방하고 퇴치했다.
③ 세계보건기구의 활동과 역할에 대한 기대가 커지고 있다.
④ 세계인의 건강을 위한 국제 전문 기구가 설립되어야 한다.

※ [46~47] 다음을 읽고 물음에 답하십시오. (각 2점)

> 증강현실은 가상현실의 한 분야로서 실제로 존재하는 환경에 가상의 사물이나 정보를 합성해서 마치 원래의 환경에 있던 것처럼 보이게 하는 컴퓨터 그래픽 기법이다. 가상현실이 컴퓨터 안에 가상의 세계를 구축하는 것이라면 증강현실은 현실 속에 가상의 정보를 입혀서 현실을 강화하는 방식이다. 이러한 기술은 많은 영화나 게임에 활용되고 있는데 소비자에게 실감나는 세계를 선사하며 실생활에서 구현되기 어려운 상황도 오감을 통해 느낄 수 있게 해 준다. 그런데 현실감 있는 증강현실을 만들기 위해서는 엄청난 양의 촬영 정보가 필요하기 때문에 많은 카메라를 동원해서 여러 방향에서 실제 환경을 촬영해야 한다. 이 과정에서 의도치 않게 타인의 사생활을 침해하는 일이 발생하고 있다. 허락 없이 타인을 촬영하는 행위는 불법촬영이며 피해자들을 곤란한 상황에 처하게 할 수도 있다. 증강현실의 기술적 발전이나 대중화 속도에 맞춰 법률적 규제를 강화하고 사용자에 대한 교육이 이루어져야 한다.

46. 윗글에 나타난 필자의 태도로 가장 알맞은 것을 고르십시오.
    ① 증강현실의 기술적인 발전에 대해 감탄하고 있다.
    ② 증강현실의 문제점에 대한 해결 방안을 제시하고 있다.
    ③ 증강현실의 빠른 대중화를 위한 노력을 촉구하고 있다.
    ④ 증강현실의 촬영 방식에 대해 긍정적으로 평가하고 있다.

47. 윗글의 내용과 같은 것을 고르십시오.
    ① 가상현실은 현실 세계를 실감 나게 반영해서 제작된다.
    ② 증강현실은 실제로 존재하는 환경을 촬영해서 사용한다.
    ③ 증강현실은 컴퓨터 안에 가상의 세계를 구축하는 것이다.
    ④ 가상현실은 실제의 환경에 가상의 세계를 더해서 만든다.

※ [48~50] 다음을 읽고 물음에 답하십시오. (각 2점)

> 노인을 위한 연금의 수령 시기나 경로 우대 정책을 수립할 때 수혜자의 기준이 필요하기 때문에 나라마다 노인을 정의하는 기준을 세우고 있다. 국제기구에서 1956년 65세 이상을 노인이라고 규정한 이후 이것을 많은 나라들이 인용해서 노년을 정의하는 척도로 삼고 있다. 하지만 인간의 신체적 조건이 향상되고 (   ) 2015년 노년에 대한 새로운 기준이 발표되었다. 이 기준은 0~17세는 미성년자, 18~65세는 청년, 66~79세는 중년, 80~99세는 노년, 100세 이후는 장수노인으로 구분하고 있어서 현재 노년으로 구분되는 연령은 이제 청년에 해당한다. 실제로도 노인 스스로가 자신의 연령보다 젊다고 생각하는 사람이 많아지고 있다. 현재 세계 여러 나라에서는 출생률이 줄어들고 노인 인구가 빠른 속도로 증가하면서 사회적으로 많은 변화가 진행되고 있다. 생산 인구의 감소로 노인을 부양하기 위한 사회적 부담이 커지고 있는 것이다. 이제는 노년의 시기를 상향하는 문제를 테이블 위에 올려서 다양한 논의를 해야 할 때이다.

48. 윗글을 쓴 목적으로 가장 알맞은 것을 고르십시오.
① 노인의 사회적 역할을 강조하려고
② 노인을 구분하는 기준을 설명하려고
③ 노인의 복지에 대한 대책을 촉구하려고
④ 노인의 시기를 재조정하도록 설득하려고

49. (   )에 들어갈 말로 가장 알맞은 것을 고르십시오.
① 평균 수명이 길어지면서
② 인구가 급격히 증가하면서
③ 사회 구조가 복잡해지면서
④ 요구가 점점 다양해지면서

50. 윗글의 내용과 같은 것을 고르십시오.
① 노년 인구의 감소로 사회가 변하고 있다.
② 노년 인구가 늘면 사회적 부담이 증가한다.
③ 노년을 정의하는 척도는 국제기구에서 정한다.
④ 노년은 스스로 장수했다고 생각하는 경향이 있다.

MEMO

MEMO

MEMO

MEMO

한국어능력시험

TOPIK II
실전 모의고사

| 정답 및 풀이 |

다락원

제1회 실전 모의고사 정답 및 풀이

듣기 정답 및 풀이

1	③	2	②	3	④	4	③	5	②
6	③	7	①	8	②	9	④	10	④
11	④	12	③	13	①	14	③	15	②
16	③	17	③	18	④	19	③	20	③
21	④	22	①	23	④	24	①	25	①
26	④	27	③	28	③	29	②	30	③
31	④	32	②	33	①	34	③	35	③
36	④	37	②	38	④	39	②	40	②
41	①	42	②	43	④	44	③	45	③
46	②	47	②	48	③	49	④	50	③

1

여자: 외국으로 보내야 하는데 깨지지 않게 포장해 주실 수 있어요?
남자: 네, 튼튼하게 포장해 드리겠습니다.
여자: 감사합니다.

풀이

여자가 가게에서 물건을 사고 깨지지 않게 포장을 부탁하는 내용이다.

2

남자: 안색이 안 좋아 보이는데 어디 아파?
여자: 감기에 걸린 것 같아.
남자: 그럼, 따뜻한 물을 많이 마셔.

풀이

여자가 감기에 걸려서 남자가 따뜻한 물을 주는 내용이다.

3

남자: 고3 학생들이 대학을 선택하는 기준은 '대학 이름'인 것으로 나타났습니다. 서열상 더 높은 대학을 선택하겠다는 답변이 63%로 제일 많았고 '전공'이나 '학과'가 23%였으며 '부모님의 추천'이라는 답변도 있었습니다. 이번 입시에 실패할 경우 재수를 할 것인지에 대해서는 53%가 '하지 않겠다'고 답변했고 '아직 모르겠다'가 27%, '하겠다'가 20%였습니다.

풀이

대학을 선택하는 기준은 1위가 대학 이름, 2위가 전공이나 학과, 3위가 부모님의 추천이다. 재수에 대한 의견은 '하지 않겠다'는 답변이 53%, '아직 모르겠다'는 답변이 27%, '하겠다'는 답변이 20%이다.

4

여자: 민수야, 이거 새로 산 모자인데 어때?
남자: 멋있다. 그런데 좀 비싸 보이는데.
여자: _____

풀이
멋있지만 비싸 보인다는 남자의 말에 대한 대답을 찾아야 한다.

5

남자: 배운 단어를 자꾸 잊어버려요.
여자: 일상생활 속에서 자주 사용하시면 도움이 될 거예요.
남자: _____

풀이
일상 생활 속에서 자주 사용하라는 여자의 조언에 대한 대답을 찾아야 한다.

6

여자: 슈퍼 옆에 빨래방이 새로 생겼는데 한번 가 보자.
남자: 세탁소에 맡기는 게 편하지 않을까?
여자: _____

풀이
여자가 옷을 세탁소에 맡기지 않고 빨래방에 가려고 하는 이유를 찾아야 한다.

7

여자: 다음 달에 부산에서 국제영화제가 열린대요.
남자: 그래요? 이번에는 서둘러서 예매권을 사야겠네요.
여자: _____

풀이
예매권을 사려고 하는 남자에게 예매권과 관계있는 정보를 주는 내용을 찾아야 한다.

8

남자: 유실물센터입니다. 뭘 도와 드릴까요?
여자: 제가 서류 봉투를 두고 내렸는데 어디에서 찾을 수 있을까요?
남자: _____

풀이
버스나 지하철에 두고 내린 물건을 찾으려고 할 때 필요한 내용을 알아야 한다.

9

여자: 요즘은 캠핑이 유행인가 봐. 텔레비전에서도 캠핑 얘기가 많아.
남자: 우리도 한강공원으로 캠핑하러 갈까?
여자: 다른 친구들도 같이 가면 게임도 하고 재미있을 것 같아.
남자: 그래. 연락해서 오고 싶은 사람은 오라고 해.

풀이
여자가 친구들도 같이 가면 재미있을 것 같다고 하자 남자가 연락을 해 보라고 하였으므로 여자가 친구들에게 연락하는 행동이 이어져야 한다.

10

남자: 신용카드를 만드시려면 저희 은행 통장부터 개설하셔야 합니다.
여자: 통장은 있어요.
남자: 그럼, 신분증을 주시고 여기 서류에 이름을 쓰시고 서명하세요.
여자: 도장은 필요 없나요?

풀이
남자가 서류에 이름을 쓰고 서명하라고 했으므로 서류에 서명하는 행동이 이어져야 한다.

11

여자: 휴대전화를 물에 빠뜨렸는데 어떻게 하지?
남자: 전원을 켜면 고장이 나니까 그대로 물기를 말려야 해.
여자: 헤어드라이어로 말리면 되겠다.
남자: 아니야. 그냥 수건으로 닦고 나서 수리 센터로 가지고 가.

풀이

남자가 휴대전화를 수건으로 닦고 나서 수리 센터에 가지고 가라고 했다. 수건으로 휴대전화의 물기를 닦는 행동이 이어져야 한다.

12

여자: 사장님, 사내 동호회를 만든다는 얘기가 있던데 언제 시작하나요?
남자: 아직 어떤 동호회를 만들지도 결정하지 못한 상태예요.
여자: 그럼, 간단하게 질문지를 만들어서 사원들을 대상으로 요구 조사를 해 보면 어떨까요?
남자: 좋은 생각이네요. 그럼 바로 시작해 주세요.

풀이

여자가 사장에게 사내 동호회 관련하여 사원들의 요구 조사를 하면 좋겠다고 했다. 사장이 이것을 허락했으므로 여자가 사원들의 요구를 조사하는 상황이 이어져야 한다.

13

여자: 이거 병뚜껑을 이용해서 만든 옷걸이인데 어때?
남자: 그냥 버리는 걸 가지고 이런 걸 만들다니 놀라워.
여자: 크고 거창한 건 아니지만 생활 속에서 필요한 작은 물건을 만들어서 쓰는 거야.
남자: 사용하면 편리하기도 하고 버리는 물건을 이용하니까 의미도 있어서 좋다.

풀이

① 여자는 재활용품을 만들어서 사용한다.
② 남자가 재활용품을 사용해 본 적이 있는지 없는지에 대한 내용은 없다.
③ 버리는 물건을 모아서 활용하는 사람은 여자이다.
④ 두 사람은 여자가 만든 재활용 옷걸이에 대해서 이야기한다.

14

(딩동댕)
여자: 잠시 후 5시부터 10분간 식품 코너에서 깜짝 할인을 시작하겠습니다. 국내산이든 수입산이든 식품 코너의 모든 품목을 30% 할인된 가격으로 구매하실 수 있습니다. 다 팔린 품목은 추가로 구매하실 수 없으니 서둘러 주세요. 단 10분간만 진행합니다.
(딩동댕)

풀이

① 식품 코너의 품목은 다 팔리면 구매할 수 없다.
② 10분 후에 매장의 문을 닫는다는 정보는 없다.
③ 식품 코너에서 30% 할인 행사를 한다.
④ 5시부터 할인을 시작해서 10분 동안 할인해서 판다.

15

남자: 아파트 주차장에서 발생한 자동차 연쇄 방화 사건을 조사 중인 경찰은 오늘 인근에 사는 중학교 3학년 박 모 군을 방화 등 혐의로 구속했습니다. 박 군은 지난 25일 경찰에 체포돼 '텔레비전에서 방화하는 장면을 보고 방화하면 주위의 관심을 끌 수 있을 것으로 생각해서 범행을 저질렀다'고 자백했습니다.

풀이

① 중학생이 주차장에 있는 자동차에 방화했다.
② 범인은 주위의 관심을 끌기 위해서 방화했다.
③ 아파트 안에서 방화 사건이 발생했다.
④ 경찰이 범인을 잡아서 조사 중이다.

16

남자: 작품이 공개된 이후에 관객들의 반응을 한 번도 찾아보지 않으셨다는데 특별한 이유가 있으십니까?
여자: 무슨 작품이든 아쉬움이 없을 순 없습니다. 완성된 작품을 보면 배우들은 자신에게 부족한 점이 보이고 그걸 개선하려고 노력하면서 발전한다고 생각합니다. 하지만 대중들의 댓글에는 사실 좋은 얘기가 많은데 이런 것에 빠져 있으면 발전을 기대하기가 어렵습니다.

풀이

① 여자는 댓글을 찾아보지 않았다.
② 여자는 관객의 반응을 한 번도 찾아보지 않았다.
③ 여자는 완성된 작품을 보고 스스로 부족한 점을 찾는다.
④ 여자는 무슨 작품이든 아쉬움이 있다.

17

남자: 감기에 걸린 것 같아. 열도 약간 있는 것 같고 기침도 나기 시작했어.
여자: 그럼, 빨리 병원에 가야지 왜 그러고 있어?
남자: 비타민을 먹었으니까 하루 이틀 있어 보려고. 사실 병원에 가도 별거 없잖아.

풀이

남자는 병원에 가도 특별한 효과가 없다고 생각한다.

18

남자: 어제는 룸메이트 때문에 잠을 거의 못 잤어.
여자: 기숙사에서 다른 사람과 같이 생활하는 게 불편하지 않아?
남자: 자취를 하면 편하기는 할 텐데 집세가 너무 비싸서 부담스러워.

풀이

남자는 자취를 하면 편하지만 집세가 비싸서 부담스럽다고 생각한다.

19

여자: 학생들의 흡연 문제를 해결하기 위해서 한 고등학교에서는 금연 교육을 실시하고 있대.
남자: 무조건 안 된다고 강제하기보다 흡연의 부작용 등을 알리는 금연 교육을 하는 건 효과적인 판단이네.
여자: 어린 학생들은 호기심에서 담배를 배우게 되는 것 같아.
남자: 담배는 습관이니까 처음부터 시작하지 않는 게 최선이야.

풀이

남자는 학생들의 흡연 문제를 해결하기 위해서 학교에서 금연 교육을 하면 효과가 있을 거라고 생각한다.

20

여자: 국제선 항공권 할인 정보 사이트를 운영 중이신데 어떤 분들이 많이 이용하시나요?
남자: 같은 비행기를 타면서 다른 사람보다 비싸게 해외여행을 간다면 좀 억울하겠죠? 주머니 사정은 열악하지만 해외 나들이를 하려는 대학생들, 전 세계를 내 집처럼 왕래하시는 직장인들에게 저희 사이트에서 항공권의 할인 정보를 서비스하고 있습니다.

풀이

남자는 같은 비행기를 탈 때 다른 사람보다 비싸게 표를 사면 억울하다고 생각한다.

[21~22]

여자: 지난달에 비해서 관리비가 엄청 많이 나왔어요.
남자: 관리비 지출을 줄이려면 전기 요금부터 줄여야 할 것 같네요. 낭비되는 전기가 없는지 점검이 필요해요.
여자: 저도 알지만 무엇부터 줄여야 할지 모르겠어요.
남자: 우선 대기전력 사용을 막기 위해서 사용하지 않는 모든 가전제품의 플러그를 뽑아야 해요. 그리고 에너지 효율 등급이 높은 전기제품을 구입하는 것도 도움이 되고요.

21
풀이

남자는 관리비 지출을 줄이려면 전기 요금부터 줄여야 한다고 생각한다.

22
풀이

① 대기전력은 전기를 낭비한다.
② 전기제품을 살 때 에너지 효율 등급이 높은 것을 사야 한다.
③ 지난달보다 전기 요금이 엄청 많이 나왔다.
④ 가전제품 사용과 전기 절약은 관계가 없다.

[23~24]

남자: 어린이 보호 구역에서 사고가 났는데 형사사건으로 처리가 된대요. 변호사의 도움을 받을 수 있을까 해서 전화를 드렸어요.
여자: 많이 당황하셨겠네요. 우선 직접 형사사건을 조사하고 처리해 본 경험이 있는 전문변호사를 연결해 드리겠습니다. 형사 사건은 말 한마디를 어떻게 하냐에 따라서 결과가 달라지기 때문에 초기에 잘 대응하시는 게 중요합니다.
남자: 네, 변호사 비용은 어떻게 되나요?
여자: 변호사비는 후불제입니다.

23
풀이

남자는 변호사의 도움을 받을 수 있는지 알아보려고 전화를 했다.

24
풀이

① 어린이 보호 구역에서 사고가 났다.
② 남자는 형사사건으로 처리되기 때문에 변호사의 도움을 받으려고 전화를 했다.
③ 여자는 직접 형사사건을 조사한 경험이 있는 변호사를 소개하겠다고 했다.
④ 변호사 비용은 후불제이다.

[25~26]

여자: 이번 제품은 기능성을 강조한다고 들었습니다. 제품에 대한 소개를 부탁드립니다.
남자: 주름을 개선하거나 피부 탄력을 향상시키는 수준을 넘어서는 다양한 기능성 화장품에 대한 요구가 많습니다. 이제는 피부에 특정한 기능을 제공하거나 개선하는 성분을 실질적으로 함유해야 소비자들의 선택을 받을 수 있습니다. 저희 제품은 특히 피부의 염증을 진정시키고 여드름을 효과적으로 개선하는 기능에 집중했습니다. 또한 항산화 작용을 하는 성분을 첨가해서 노화 예방에 도움을 받을 수 있습니다.

25
풀이

피부에 특정한 기능을 제공하거나 개선하는 성분을 함유한 화장품이 소비자의 선택을 받을 수 있다고 생각한다.

26

풀이

① 이 화장품은 상품이기 때문에 누구든지 구매할 수 있다.
② 이 화장품의 특징은 피부의 염증을 진정시키고 여드름을 효과적으로 개선하는 것이다.
③ 이 화장품은 소비자들의 요구를 반영해서 개발되었다.
④ 이 화장품은 여드름을 개선하기 위해서 개발되었다.

[27~28]

남자: 기존 축제의 문제점을 최소화하기 위해서 티켓 사전 예약제를 실시하려는 대학들이 많던데 우리 학교도 동참하는 게 좋지 않을까?
여자: 그러다가 외부인이 많이 입장하면 축제 분위기도 이상해지고 안전 관리도 쉽지 않아서 학생들이 피해를 보게 될 거야.
남자: 외부인에게 판매하는 수량을 최소화하면 되지. 대학의 축제는 차별하거나 배제하는 것이 아니라 재학생과 졸업생, 지역사회가 모두 하나가 되는 어울림의 마당이 되어야 해.
여자: 이런 문제는 학생들만의 문제가 아니라 사회가 함께 고민해야 한다고 봐.

27

풀이

남자는 대학의 축제가 재학생과 졸업생, 지역사회가 함께 어울려야 한다고 생각한다.

28

풀이

① 티켓 사전 예약제를 실시하는 대학이 많다.
② 티켓 사전 예약제를 이미 실시하고 있는 대학이 많다.
③ 티켓 사전 예약제를 통해서 기존 축제의 문제점인 차별 문제를 최소화할 수 있다.
④ 티켓 사전 예약제는 졸업생도 함께 참여하게 하기 위해서 실시한다.

[29~30]

여자: 결혼과 회사라는 말이 쉽게 연결되지 않는데 결혼정보회사는 어떤 회사입니까?
남자: 결혼정보회사는 결혼 의사가 있는 남녀에게 어울리는 짝을 소개하는 중매회사입니다. 그래서 법률상으로는 결혼중개업이라고 하지요. 현재 우리나라에는 일정 규모를 갖춘 회사가 여럿 있습니다.
여자: 팀장님께서는 구체적으로 어떤 업무를 하세요?
남자: 전통사회에서는 집안 사정을 잘 아는 중매쟁이가 남녀를 맺어주던 일을 현재는 회사가 정보를 분석해서 배우자를 소개한다고 보시면 되는데 저는 결혼 중매를 신청하신 분들을 면담해서 본인의 조건과 원하는 이상형에 대해서 파악하는 일을 합니다.

29

풀이

남자는 결혼정보회사에서 신청자들을 면담하고 이상형을 파악하는 일을 한다.

30

풀이

① 결혼정보회사는 법적으로 결혼중개업이라고 한다.
② 결혼정보회사는 일정 규모를 갖춘 회사가 여럿 있다.
③ 결혼정보회사는 전통사회의 중매쟁이 역할을 한다.
④ 전통사회에서 중매쟁이는 남녀의 집안 사정을 잘 알았지만 현재 결혼정보회사는 면담을 통해 신청자의 조건과 이상형을 알아본다.

[31~32]

남자: 악성댓글에 시달리고 있는 사람들이 많고 일부는 극단적인 선택까지 하고 있는 상황입니다. 악의적으로 상대방을 비하하려는 목적으로 댓글을 달고 모욕감을 주는 것은 범죄라고 볼 수 있죠.
여자: 그런 측면도 있지만 공적인 관심사에 대해서 비난의 의견을 내는 것도 표현의 자유가 아닐까요?
남자: 자유는 어디까지나 남에게 피해를 주지 않는 범위에서 인정이 되어야 합니다. 익명으로 숨어서 상대방을 비방하고 험담을 하는 것은 강력하게 처벌되어야 합니다.
여자: 하지만 명예훼손죄나 모욕죄라는 것이 판단하기 어려운 부분이라서 자칫 인권을 침해할 수도 있지요.

31
풀이

남자는 익명으로 숨어서 상대방을 비방하고 험담을 하는 악성댓글 작성자를 강력하게 처벌해야 한다고 생각한다.

32
풀이

남자는 악의적인 댓글을 범죄라고 생각하고 처벌을 요구하고 있다.

[33~34]

여자: 이것은 1800년대에 제작된 손목시계인데요. 여러 가지 보석으로 장식되어 있어서 시계인지 장신구인지 구별이 안 갈 정도죠. 이러한 시계는 상당히 고가였기 때문에 당시에는 왕족이나 귀족들의 전유물이었습니다. 그럼 손목에 차는 시계가 대중화된 것은 언제쯤일까요? 휴대용 시계로는 줄을 달아서 주머니에 넣고 다니며 사용하던 회중시계가 있었지만 일반화 되지는 못했습니다. 그러다가 19세기 말에 태엽을 감아서 구동시키는 기계식 손목시계가 등장했고 본격적으로 보급되기 시작했죠. 이후에 기술이 발전하면서 전자식 구동 방식으로 더 정확한 시간을 알려 주게 되었습니다. 현대에 와서 손목시계는 단순히 시간을 알려주는 기능만 하는 것이 아니라 통화도 하고 건강까지 챙기는 만능 기기가 되었습니다.

33
풀이

1800년대에 만들어진 손목시계, 19세기 말에 사용된 기계식 손목시계, 만능 기기의 역할을 하는 현대의 손목시계까지 손목시계가 어떻게 변화했는지를 설명하고 있다.

34
풀이

① 회중시계는 일반화되지 못했다.
② 현대의 손목시계는 시간을 알려 줄 뿐만 아니라 통화, 건강 확인까지 할 수 있다.
③ 손목시계는 초기에 장신구의 역할도 했다.
④ 기계식 손목시계가 등장하면서 본격적으로 대중에게 보급되기 시작했다.

[35~36]

남자: 우선 시청자 여러분께 깊은 사과의 말씀을 드립니다. 저희 제작진 일동은 잘못 보도된 내용으로 인해 피해를 입은 학생과 학부모님께 진심으로 사죄의 마음을 전합니다. 본 방송은 교육 현장의 목소리를 생생하게 전해 드리기 위해서 인터뷰를 진행했는데 편집 과정에서 자막이 잘못 들어갔습니다. 방송의 제작 의도와 달리 교육 현장에 대한 오해를 불러오게 되었고 많은 학부모님들의 우려를 낳았습니다. 공영방송으로서 제작 과정에 신중하지 못했고 보도 이후에도 신속하게 대처하지 못한 점을 깊이 반성하고 있습니다.

이 방송을 위해 인터뷰에 응해 주신 분들과 시청자 여러분께 다시 한번 깊이 사과드립니다. 아울러 앞으로 모든 보도에 있어 신중하고 면밀한 검토를 거쳐 이런 일이 재발하지 않도록 최선을 다하겠습니다.

35

풀이

남자는 편집 과정에서 자막이 잘못 들어간 것에 대해서 사과하고 있다.

36

풀이

① 이 방송에서 보도된 인터뷰 내용은 사실이지만 자막이 잘못 나갔다.
② 이 방송으로 인해 학생과 학부모들이 피해를 입었다.
③ 이 방송은 제작 과정에 신중하지 못했다.
④ 이 방송의 보도 내용은 교육 현장에 관한 것이었다. 그래서 학생과 학부모를 인터뷰했다.

[37~38]

남자: 젊은 사람들과 얘기를 나누다 보면 자기개발이란 말을 많이 듣게 됩니다. 베스트셀러가 된 자기개발서에서부터 유명인의 사례까지 그야말로 자기개발에 대한 이야기가 넘쳐 납니다.
여자: 그렇습니다. 최근 몇 년간 통계를 보면 자기개발서가 가장 잘 팔리는 서적 중의 하나입니다. 자신의 재능을 찾아내고 키운다는 의미에서는 아주 긍정적인 말이지만 실상을 보면 그렇지만도 않습니다. 취업 기회를 잡기가 어려운 젊은이들, 꿈과 희망이 사라진 듯한 어려운 여건들, 누군가를 누르고 우위에 서야 한다는 치열한 경쟁. 이런 것들이 우리에게 자기를 개발하도록 강요하는 것 같습니다. 그러나 자기개발은 무언가를 위해서가 아니라 자신의 행복한 삶을 위한 노력이 되어야 합니다.

37

풀이

여자는 자기개발이 무언가를 위해서가 아니라 자신의 행복한 삶을 위한 노력이어야 한다고 생각한다.

38

풀이

① 취업 기회를 잡기 위해 자기개발을 하는 사람도 있다.
② 유명인의 성공 사례가 들어 있는 자기개발서도 있다.
③ 전체적으로 자기개발서가 가장 많이 읽힌다.
④ 취업 기회를 잡기가 어려운 젊은이들, 꿈과 희망이 사라진 듯한 어려운 여건들, 누군가를 누르고 우위에 서야 한다는 치열한 경쟁 등의 힘든 현실 때문에 강제적으로 자기를 개발해야 하는 부정적인 의미가 있다.

[39~40]

여자: 발표된 내용으로 보면 지속적으로 쌀 소비량이 감소했다는 얘기인데 이로 인한 부정적인 영향은 없습니까?
남자: 사실 쌀 소비량이 감소한 것은 어제오늘의 이야기는 아닙니다. 국민들의 소득이 높아지면서 축산물에 대한 소비가 증가하고 상대적으로 쌀은 소비가 줄어들었습니다. 그러면서 밀가루 소비는 크게 증가하는 추세입니다. 쌀의 소비량과 건강의 관계에 대한 연구는 앞으로 진행되어야 하겠지만 지금까지의 상황으로는 그리 긍정적이지 않습니다. 쌀 소비가 줄면서 비만, 당뇨 환자가 증가했을 것으로 보는 의견들이 있습니다. 축산물과 밀가루를 수입에 의존하고 있는 상황에서 국민들의 건강을 지키고 식량을 안정적으로 확보하기 위해서는 쌀 소비를 늘려야 합니다.

39
풀이

여자는 지속적으로 쌀 소비량이 감소했다는 발표를 들었다고 말했다.

40
풀이

① 연구가 더 진행되어야 하겠지만 지금까지 쌀 소비와 비만, 당뇨병의 관계에 대한 의미 있는 보고가 있다.
② 국민의 건강을 위해 쌀 소비를 늘려야 한다.
③ 쌀 소비량과 건강의 관계에 대해 연구하고 있는지에 대한 설명이 없다.
④ 축산물과 밀가루의 소비량이 점차 증가하는 추세이다.

[41~42]

여자: 이것은 인간의 배아에서 줄기세포를 분리하는 실험입니다. 줄기세포는 아직 분화하지 않은 미분화 세포인데 우리 몸의 여러 부위의 세포로 배양할 수 있습니다. 줄기세포를 활용해서 필요한 장기를 재생하는 것이죠. 쉽게 말해 낡고 손상된 인체 기관을 새것으로 교체한다고 이해하시면 됩니다. 이렇게 장기 이식이 손쉽게 이루어지면 그동안 치료가 어려웠던 퇴행성 질환이나 난치성 질환을 앓는 환자들에게 큰 희망이 될 수 있을 겁니다. 하지만 인간의 배아를 사용해야 하기 때문에 생명 윤리적인 논란이 있을 수 있어서 철저한 관리가 필요합니다. 과학자들이 양심을 갖고 줄기세포 연구를 통제한다면 질병 치료의 신세계가 열릴 겁니다.

41
풀이

여자는 줄기세포를 활용해서 장기 이식이 쉽게 이루어지면 퇴행성 질환이나 난치성 질환을 앓는 환자들에게 큰 희망이 될 수 있다고 생각한다.

42
풀이

① 줄기세포를 이용한 연구는 현재 진행되고 있다.
② 줄기세포를 이용해서 여러 장기를 만들 수 있다.
③ 줄기세포는 우리 몸의 여러 부위의 세포로 배양해서 손상된 세포를 서로 교체할 수 있다.
④ 줄기세포는 분화하기 전의 미분화 세포이다.

[43~44]

남자: 일반적으로 자극에 대해 반응하려면 감각을 느끼는 기관과 이것을 전달하고 인지하는 기관이 필요하다. 동물은 이러한 기관을 모두 가지고 있기 때문에 자극을 감지하고 이에 대해 반응한다. 그렇다면 식물은 어떨까? 식물에는 감각과 인지를 담당하는 기관이 없지만 자극에 반응하는 성질을 가지고 있다. 우리가 흔하게 관찰할 수 있는 것은 식물의 잎이나 줄기가 햇빛에 반응해서 해를 향해 휘어지는 성질이다. 이것은 빛을 받은 세포와 그렇지 않은 세포의 성장 속도가 다르기 때문에 생기는 현상이다. 식물은 성장에 필요한 영양분을 얻기 위해서 반드시 햇빛이 있어야 한다. 식물은 특정 냄새에도 반응하는데 육안으로는 관찰이 어렵지만 느린 화면으로 보면 냄새를 피해서 반대쪽으로 기우는 것을 볼 수 있다.

43
풀이

식물은 동물과 같은 기관이 없지만 자극에 반응하는 성질을 가지고 있다.

44
풀이

식물은 빛 자극에 반응해서 빛을 받은 세포와 그렇지 않은 세포의 성장 속도가 다르기 때문에 해를 향해 휘어진다.

[45~46]

여자: 종묘는 왕실의 신주를 모시고 제사를 지내는 국가 사당입니다. 이곳은 1963년에 사적으로 지정되었고 이후에 제사에 사용되던 음악인 제례악과 제사를 지내는 절차인 종묘제례가 모두 국가중요무형문화재로 지정되었습니다. 종묘는 당시 나라와 왕실을 상징하는 대표적인 건물이었는데 중심 건물은 신주를 모신 정전입니다. 이곳은 신주로 모시는 왕실의 숫자가 늘어날 때마다 방을 증축하는 방식으로 만들어졌기 때문에 단일 건물로는 가장 깁니다. 그래서 증축 시기에 따라서 기둥의 오래된 정도가 다르고 모양에도 차이가 있습니다. 내부는 아무 장식을 하지 않은 단순한 구조로 되어 있고 외부의 단청도 최소화해서 엄숙한 분위기를 조성했습니다. 정전의 양옆으로는 나라에 공을 세운 신하들을 기리는 사당과 제사 음식을 선별하고 검사하던 건물들이 있습니다.

[47~48]

여자: 경제의 세계화라는 표현에서 알 수 있듯이 이제 기업이든 국가든 세계를 무대로 경쟁해야 합니다. 하지만 선진국들이 기술과 시장을 선점하고 저개발국가의 생산자와 노동자에게 낮은 생산 비용을 강요하는 상황에서 공평한 경쟁을 기대하기는 어려워 보입니다.
남자: 그렇습니다. 세계 무역시장이 발전하면서 많은 국가들이 경제성장을 이루었지만 그 과정에서 얻어진 이익은 고르게 분배되지 않았습니다. 소수의 글로벌 기업들이 시장을 지배하고 더 많은 이익을 추구하기 위해서 생산자와 노동자들에게 낮은 비용을 지불하고 있습니다. 이로 인해 노동력을 제공하는 저개발국가에서는 낮은 임금과 노동 착취 문제가 더욱 심화되고 있죠. 이제는 공정하지 못한 무역 관행을 개선하고 생산자와 노동자들의 권리를 보호함으로써 공평하고 정의로운 세계를 만들려는 노력이 필요합니다.

45

풀이

① 종묘는 증축된 시기에 따라서 기둥의 모양이 다르다.
② 종묘는 단청을 최소화해서 엄숙한 분위기를 조성했다.
③ 종묘에는 왕과 왕비 등 왕실의 신주가 모셔져 있다.
④ 종묘는 1963년에 사적으로 지정되었다.

46

풀이

여자는 종묘의 역할과 건물의 모습을 묘사하고 있다.

47

풀이

① 경제의 세계화는 얻었지만 공정한 무역은 이루어지지 않았다.
② 공정한 무역은 생산자와 노동자의 권리를 보호하는 것이다.
③ 무역시장에서 더 많은 이익을 추구하기 때문에 낮은 임금과 노동 착취 문제 등 공정하지 못한 무역이 이루어진다.
④ 공정한 무역은 저개발국가의 생산자와 노동자의 권리를 보호함으로써 공평하고 정의로운 세계를 만들기 위한 것이다.

48

풀이

남자는 세계 무역시장에서의 공평한 경쟁과 공정한 무역이 이루어져야 한다고 당부하고 있다.

[49~50]

여자: 과학 기술인을 대상으로 정책에 대한 설문을 한 결과 기초과학을 육성해야 한다는 답변이 가장 많았습니다. 교육과 산업의 현장에서 기초과학의 필요성을 절감하기 때문입니다. 기초과학은 모든 공학의 기초이면서 공학의 원리를 제공하기 때문에 산업기술 분야의 발전에 주요한 동력입니다. 의학이나 약학 등 생명과학 분야는 물론이고 반도체나 통신 등의 기술 분야에서도 물리학이나 화학과 같은 기초과학의 발전 없이는 어떤 성과도 기대하기 어렵습니다. 이제 세계는 첨단 기술을 보유한 기업과 국가만이 경쟁에서 살아남는 구조입니다. 선진국들이 기초과학의 육성을 내세우고 있는 것도 그런 이유에서죠. 이제 우리 정부도 국가와 기업의 경쟁력 향상을 위해서 기초과학 분야의 연구를 활성화하고 기초과학 전공자들을 육성하기 위한 정책을 수립해야 합니다.

49

풀이

① 선진국은 기초과학을 육성하고 있다.
② 여자는 기초과학의 연구에 정부가 지원해야 한다고 말한다.
③ 기초과학은 산업기술 분야뿐만 아니라 생명과학 분야에서도 필요하다.
④ 기초과학은 생명공학과 기술 발전에 중요하다.

50

풀이

여자는 기초과학 분야의 연구를 활성화하고 기초과학 전공자를 육성하기 위한 정책을 추진해야 한다고 촉구하고 있다.

쓰기 답안 예시

51
㉠ 놓고/두고 왔습니다
㉡ 제 가방을 보셨거나

52
㉠ 마음을 나눌 수 있는 사람이 있기 때문이다
㉡ 인간관계가 중요한 역할을 한다고 말한다

53

　통계청에서 발표한 자료에 따르면 맞벌이를 하는 신혼부부는 57.2%로 절반을 넘는 것으로 나타났다. 반면 외벌이 가정은 해가 갈수록 감소하는 추세이다. 이는 경제적인 필요성과 여성의 사회진출 확대가 주요 원인인 것으로 분석된다. 혼인 연차별 맞벌이 추이를 보면 혼인 연차가 높아질수록 맞벌이 비율이 낮아지고 있음을 알 수 있다. 자녀의 출생과 양육에 대한 부담이 크고 가사노동 문제로 인해 직장과 가정을 병행하기 어렵기 때문으로 파악된다.

과학과 의학 분야에서 동물실험을 하는 이유는 인체 실험이 불가능하기 때문이다. 새로운 기술이나 제품을 개발한 후에 이것의 효과를 검증하기 위해서 인간을 대상으로 실험을 하는 것은 엄청난 문제에 봉착하게 된다. 이를 대체할 수 있는 것이 동물실험이며 그동안 동물실험을 통해서 과학과 의학은 크게 발전했다.

　동물과 인간이 진화론의 과정에서 단계적인 성장을 거쳤으므로 동물을 대상으로 이루어진 실험의 결과가 인간에게도 유사한 효과를 나타낼 것이라는 전제에서 동물실험은 이루어진다. 수긍할 수 있는 전제이기는 하지만 그렇다고 하더라도 인간이 동물의 생명을 임의로 좌지우지하는 것은 윤리적인 문제로 남는다. 또한 동물실험이 동물을 위한 실험이 아니라 인간을 위한 실험에 불과하다는 것이다. 비록 실험 과정에서 의학이 발전한다 하더라도 그 혜택을 실험의 대상인 동물이 누릴 가능성은 낮다.

　동물실험이 현실적으로 필요악인 점은 부인할 수 없다. 그리고 동물실험을 통해서 얻어진 결과가 의학 발전에 필수 불가결하다는 것도 반박하기 어렵다. 그렇다면 동물실험은 최후의 수단으로 그리고 최소한의 규모로 행해져야 한다. 동물실험에 따른 윤리적 문제에서 자유로울 수는 없겠지만 다양한 측면에서 문제를 보완하려는 노력이 필요하다.

예시 2

　새로운 약물이나 제품 등의 효능과 안전성을 평가하여 인간의 건강과 안전을 보장하기 위해서 동물실험은 반드시 필요하다. 동물실험은 인간 신체와 유사한 구조를 가진 동물을 이용해 복잡한 생리적 상호작용을 검증할 수 있는 방법이다. 현재 인류가 누리고 있는 의학과 과학의 성과는 대부분 동물실험으로 얻어진 결과이다.
　하지만 엄격한 통제 없이 이루어지는 동물실험은 그 결과가 자칫 인간에게 큰 부작용을 일으킬 수 있다. 동물을 대상으로 하는 실험의 결과가 인간에게도 동일한 결과를 가져온다고 100% 보장할 수 없으며 예기치 못한 무서운 결과가 나타날 위험도 있다. 동물실험의 결과를 근거로 해서 사용이 허용된 의약품이라 해도 인간에게 부작용을 일으킬 수 있다. 또한 인간을 위해서 수많은 동물이 실험의 대상이 되어 목숨을 잃어야 하는 윤리적인 문제도 있다. 과학과 의학 분야의 연구에서 동물실험이 꼭 있어야 한다면 반드시 신뢰할 수 있는 기관의 통제 아래에서 아주 제한적으로 시행되어야 한다.

 동물실험을 다른 연구로 완전하게 대체하기는 어렵겠지만 생체공학적 장기의 개발이나 의학적으로 임상 효과가 검증된 공학 기술을 반영한 인공지능을 활용하는 방법을 모색할 수 있을 것이다. 또한 최근에는 인간의 줄기세포를 이용해 특정 장기를 대체하는 연구가 활발하게 진행되고 눈에 띄는 성과를 내고 있으므로 이들 분야의 도움을 받는 것도 고려해 볼 필요가 있다.

읽기 정답 및 풀이

1	③	2	②	3	④	4	④	5	①
6	②	7	①	8	②	9	③	10	②
11	③	12	④	13	③	14	②	15	①
16	③	17	②	18	②	19	④	20	②
21	③	22	②	23	②	24	①	25	③
26	②	27	④	28	②	29	①	30	②
31	③	32	④	33	④	34	①	35	③
36	①	37	④	38	④	39	①	40	③
41	②	42	④	43	②	44	①	45	④
46	①	47	③	48	①	49	③	50	②

1
풀이
집에 도착한 후에 바로 비가 내리기 시작했다는 내용이다.

2
풀이
중학교 때 수술을 받은 경험이 있다는 내용이다.

3
풀이
수업 시간에 늦을 것이 걱정된다는 의미와 유사한 표현을 찾아야 한다.

4
풀이
눈에서 멀어지면 마음에서도 멀어지는 것이 당연하다는 의미와 유사한 표현을 찾아야 한다.

5
풀이
먹으면 통증이 사라지는 약에 대한 광고이다.

6
풀이
할머니의 손맛이 살아 있는 식당에 대한 광고이다.

7
풀이
산불로 피해를 입은 이웃을 돕기 위한 성금을 모금하는 공익 캠페인이다.

8
풀이
원서를 접수하는 방법에 대한 안내문이다.

9
풀이
① 이 놀이공원은 목줄을 착용한 10kg 이하의 반려견도 입장이 가능하다.
② 자유이용권에는 입장료가 포함되어 있다.
③ 자유이용권을 구매하면 모든 놀이기구를 탈 수 있다.
④ 자유이용권을 손목에 착용한 후에는 환불이 되지 않는다.

10

풀이

① 기타를 제외하면 시간 활용을 위해 아르바이트를 하는 비중이 가장 적다.
② 생활비로 사용하려고 아르바이트를 하는 대학생이 가장 많다.
③ 경험 축적은 12%, 자기 개발은 10%로 나타났다.
④ 생활비 마련은 41%, 등록금 마련은 25%이다.

11

풀이

① 서울시는 작년에도 모범 납세자를 선정했다.
② 올해는 경제가 좋지 않았는데도 모범 납세자 수가 증가했다.
③ 모범 납세자로 선정이 되면 여러 가지 혜택을 받을 수 있다.
④ 모범 납세자가 혜택을 받으려면 모범 납세자 증명서를 제출해야 한다.

12

풀이

① 이 사고는 어제 저녁에 일어났다.
② 이 교통사고로 1명이 사망하고 5명이 다쳤다.
③ 사고를 낸 운전자는 다쳐서 병원에서 수술을 받았다.
④ 차가 미끄러져서 교통사고가 발생했다.

13

풀이

불면증으로 고생하는 환자가 해마다 늘고 있는데 특히 여름보다 겨울에 많이 발생하는 이유는 겨울에 일조량이 부족해서 멜라토닌이 잘 분비되지 않기 때문이라는 내용이다.

14

풀이

지난 토요일에 고등학교 때 단짝 친구들 모임에 다녀왔는데 지방에서 근무하면서부터 연락이 끊겼었지만 앞으로 이 친구들과 우정이 잘 지속되었으면 좋겠다는 내용이다.

15

풀이

습도와 온도만 잘 유지하면 실내에서도 버섯을 재배할 수 있는데 직사광선에 노출되면 버섯이 말라버리므로 직사광선을 피하는 것만 유의하면 된다는 내용이다.

16

풀이

물은 100도에서 끓게 되면 열을 가해도 온도는 오르지 않고 수증기로 증발되는데 압력솥은 밀폐되어 수증기가 새지 않으므로 요리 시간이 단축된다는 내용이다.

17

풀이

술을 많이 마시지 않으면 괜찮다고 생각하는 사람들이 많지만 소량의 음주도 암 발생 위험을 증가시킨다는 내용이다.

18

풀이

고양이는 야생에서 살아남기 위해서 자신의 몸을 숨길 수 있는 은신처를 필요로 했던 습성이 남아 있어 상자를 좋아한다는 내용이다.

19

풀이

기업과 개인의 협조가 없다면 아무리 정부가 좋은 정책을 내도 좋은 결과를 내기 어렵다는 내용이다.

20

풀이

① 정부는 저출산 문제에 대한 다양한 정책을 제시하고 있다.
② 저출산 문제 해결을 위해서 정부와 민간이 합심해야 한다.
③ 기업과 개인의 협조가 없으면 정부의 정책은 유명무실해 질 것이다.

④ 정부는 저출산 문제에 대한 정책을 세울 것이 아니라 실행 방안을 모색해야 한다는 내용은 없다.

21

풀이

가족들이 같이 시청하기에 부담스러운 장면들로 인해 중년층들까지 등을 돌리고 외면한다는 내용이다.

22

풀이

① 새로 방영된 드라마는 중년층조차 외면하고 있다.
② 이번에 새로 시작된 드라마는 시청률이 많이 떨어졌다.
③ 이번 드라마는 자극적인 요소가 많아 비난을 받고 있다.
④ 이번 드라마는 선정적이고 폭력적이라서 별로 인기가 없다.

23

풀이

한국에서의 유학 생활에 대한 설렘과 기대로 공항에서 기다리는 시간까지 아까웠다는 내용이다.

24

풀이

① 나는 아르바이트를 해서 한국 유학 자금을 모았다.
② 나는 대학교를 휴학하고 한국에 유학을 간다.
③ 어머니는 내가 한국으로 유학가는 것을 마땅치 않게 생각하셨다.
④ 어머니는 공항에서 눈물을 흘리셨다.

25

풀이

인기 배우인 이인주가 학폭과 관련된 문제로 드라마에서 하차한다는 내용이다.

26

풀이

전례가 없던 무더위로 전국이 너무 덥고 열대야로 인해 잠도 잘 잘 수 없다는 내용이다.

27

풀이

반도체 수출이 급감하여 반도체 관련 기업들이 투자 유치에 어려움을 겪는다는 내용이다.

28

풀이

극한 상황에 대한 압박 질문을 하여 위기 상황에 대처하는 능력을 평가한다는 내용이다.

29

풀이

끝이 뾰족한 팽이는 돌리는 것이 쉽지 않지만 한번 돌기 시작하면 잘 돌게 된다는 내용이다.

30

풀이

운동을 하는 목적에 따라 운동의 효과를 높일 수 있는 식사 시간에 대한 내용이다.

31

풀이

아스퍼거 증후군은 사회적 소통이 쉽지 않은 질환인데 얼굴에 표정이 잘 드러나지 않으므로 비언어적인 소통에도 문제가 있다는 내용이다.

32

풀이

① 수리부엉이는 주로 밤에 활동하는 야행성 동물이다.
② 수리부엉이는 멸종 위기 야생 동물로 지정되어 보호받고 있으나 아직 개체수는 회복되지 못한 실정이다.
③ 수리부엉이는 생태계의 개체수를 조절하고 균형을 유지하는 데 중요한 역할을 한다.
④ 수리부엉이는 사람들의 사냥과 살충제 사용으로 많이 희생되었다.

33

풀이

① 감자에는 솔라닌이라는 천연 살충제가 있다.
② 솔라닌은 아주 조금만 먹으면 건강에 별 문제가 없다.
③ 솔라닌은 열에 강해 뜨거운 물에 익혀도 없어지지 않는다.
④ 싹이 난 감자나 껍질의 색깔이 변한 감자는 버리는 것이 좋다.

34

풀이

① 자기효능감은 주관적인 개념이다.
② 자기효능감은 자신의 능력에 대한 판단과 믿음에 따라 달라진다.
③ 자기효능감이 높을수록 학업 성취도가 높다.
④ 자기효능감 향상을 위해 쉬운 과제부터 제시하는 것이 좋다.

35

풀이

언어적인 비난과 신체적인 폭력 등의 가정 폭력이 발생했을 경우, 가족이라고 해도 처벌은 받도록 해야 한다는 내용이다.

36

풀이

정부의 정책은 일관성이 있게 지속되어야 한다는 내용이다.

37

풀이

임금피크제는 노동자는 고용을 유지하게 되고 기업은 숙련된 노동자를 쓸 수 있으므로 서로 상생할 수 있는 제도이다.

38

풀이

부양의무자와 연락이 안 되는 경우에도 기초생활보장제도의 도움을 받을 수 있도록 대상자 선정에 대한 개선 방안이 마련되어야 한다는 내용이다.

39

풀이

이 책에서의 작품 설명 방법에 대한 구체적인 내용이 나오는 ㉠ 앞에 들어가는 것이 적절하다.

40

풀이

빨간색 유니폼의 효과에 대한 문장이 나오는 ㉢ 앞에 들어가는 것이 적절하다.

41

풀이

당시 대부분 건축 자재가 나무였던 것에 반해 석조전은 돌로 만들어졌다는 내용이므로 전통적인 궁궐의 건축 자재를 설명하는 ㉡ 앞에 들어가는 것이 적절하다.

42

풀이

오랫동안 연락이 없었던 아버지에 대한 원망을 나타내고 있다.

43

풀이

① 영희는 아버지가 해외 근무를 한다고 자기 최면을 걸었다.
② 영희의 할머니는 영희를 잘 보살펴 주셨다.
③ 영희는 부모님이 이혼한 후 할머니와 같이 생활했다.
④ 영희는 손을 잡고 입장하자는 아버지의 말을 거절했다.

44

풀이

광종이 양반들의 세력을 견제하고 왕권을 강화하기 위해 과거 제도를 시행했다는 내용이다.

45

풀이

고려의 과거 제도는 가문과 상관없이 능력에 따라 인재를 선발한다는 내용이다.

46

풀이

부동산 가격을 안정화시키기 위한 정부의 개입에 대해 우려하고 있다는 내용이다.

47

풀이

① 현재 부동산 공시 가격은 시세의 70% 정도이다.
② 부동산 공시 가격은 국토개발부에서 조사하여 발표한다.
③ 부동산 공시 가격은 부동산과 관련된 각종 세금 산정의 기준이 된다.
④ 부동산 공시 가격의 현실화 정책에 대한 국민들의 불만이 많다.

48

풀이

로봇 수술의 여러 가지 장점들을 설명하는 내용이다.

49

풀이

로봇 수술은 작은 구멍을 뚫어 수술하므로 절개 부위가 크지 않아 감염의 위험과 통증을 줄일 수 있다는 내용이다.

50

풀이

① 로봇 수술은 집도의가 로봇을 조정하면서 진행한다.
② 로봇 수술은 개복 수술에 비해서 출혈이 적다.
③ 로봇 수술은 출혈이 적고 감염 위험이 낮은 수술이다.
④ 수술 부위가 미세한 경우에 확대하여 볼 수 있으므로 로봇 수술은 정확성이 높다.

제2회 실전 모의고사 정답 및 풀이

듣기 정답 및 풀이

1	②	2	①	3	②	4	②	5	③
6	④	7	③	8	②	9	④	10	③
11	②	12	③	13	②	14	①	15	③
16	①	17	②	18	①	19	③	20	③
21	③	22	②	23	①	24	③	25	②
26	②	27	③	28	②	29	①	30	③
31	②	32	②	33	①	34	③	35	②
36	①	37	③	38	①	39	③	40	③
41	②	42	①	43	④	44	③	45	③
46	④	47	①	48	②	49	②	50	①

1

여자: 2박으로 예약을 했는데요.
남자: 여기에 성함과 연락처를 적어 주세요.
여자: 한 사람만 쓰면 되나요?

풀이

여자가 호텔에서 체크인을 하는 내용이다.

2

남자: 좌석표 좀 보여 주시겠어요?
여자: 여기 있어요. 3열에 7번입니다.
남자: 앞에서 3번째 줄입니다.

풀이

여자가 극장에서 자리를 찾고 있고 남자가 좌석을 안내하는 내용이다.

3

남자: 아침 식사가 중요하다고 하는데 요즘 젊은 사람들은 어떨까요? 한 설문조사에서 10대와 20대 한국 청년들의 40%만이 아침을 먹는 것으로 나타났습니다. 아침 식사를 하지 않는 55%는 그 이유로 40%가 '시간이 없어서'라고 답했고 25%가 '잠이 부족해서', 20%가 '입맛이 없어서'라고 응답했습니다.

풀이

한국 청년들의 55%가 아침 식사를 먹지 않는다. 아침을 먹지 않는 이유는 40%가 시간이 없어서, 25%가 잠이 부족해서, 20%가 입맛이 없어서였다.

4.

여자: 민수야, 이번 여행에 같이 갈 거야? 인원을 알아야 해서.
남자: 언제까지 알려 주면 되는데?
여자: _____

(풀이)

언제까지 알려 주면 되냐는 남자의 말에 대한 대답을 찾아야 한다.

5

남자: 방이 마음에 드는데 언제 들어올 수 있나요?
여자: 비어 있으니까 아무 때나 오시면 됩니다.
남자: _____

(풀이)

아무 때나 올 수 있다는 여자의 말에 대한 대답을 찾아야 한다.

6

여자: 나도 동아리에 들어 볼까 하는데 어디가 좋을까?
남자: 관심이 있는 동아리라도 있어?
여자: _____

(풀이)

관심이 있는 동아리에 대한 이야기를 찾아야 한다.

7

여자: 오늘 시내에서 마라톤대회가 있어서 교통이 통제된대요.
남자: 그래요? 시내에서 약속이 있는데 걱정이네요.
여자: _____

(풀이)

교통이 통제되는 상황에서 할 수 있는 방법을 알려 주는 내용을 찾아야 한다.

8

남자: 관리실이죠? 내일 엘리베이터 운행을 중지한다고 해서 전화드렸는데요.
여자: 네, 정기점검이 있습니다. 이용에 불편을 드려 죄송합니다.
남자: _____

(풀이)

정기점검 때문에 엘리베이터 운행이 중지된다는 것을 확인한 후에 할 수 있는 말을 찾아야 한다.

9

여자: 이번 방학에 가족들과 제주도에 가기로 했어.
남자: 나도 지난 방학에 갔었는데 먹거리도 많고 구경거리도 많아서 정말 좋았어.
여자: 아직 비행기표를 안 샀는데 빨리 예매해야겠다.
남자: 그래. 휴가철이라서 여행 가는 사람이 많을 거야. 서둘러.

(풀이)

여자가 비행기표를 빨리 예매해야겠다고 말했으므로 표를 예매하는 행동이 이어져야 한다.

10

남자: 여기에 QR 코드를 찍고 입장하시면 됩니다.
여자: 놀이기구를 타려면 줄을 서야 해요?
남자: 사전예약제라서 인기 있는 놀이기구는 이미 마감됐습니다. 오후 예약을 하시면 됩니다.
여자: 그래요? 오후 자리가 남았는지 빨리 확인해야겠네요.

(풀이)

남자가 오후 예약을 하라고 했으므로 오후 놀이기구를 예약하는 행동이 이어져야 한다.

11

여자: 자전거를 빌려서 타고 가면 재미있을 것 같은데 어떻게 하는지 알아?
남자: 앱을 설치한 후에 이용권을 구매하고 자전거 번호를 입력하면 돼.
여자: 한번 해 볼게. 그런데 빌린 곳에서 반납해야 돼?
남자: 아니. 아무 데나 인근에 있는 자전거 대여소에 가서 반납하면 돼.

풀이

자전거를 빌리려면 먼저 자전거 이용 앱을 설치한 후에 이용권을 구매해야 하므로 대화 후에 자전거 이용 앱을 설치하는 행동이 이어져야 한다.

12

여자: 이번에 퇴사를 하신다면서요? 갑자기 무슨 일이 있어요?
남자: 오랫동안 생각하고 결정했어요. 일이 적성에 맞지 않아서 많이 힘들었거든요.
여자: 경력사원을 위한 취업사이트가 있는데 평가가 좋더라고요, 알려 드릴까요?
남자: 네, 감사합니다.

풀이

여자가 경력사원의 취업사이트를 알려 주겠다고 했으므로 사이트를 알려 주는 행동이 이어져야 한다.

13

여자: 전에는 집에서 만드는 것보다 사 먹는 게 싸다고 생각했는데 요즘은 워낙 물가가 올라서 그렇지도 않아.
남자: 다들 식비가 너무 많이 올랐다고 야단이야. 외식비는 말할 것도 없고.
여자: 그래서 식비를 절약하는 방법을 고민할 때인 것 같아.
남자: 우선 식재료를 싸게 살 수 있는 방법부터 알아봐. 동영상도 찾아보면 도움이 될 거야.

풀이

① 외식비뿐만 아니라 식비도 많이 올라서 야단이다.
② 여자는 식비가 올라서 걱정하고 있다.
③ 여자는 식재료를 싸게 사는 방법을 고민 중이고 남자는 동영상을 찾아보라고 했다.
④ 두 사람은 식비를 절약하는 방법에 대해서 이야기하고 있다.

14

(딩동댕)
여자: 관리사무소에서 대청소와 관련한 안내 말씀을 드립니다. 잠시 후 오전 9시부터 계단 및 복도의 청소 작업이 있을 예정입니다. 재활용품이나 자전거 등을 밖에 내놓으신 세대에서는 청소에 지장이 없도록 해당 물건을 집안으로 치워 주시기 바랍니다. 주민 여러분의 협조를 부탁드립니다.
(딩동댕)

풀이

① 오늘 아파트 대청소가 실시된다.
② 아파트 관리사무소에서 대청소를 한다.
③ 재활용품은 집안으로 치워야 한다.
④ 주민들이 청소를 부탁했다는 내용은 없다.

15

남자: 오늘 오후 4시 45분쯤 25번 국도에서 스물세 살 최 모 씨가 운전하던 승용차가 중앙선을 넘어 마주 오던 11톤 트럭과 정면충돌했습니다. 이 사고로 운전자 최 씨와 동승자 한 명이 중상을 입어 병원으로 옮겨졌습니다. 경찰은 승용차 운전자의 부주의로 중앙선을 넘은 것으로 보고 정확한 사고 경위를 조사하고 있습니다.

풀이

① 이 사고는 승용차 운전자가 부주의로 중앙선을 넘어서 발생한 것인데 정확한 사고 경위는 조사 중이다.

② 이 사고의 운전자가 음주운전을 했다는 내용은 없다.
③ 이 사고로 승용차 운전자가 크게 다쳤다.
④ 이 사고는 승용차가 중앙선을 넘어서 발생했다.

16

남자: 이번에 개발된 순수 전기차의 특징을 설명해 주시겠습니까?
여자: 네, 이 차는 편리함을 추구하면서도 장거리를 빠르고 편하게 이동하고 싶어 하는 소비자의 요구에 맞추어 개발되었습니다. 특히 고속도로에서 운전자의 시선과 어깨의 움직임을 확인해서 스스로 차선을 변경하는 기능은 자동차의 미래 방향성을 보여 주는 획기적인 기능이라고 생각합니다.

풀이

① 이 자동차는 전기로 이동한다.
② 이 자동차의 특징은 고속도로에서 스스로 차선을 변경할 수 있다는 것이다.
③ 이 자동차는 운전자가 있어야 한다.
④ 이 자동차는 모든 도로에서 운전할 수 있지만 특히 고속도로에서 획기적인 기능을 보여 준다.

17

남자: 표정이 왜 그래? 기분 나쁜 일이라도 있었어?
여자: 어떤 분이 나한테 길을 묻는데 계속 반말을 하는 거야.
남자: 아무리 어른이라도 처음 보는 사람에게 반말을 하는 건 예의가 아니지.

풀이

남자는 어른이라도 처음 보는 사람에게 반말을 하는 건 예의가 아니라고 생각한다.

18

남자: 이거 엄마 드리려고 샀는데 어때?
여자: 너무 수수한 거 아니야? 좀 더 화려해도 좋을 것 같은데.
남자: 눈에 띄는 색은 자주 입기가 어려워. 이런 게 아무데나 잘 어울리잖아.

풀이

남자는 눈에 띄는 색은 자주 입기가 어렵다고 생각한다.

19

여자: 물과 식량이 부족한 어린이를 돕는 재단에 매월 만 원씩 내기로 했어.
남자: 대단하다. 누군가를 위해서 정기적으로 돈을 낸다는 건 진짜 큰 결심이 필요한 것 같아.
여자: 맞아. 나도 오랫동안 망설이다가 결정했어.
남자: 액수가 얼마가 되었든지 큰 결심이 필요한 돈은 큰돈이지.

풀이

남자는 누군가를 위해서 정기적으로 돈을 내는 건 큰 결심이 필요하고 큰 결심이 필요한 돈은 큰돈이라고 생각한다.

20

여자: 20대 초반 미혼 여성만을 위한 잡지라는 설명이 인상적인데 이 잡지를 창간하시게 된 계기가 있을까요?
남자: '패션' 하면 떠오르는 잡지가 많지만 정작 실생활에 적용할 만한 내용이 부족하다고 생각했습니다. 20대 여성들은 자신만의 패션에 관심이 있고 평범함보다는 개성을 앞세웁니다. 주변의 옷가게, 미용실을 비롯해서 튀는 액세서리 매장 등 독자들이 궁금해하는 부분을 실으려고 노력했습니다.

> 풀이

남자는 20대 여성들이 자신만의 패션에 관심이 있고 개성을 중시한다고 생각한다.

[21~22]

여자: 올해도 지역 홍보 행사를 진행해야 하는데 뭔가 신선한 내용이 있었으면 좋겠어요.
남자: 지역을 홍보하는 데는 축제만 한 게 없는 것 같아요. 지리적인 조건이나 특산물을 이용한 축제를 개최해서 많은 사람들이 우리 지역을 방문할 수 있게 하면 어떨까요?
여자: 그런데 요즘 그런 축제가 워낙 많아서 웬만한 내용으로는 관심을 끌기가 어려울 거예요.
남자: 요즘은 보는 것보다 체험하는 것을 선호한다고 하니 직접 농산물을 수확하고 간식도 만들어 보는 프로그램을 구성하면 좋을 듯합니다.

21

> 풀이

남자는 지역을 홍보하는 데는 축제만 한 게 없다고 생각한다.

22

> 풀이

① 이번에 처음으로 축제를 계획한다.
② 요즘은 체험하는 축제가 인기가 있다.
③ 사람들이 보는 것보다 체험하는 것을 선호한다.
④ 요즘 지리적인 조건이나 특산물을 이용한 축제가 많다.

[23~24]

남자: 공사 현장에서 먼지가 심하게 나서 창문을 열지도 못하고 고통이 심해요. 처리를 부탁드립니다.
여자: 네, 지금 접수하시면 조사관이 현장에 나가서 조사를 합니다. 조사가 완료되면 당사자를 불러서 사실관계를 확인하고 시정을 요구하거나 법적인 조치를 취하게 됩니다.
남자: 처리 결과는 언제 알 수 있을까요?
여자: 접수된 민원은 60일 이내에 처리됩니다.

23

> 풀이

남자는 공사 현장에서 먼지가 나서 창문을 열지 못하는 불편 사항을 접수하고 있다.

24

> 풀이

① 민원 사실은 조사관이 조사한다.
② 민원이 접수된 후에 조사한다.
③ 민원이 접수된 후 60일 이내에 처리된다.
④ 공사장에서 먼지가 나서 불편을 겪는다.

[25~26]

여자: 오랫동안 비영리 단체에서 활동해 오셨는데 구체적으로 어떤 사업들을 하시는지 말씀해 주셨으면 합니다.
남자: 저희 기구는 순수한 비영리 단체입니다. 특정 국가나 기업의 후원으로는 사회 문제를 해결하기가 어렵고 인권 보호, 환경 보호 등의 분야에서 활동하기가 쉽지 않습니다. 사회 문제에 대한 인식을 갖고 변화를 이끌기 위해서는 자발적인 참여가 중요하다고 생각합니다. 저희는 사회, 경제, 교육 등 다양한 분야에서 발생하는 문제에 대응하기 위해서 국제기구와 협력하고 직업 훈련이나 인프라 구축 등을 통해서 각 지역 사회의 발전을 지원합니다.

25
풀이

남자는 사회 문제에 대한 인식을 갖고 변화를 이끌기 위해서는 자발적인 참여가 중요하다고 생각한다.

26
풀이

① 이 단체는 국제기구와 협력하고 있다.
② 이 단체는 사회, 경제, 교육 등 다양한 분야에서 발생하는 문제에 대응한다.
③ 이 단체는 각 지역 사회의 발전을 지원한다.
④ 이 단체는 국제기구와 협력하고 직업 훈련이나 인프라 구축 등을 통해서 각 지역 사회의 발전을 지원하는 구체적인 사업을 하고 있다.

[27~28]

남자: 학생회관 지하에 식당이 생긴다던데 들었어?
여자: 응, 학생식당의 위생과 음식의 질에 대한 학생들의 불만이 커져서 학교 측에서 해결방안으로 식당을 확충하기로 했대.
남자: 장소가 넓어지고 음식의 질이 좋아지는 것도 필요하지만 보다 근본적인 해결책을 찾아야 하지 않을까? 학생식당이 어떻게 운영되는지 학생들도 정확하게 알아야 하고 개선 방향에 대한 학생들의 의견이 제대로 반영되어야 문제를 올바로 해결할 수 있다고 생각해.
여자: 그래, 그리고 학생들도 주인 의식을 가지고 시설을 사용해야겠지.
남자: 학생게시판에 의견을 올려 보자.

27
풀이

남자는 학생식당의 문제를 해결하기 위해서 어떻게 해야 하는지 이야기하고 있다.

28
풀이

① 학생들이 학생식당의 위생과 음식의 질을 개선할 것을 요구한다.
② 학생식당 음식에 대한 학생들의 평가가 나쁘다.
③ 학생식당의 문제를 해결하기 위해서 학생회관 지하에 식당을 만들 계획이다.
④ 학교 측은 문제의 해결 방안으로 식당을 확충할 계획이다.

[29~30]

여자: 드라마가 인기를 끌면 극중에 사용된 음악도 덩달아 고공 행진을 하는 것이 공식인데요. 감독님께서 하시는 작업이 어떤 것인지 설명을 부탁드립니다.
남자: 저는 극의 내용을 보고 각 상황에 맞는 음악을 고르기도 하고 적절한 음악을 찾기가 어려우면 직접 작곡을 하기도 합니다. 음악으로 드라마를 돋보이게 하는 것이지요.
여자: 그렇다면 음악에 대한 지식이 많아야겠네요.
남자: 음악에 대한 지식은 기본이고 배우나 관객들과의 소통 능력도 필요합니다. 그래야 드라마를 살리고 관객의 귀를 사로잡을 수 있는 곡을 만들 수 있거든요.

29
풀이

남자는 드라마에 사용되는 음악을 찾거나 만든다.

30
풀이

① 이 일을 하려면 음악에 대한 지식이 필요하다.
② 이 일은 드라마를 돋보이게 하는 것이다.
③ 드라마가 인기를 끌면 사용된 음악도 인기가 높아진다.
④ 좋은 음악이 드라마를 돋보이게 하고 관객을 사로잡는다.

[31~32]

남자: 서울시에서 자유교통카드를 시범 운영한다는데 서울 이외의 지역에서 이용할 수 없으면 시민들에게 별 도움이 안 될 거예요.
여자: 그래도 카드 하나로 지하철과 버스, 공공자전거를 무제한 이용할 수 있으니까 편하지 않을까요? 당연히 교통비도 절약되고요.
남자: 대중교통을 많이 이용하게 하려는 목적인데 현행 방식으로는 환승을 많이 하거나 타 지역까지 이동하는 시민들에게는 경제적인 이득이 없습니다.
여자: 시범사업의 결과를 살펴보고 인접 지역과 협의하면 혜택을 늘릴 수 있지 않을까요?

31
풀이

남자는 카드를 타 지역에서도 이용할 수 있어야 한다고 생각한다.

32
풀이

남자는 현재의 방식으로는 대중교통을 많이 이용하게 하는 효과가 없을 것이라고 생각한다.

[33~34]

여자: 밤하늘을 환하게 비추고 있는 보름달을 보면 여러분은 무슨 생각을 하십니까? 그곳에 무엇이 있는지 궁금해지실 텐데요. 이런 호기심이 계기가 되어 인간은 달을 관찰하기 시작했고 20세기에 드디어 유인 우주선을 달에 착륙시켰죠. 현재는 여러 나라가 경쟁적으로 달에 탐사선을 보내서 본격적으로 연구를 진행하고 있습니다. 특히 과학자들은 달 표면의 토양에 주목하고 있는데요. 그건 채취한 토양을 분석한 결과 얼음이 포함되어 있기 때문입니다. 얼음은 우주 비행사들을 위한 자원이 될 수 있고 우주기지 건설을 위한 발판이 될 수 있습니다. 이제 세계는 달에 지속 가능한 기지를 건설할 목적으로 국제 협약을 제안하고 민간 기업의 협력을 유도하고 있습니다.

33
풀이

여러 나라가 달에 탐사선을 보내서 연구를 진행하고 있고 특히 과학자들은 달 표면의 토양을 연구하고 있다는 내용이다.

34
풀이

① 물이 발견되면 우주기지를 건설할 수 있다.
② 달 표면의 토양은 우주 연구의 중요한 자원이다.
③ 인간의 호기심이 달을 탐사하게 된 출발점이다.
④ 20세기에 유인 우주선을 달에 착륙시켰다.

[35~36]

남자: 존경하고 사랑하는 시민 여러분, 그리고 내외 귀빈 여러분. 오랜만에 밝고 건강한 모습을 뵙게 되어 반갑습니다. 지난 2년 동안 여러 사정으로 지역행사를 할 수 없어서 안타까웠는데 다시 화합의 한마당을 개최하게 되어 매우 기쁩니다. 먼저 행사 준비로 수고하신 시청의 관계자 여러분께 치하의 말씀을 드립니다. 아시는 바와 같이 인주시는 서부권의 중심 도시로 도약할 수 있는 발전의 토대를 탄탄히 다져 왔습니다. 이제 인주시는 자연 친화적인 휴식 공간으로, 그리고 체험의 명소로 각광 받고 있습니다. 체육대회를 비롯한 다양한 행사를 계기로 인주시가 문화관광의 상징적인 도시로 거듭나리라 믿습니다. 오늘 하루 다 함께 웃으며 건강도 챙기고 전통문화도 즐기는 화합의 잔치가 되길 바랍니다.

35
풀이

남자는 행사를 개최하게 된 것을 축하하고 있다.

36
풀이

① 이 행사는 지난 2년 동안 열리지 못했다.
② 이 행사는 시청 관계자들이 준비했다.
③ 이 행사는 체육대회를 포함한다.
④ 이 행사를 계기로 인주시가 문화관광의 도시로 발전할 것이다.

[37~38]

> 남자: 건강과 운동에 대한 관심이 높아지면서 사회체육이라는 말도 자주 등장하고 있습니다.
> 여자: 네. 사회체육은 모든 국민이 신체활동에 참여함으로써 건강을 증진시키도록 하려는 움직임입니다. 연령에 따라서 유아체육, 청소년체육, 노인체육 등이 있고 지역에 따라서는 도시체육, 농어촌체육, 직장체육 등 다양하게 분류됩니다. 복잡한 현대 생활에서 건강과 체력을 지키고 여가 시간을 유용하게 활용하도록 유도하는 것이 사회체육의 목적인데요. 운동을 하면 긴장이 해소되고 우울감 등의 부정적인 감정도 해소되기 때문에 중요한 의미가 있습니다. 사회체육이 활성화되려면 우선 운동을 할 수 있는 장소와 기회가 충분히 제공되어야 합니다.

37
풀이

여자는 사회체육이 중요한 의미가 있다고 생각한다.

38
풀이

① 사회체육은 신체활동에 대한 국민의 참여를 유도한다.
② 사회체육은 연령과 지역에 따라서 다양하게 분류된다.
③ 사회체육을 활성화하려면 운동할 장소와 기회가 충분히 제공되어야 한다.
④ 사회체육은 건강과 체력을 지키고 여가 시간을 유용하게 활용하도록 유도하려는 목적으로 시작되었다.

[39~40]

> 여자: 이렇게 특수목적고등학교가 인가를 반납하고 일반계 고등학교로 전환하는 경우가 늘고 있다는 건 특수목적고등학교의 인기가 떨어졌기 때문인가요?
> 남자: 그런 이유보다는 사회 전반의 변화가 영향을 미쳤다고 생각합니다. 특수목적고등학교는 운영 초기에는 직업 교육 위주로 구성이 됐었는데 현재는 과학고등학교, 외국어고등학교, 예술고등학교 등 다양한 과목에서 우수한 인재를 뽑아서 육성하고 있지요. 그런데 학령인구가 급속히 감소하면서 특수목적고등학교에 지원하는 학생이 줄고 예전에 비해 쉽게 입학할 수 있는 상황이 되었습니다. 대학 진학을 위해 오히려 일반계 고등학교가 유리하다는 판단에서 지원자가 늘면서 이들 고등학교는 운영 상황이 개선되고 있습니다.

39
풀이

여자는 특수목적고등학교가 인가를 반납하고 일반계 고등학교로 전환하는 경우가 늘고 있다고 말했다.

40
풀이

① 일반계 고등학교는 상황이 개선되고 있다.
② 특수목적고등학교는 지원자가 줄었다.
③ 일반계 고등학교의 지원자가 늘고 있다.
④ 학령인구가 급속히 줄고 있다.

[41~42]

여자: 이것이 수도권 노선에 투입될 자기부상열차의 모습인데요. 외관은 기존의 열차와 비슷하지만 기술적인 면에서는 큰 차이가 있습니다. 이 열차는 바퀴를 사용하지 않고 레일에서 낮은 높이로 부상해서 달립니다. 바퀴가 없기 때문에 마찰로 인한 저항이 거의 없고 그로 인한 소음이나 진동도 크게 줄일 수 있어서 승차감이 좋습니다. 또 마찰 저항이 적어서 낮은 동력으로도 엄청난 속도를 낼 수 있다는 이점이 있죠. 그리고 열차가 곡선 구간을 주행할 때는 차체가 궤도를 감싸는 구조라서 탈선 가능성이 없습니다. 물론 강한 자기장이 발생하기 때문에 탑승객들에게 좋지 않은 영향을 미친다는 주장이 제기되기도 했습니다만 우려할 만한 연구 결과는 아직 없는 상태입니다.

41

풀이

여자는 자기부상열차가 승차감, 안전성 등 여러 가지 이점이 있다고 설명한다.

42

풀이

① 이 열차는 바퀴가 바닥에 닿지 않고 달린다.
② 이 열차는 외관이 기존 열차와 비슷하지만 기술적인 면에서 큰 차이가 있다.
③ 이 열차는 탈선 가능성이 없고 마찰이 적어서 소음과 진동도 크게 줄일 수 있다.
④ 이 열차는 마찰 저항이 적어서 낮은 동력으로도 엄청난 속도를 낼 수 있다.

[43~44]

남자: 이곳은 다양한 색상과 모양의 물고기들이 유유히 헤엄치고 있는 산호초 숲이다. 마치 물고기들이 숲속에서 산책을 하는 듯한 모습이다. 물고기들은 이곳에서 잠을 자고 알을 낳고 새끼를 기르고 적으로부터 몸을 숨기기도 한다. 이곳은 물고기들의 삶의 터전이자 은신처이다. 그런데 최근 들어 군데군데 산호초가 죽어 있는 것이 목격되고 있다. 수온이 올라가고 수질이 나빠지면서 산호초의 서식지가 피해를 입고 있는 것이다. 환경단체들은 해양생태계를 보호하기 위한 첫걸음이 산호초를 살리는 것이라고 주장한다. 최근에는 인공산호초를 설치해서 물고기들이 살 수 있는 환경을 만들고 있지만 근본적인 대책은 될 수 없다. 결국 탄소 발생을 줄여서 지구온난화를 막고 환경을 보호해야 한다는 상식적인 결론에 이르게 된다.

43

풀이

해양생태계를 보호하기 위한 첫걸음이 산호초를 살리는 것이라고 설명한다.

44

풀이

수온이 올라가고 수질이 나빠지면서 산호초의 서식지가 피해를 입고 있다.

[45~46]

여자: 탈춤놀이는 지역별로 차이가 있지만 대체로 평민으로 대표되는 인물과 양반으로 대표되는 인물이 춤과 대사로써 연극을 하는 놀이입니다. 얼굴과 머리 전체를 가리는 탈을 쓰고 하는 가면놀이인데 대사와 노랫말에는 지배 계층인 양반에 대한 노골적인 비판과 통렬한 풍자가 담겨 있습니다. 등장인물들은 양반을 풍자하면서 비속어와 음담패설 등을 거리낌 없이 사용하고 일반 백성들의 불평불만을 적나라하게 보여 줍니다. 이러한 놀이를 통해서 양반에 대한 백성들의 반감이 어느 정도 해소될 수 있었고 궁극적으로 마을의 안정을 꾀할 수 있었습니다. 농촌에서는 농악대와 함께 마을신을 즐겁게 해서 역병을 예방하고 마을의 안녕과 평화를 기원하기 위해서 이 탈춤놀이가 행해지기도 했습니다.

45

풀이

① 탈춤놀이는 백성들의 반감을 해소해서 마을의 안정을 꾀할 수 있었다.
② 탈춤놀이는 양반에 대한 백성들의 불평불만을 표현하기 위해서 만들어졌다.
③ 탈춤놀이를 통해 양반에 대한 불만을 해소할 수 있었다.
④ 탈춤놀이에는 대사와 노랫말이 사용되었다.

46

풀이

여자는 탈춤놀이의 역할과 기능을 소개하고 있다.

[47~48]

여자: 소득 불평등이 심화되고 있는 것에 대해 우려의 목소리가 많습니다. 결국 불평등의 확대와 심화는 소득 분배가 제대로 이루어지지 않기 때문일 텐데요.
남자: 맞습니다. 경제 위기를 경험한 많은 나라들이 불평등을 완화할 수 있는 방안을 강구하고 있지만 이렇다 할 해결책을 내놓지 못하고 있습니다. 소득 분배가 악화될 경우 소득 불평등이 심화되고 이것은 경제적, 사회적 불안 요소가 됩니다. 소득 불평등을 해결하기 위해서는 우선 불평등이 확산한 원인을 파악해야 합니다. 여기에는 가구의 소득과 자산, 그리고 부채에 대한 종합적인 분석이 필요하죠. 최근 10년 사이에 경제활동 연령과 고용 상태가 변화했고 이것이 소득 불평등을 악화시킨 것으로 나타났습니다. 반면에 강화된 조세와 사회보장에 대한 부담금은 소득 불평등을 어느 정도 완화시키는 역할을 했다고 볼 수 있습니다.

47

풀이

① 소득 분배가 제대로 이루어지지 않으면 소득 불평등이 악화된다.
② 조세 부담이 강화되면 소득 불평등이 어느 정도 완화된다.
③ 고용 상태가 변화하면서 소득 불평등이 악화되었다.
④ 소득 불평등을 경험한 나라들이 방안을 찾고 있지만 좋은 해결책을 내놓지 못하고 있다.

48

풀이

남자는 소득 불평등의 원인에 대해 분석하고 있다.

[49~50]

여자: 산업자원부의 발표에 따르면 회사의 핵심 기술을 빼돌리려다가 적발되는 건수가 매년 크게 증가하고 있다고 합니다. 하지만 정부의 발표는 대기업이나 어느 정도의 규모를 갖춘 기업을 대상으로 조사된 내용이기 때문에 소규모 기업을 포함한다면 정보나 기술을 유출하는 사례는 더 심각할 것입니다. 또한 국내 기업의 기술 경쟁력이 향상되면서 해외 기업들이 국내 기업을 인수하는 경우가 늘고 연구 인력들의 이직이 보편화되면서 기술 유출에 대한 우려가 커지고 있습니다. 이러한 상황에서 첨단 산업 기술의 유출 방지 및 보호에 관한 법률이 발의된 것은 상당히 고무적인 일이라고 생각합니다. 그러나 지나치게 강화된 법적인 제재는 연구 인력의 권리를 침해하거나 기업의 경쟁력을 위축시킬 수도 있습니다. 명백하고 심각한 피해를 초래한 범죄는 법으로 처벌해야 하겠지만 먼저 기업이 나서서 핵심 기술을 보호하고 유출을 감시해야 할 것입니다.

49

풀이

① 기술 유출 문제는 대기업뿐만 아니라 소규모 기업에서도 발생한다.
② 기술 유출 문제는 법적인 제재만으로 예방하기 어렵다. 먼저 기업이 나서서 핵심 기술을 보호하고 유출을 감시해야 한다.
③ 국내 기업의 기술 경쟁력이 향상되면서 기술 유출에 대한 우려가 커지고 있다.
④ 기술 유출 문제를 해결하기 위해서는 법률적으로도 제재를 해야 하고 기업이 스스로 핵심 기술을 보호하고 유출을 감시해야 한다.

50

풀이

여자는 기술 유출에 대한 기업의 대응 전략을 요구하고 있다.

쓰기 답안 예시

51
㉠ 우편으로 보내 주셔도 됩니다 / ㉡ 알려 주시기 바랍니다

52
㉠ 중요한 역할을 한다 / ㉡ 꿀벌이 서식할 수 있는 환경을 만들어야 한다

53

　구직자들의 대기업 선호 현상은 해가 갈수록 심화되고 있다. 이는 대기업과 중소기업의 평균 소득의 격차가 가장 큰 이유로 분석된다. 특히 연봉의 격차는 근속기간이 길수록 더 커지는 것으로 나타났다. 근속기간이 20년 이상인 경우 연봉은 거의 4천만 원의 격차를 보인다. 구직자들이 중소기업을 기피할 수밖에 없는 원인이 된다. 대기업 쏠림 현상을 막기 위해서는 정부 중심의 중소기업 육성 정책 마련이 시급하다. 정부는 중소기업의 연구 개발 인력을 지원하고 세제 혜택을 제공하는 등 인재들이 중소기업을 선택할 수 있도록 지원해야 한다.

유전자 조작이 안전성과 유효성만 담보된다면 여러 가지 측면에서 인간이 얻을 수 있는 것들이 많다. 선천적으로 장애를 가진 기형아 출생의 예방과 유전적 질병의 치료에 효과적으로 쓰일 수 있다. 또한 우수한 유전자를 가진 인재를 양성하여 다방면에서 크게 기여하게 할 수도 있다. 저출산으로 인한 사회 문제도 어느 정도 해결이 가능하고 희귀 질환의 유전적 요인도 제거할 수 있으며 유해 유전자 질환의 대물림도 방지할 수 있다.

　　인간의 염색체 서열 지도가 밝혀지면서 마침내 인간의 유전자 총량을 산출하게 되었고 인간의 유전자를 대상으로 하는 연구가 활성화되었다. 하지만 이에 따라 다양한 문제점들이 드러나고 있다.

유전자 조작의 안전성과 유효성이 임상적으로 완전하게 확립되지 못한 단계에서 무분별하게 실험이 진행됨으로써 우려가 커지고 있다.
　유전자 조작의 부작용과 문제를 줄이기 위해서는 유전자 변형을 이용한 치료와 활용 범위를 매우 제한적이고 소극적으로 규정해야 하며 고도의 과학적, 윤리적 기준을 두어 철저하게 통제해야 할 것이다. 인간을 대상으로 하는 유전자 관련 연구는 임상적 증거가 확실한 경우에만 진행할 수 있도록 규제하는 것이 절대적으로 필요하다. 범세계적인 기구나 공동체를 구성하여 서로 협력하고 새로운 정보를 공유함은 물론 유전자 조작의 결과가 인간에게 긍정적으로 활용될 수 있도록 다 함께 노력해야 할 것이다.

유전자 조작 기술은 다양한 분야에서 활용되어 인간에게 혁신적인 혜택을 제공하고 있다. 첫 번째로, 농작물에 유전자 조작 기술을 적용해서 병충해 혹은 기후 및 기타 환경에 저항성을 갖도록 할 수 있고 미래 식량난에 대처하는 작물을 대량 생산하거나 대체재를 생산하기도 한다. 두 번째로, 동물과 미생물을 대상으로 하는 유전자 조작 기술로 인간은 질병 치료제와 난치병 진단 시약 등을 개발해 인류의 생명 연장에 유용한 물질을 획득할 수 있다.

그러나 인간 중심으로 유전자 조작 기술을 활용한다면 위험한 결과를 초래할 수 있다. 동식물이 갖고 있는 특정 유전자의 조작은 자연적인 생태계의 다양성을 위협할 수도 있고 유전자 조작으로 만들어진 농작물의 안전성에 대한 문제도 제기될 수 있다. 질병 치료제의 경우 발굴 또는 임상 과정에서 수많은 동물이 희생되며 인위적으로 기형을 만들거나 돌연변이를 일으키기도 한다. 유전자 조작 기술로 일어날 수 있는 문제의 방지를 위해서 각 국가들은 철저한 규제로 투명하게 관리하여야 한다. 기업의 이익 추구나 연구자들의 과학적 경쟁보다 윤리 의식을 우선시하고 유전자 조작에 대한 법적, 사회적 가치 기준을 마련해야 한다. 유전자 조작으로 얻을 수 있는 혁신적인 기술 발전과 윤리적인 고려를 균형 있게 조화시키는 것이 필요하다.

읽기   정답 및 풀이

1	④	2	③	3	①	4	②	5	③
6	①	7	③	8	①	9	①	10	①
11	③	12	②	13	④	14	②	15	②
16	④	17	④	18	②	19	③	20	④
21	①	22	②	23	①	24	②	25	④
26	②	27	④	28	③	29	①	30	④
31	②	32	②	33	②	34	④	35	④
36	②	37	③	38	③	39	②	40	④
41	③	42	③	43	①	44	②	45	④
46	④	47	②	48	③	49	②	50	③

1

풀이

돈이 많아도 다 행복한 것은 아니라는 내용이다.

2

풀이

지금 도서관에 가려고 했다는 내용이다.

3

풀이

라면을 싸게 팔았기 때문에 많이 사 왔다는 의미와 유사한 표현을 찾아야 한다.

4

풀이

너무 화가 나서 참을 수가 없었다는 의미이다.

5

풀이

실내 공간이 넉넉하고 주행 중에도 편안한 자동차에 대한 광고이다.

6

풀이

신간 도서를 저렴하게 판매한다는 서점에 대한 광고이다.

7

풀이

자연을 깨끗하게 보존하자는 환경 보호 공익 캠페인이다.

8

풀이

약의 복용 방법에 대한 안내문이다.

9

풀이

① 이틀 동안 소음이 심할 것이다.
② 401동 2301호에서 내부 공사 작업을 한다.
③ 주말에는 작업을 하지 않는다.
④ 불편한 점이나 문의할 것이 있으면 전화로 연락하면 된다.

10

풀이

① 20대는 자동차를 살 때 디자인을 제일 많이 고려한다.
② 50대는 자동차를 구매할 때 가격을 가장 중요하게 생각한다.
③ 자동차를 살 때 50대가 20대보다 가격을 중요하게 생각한다.
④ 자동차를 살 때 20대가 50대보다 자동차 회사를 고려하는 사람이 많다.

11

풀이

① 부산의 상영관 4곳에서 국제 영화제 영화를 상영한다.
② 부산 국제 영화제 개막작은 한국영화가 선정되었다.
③ 부산 국제 영화제에는 총 269편의 영화가 상영된다.
④ 영화제 기간 동안 상영관을 다니는 셔틀버스를 운행할 것이다.

12

풀이

① 이 사고로 인한 인명 피해는 없었다.
② 화재가 난 지 약 8시간 만에 불이 꺼졌다.
③ 이 사고로 2억 원 상당의 재산 피해가 발생했다.
④ 전기버스라서 화재 진압이 어려웠다.

13

풀이

최근에 맨발 걷기 열풍이 불고 있는데 맨발 걷기가 건강에 도움이 되기 때문이다. 그러나 맨발 걷기는 발에 상처를 줄 수 있으므로 이물질이 없는 평평한 땅에서 하는 것이 좋다는 내용이다.

14

풀이

층간소음 문제로 불편했던 경험이 있어서 이사를 하자마자 양해를 구하러 갔는데 다행히 아랫집에 사시는 분이 따뜻하게 말씀해 주셨다는 내용이다.

15

풀이

전기차는 환경친화적이지만 충전 시간이 길어 문제였다. 그러나 최근에 초고속 충전 기술이 개발되어 판매가 급상승했다는 내용이다.

16

풀이

귀는 압력에 민감하기 때문에 비행기가 이착륙할 때 통증이 생긴다. 이럴 때 침을 삼키거나 껌을 씹으면 도움이 된다는 내용이다.

17

풀이

편의점 매출이 가장 높은 음료를 매장의 안쪽에 비치해 두고 고객을 매장 안으로 유도한다는 내용이다.

18

풀이

한여름 매미의 울음소리는 수컷이 짝짓기를 하기 위한 것이다. 즉 매미의 울음소리는 종족을 보존하기 위한 것이라는 내용이다.

19

풀이

성인 환자에 비해 치료 위험 부담이 크고 저출산으로 인한 소아 환자 숫자 감소로 소아청소년과를 기피하고 있다는 내용이다.

20

풀이

일도 힘들고 환자도 줄고 미래도 보장되지 않는 소아청소년과를 전공의들이 기피하는 것은 당연한 현상이라는 내용이다.

21

풀이

자동출입국심사 서비스가 시행되기 이전에는 여행객

들이 많이 몰리면 공항 심사대가 아주 복잡했다는 내용이다.

22

(풀이)

① 예전에 비해 휴가철이나 연휴에 해외여행을 가는 사람이 증가했다.
② 자동출입국심사 서비스를 이용하면 출입국 심사할 때 시간을 줄일 수 있다.
③ 주민등록증이 있는 사람은 사전 등록 없이 자동출입국심사 서비스를 이용할 수 있다.
④ 주민등록증을 발급받지 못한 사람은 사전 등록을 한 후에 자동출입국심사 서비스를 이용할 수 있다.

23

(풀이)

타임캡슐에 들어 있던 편지를 보며 밀려오는 초등학교 때의 추억들이 반갑고 그립다는 내용이다.

24

(풀이)

① 나는 이사를 준비하면서 타임캡슐을 개봉했다.
② 나는 초등학교 4학년 때 타입캡슐을 만드는 과제를 했다.
③ 나는 초등학교 때 수업이 끝나고 친구들과 떡볶이를 먹은 적이 있었다.
④ 나는 새집으로 이사를 가기 전에 창고를 정리하다가 타임캡슐을 발견했다.

25

(풀이)

인기 가수 이인주가 근거 없는 악성 댓글에 대해 법적으로 대응하겠다는 내용이다.

26

(풀이)

매운맛의 한국 고추장이 세계인에게 인기가 있다는 내용이다.

27

(풀이)

신제품의 가격을 올리지 않고 동결했지만 소비자의 반응이 별로 좋지 않다는 내용이다.

28

(풀이)

최근에는 누구나 쉽게 알아볼 수 있는 로고가 큰 제품보다 남들이 쉽게 알아보지 못하는 명품을 선호하는 경향이 있다는 내용이다.

29

(풀이)

염화칼슘은 수분을 흡수하는 성질이 있어서 폭설이 내렸을 때 염화칼슘을 뿌리면 수분을 빨아들여 빙판을 막는다는 내용이다.

30

(풀이)

복싱을 할 때 보통 뒤꿈치를 들고 계속 움직이기 때문에 뒤꿈치의 무게를 최소화하기 위해서 복싱화는 뒤꿈치가 없다는 내용이다.

31

(풀이)

기게스의 반지처럼 나를 드러내지 않는 익명성이 보장되면 자신에게 이로운 이기적인 행동을 할 가능성이 많다는 내용이다.

32

(풀이)

① 사물놀이는 실내에서 연주되는 음악이다.
② 사물놀이는 전통 타악기로 연주하는 음악이다.
③ 사물놀이는 4개의 타악기의 소리만으로 연주하는 예술이다.
④ 사물놀이는 꽹과리, 징, 장구, 북으로 연주한다.

33
풀이

① 전 세계적으로 꿀벌이 사라지고 있다.
② 꿀벌의 실종은 인류의 식량 위기 원인으로 작용할 수 있다.
③ 세계 식량의 90%를 차지하는 100대 농작물의 70% 정도가 꿀벌에 의해 수정이 된다.
④ 꿀벌의 실종 원인은 농약의 사용과 기후 위기인 것으로 추정하고 있다.

34
풀이

① 귀인이론은 행동의 원인을 추적하는 이론이다.
② 실패의 원인을 내적 귀인으로 찾는 사람이 성취도가 높다.
③ 실패의 원인 분석에 따라 동기 유발 양상이 다르다.
④ 외적 귀인은 운이나 과제의 난이도 문제 등을 실패의 원인으로 분석한다.

35
풀이

평균값은 함정이 있으므로 경제 지표를 발표할 때는 중앙값과 최빈값 등을 참고하여 적절한 값을 정하는 것이 바람직하다는 내용이다.

36
풀이

국민의 건강권 보장을 위해서라도 의과대학의 정원을 늘려야 한다는 내용이다.

37
풀이

드라이브 스루 매장으로 진출입하는 차량들로 인한 문제가 많으므로 드라이브 스루 매장에 대한 실태 조사와 함께 대책 마련이 필요하다는 내용이다.

38
풀이

대형 마트 의무 휴무일이 전통시장과 골목 시장 활성화에 도움이 되지 못하므로 유지할 명분이 없다는 내용이다.

39
풀이

그림과 화가의 생애가 중심인 책이라는 설명이 있는 문장 앞인 ⓒ에 들어가는 것이 적절하다.

40
풀이

뎅기열 발생 원인이 정확하게 밝혀지지 않았지만 전문가들은 기후 변화를 원인으로 지목하고 있다는 문장이므로 기후 변화로 인한 바이러스 확산에 대한 설명이 있는 문장 앞인 ⓒ에 들어가는 것이 적절하다.

41
풀이

종묘의 건물이 화려하지 않고 절제미가 있는 이유를 설명하고 있는 문장 뒤인 ⓒ에 들어가는 것이 적절하다.

42
풀이

부장은 영희의 과도한 친절이 부담스럽다.

43
풀이

① 영희는 4명의 언니가 있다.
② 영희의 직장 동료들은 영희를 피했다.
③ 영희의 어머니는 어린 영희를 방치하다시피 했다.
④ 영희는 아침에 일찍 출근하여 청소를 하곤 했다.

44
풀이

처음에는 단체 관람 정도였으나 응원 도구를 제작하거나 응원가를 선정하는 등 조직적으로 응원을 하게 되었다는 내용이다.

45

풀이

붉은 악마의 조직적이고 열정적인 응원이 선수들의 사기 충전에 큰 힘이 된다는 내용이다.

46

풀이

정부가 제안한 관광 단지 기준 완화와 세금 혜택 등의 지방 소멸 문제 대책이 실효성이 크지 않음을 지적하는 내용이다.

47

풀이

① 지방의 의료 체계는 부족하다.
② 구직을 위해 고향을 떠나는 젊은이들이 많다.
③ 인구 소멸 위험 지수가 높은 지역은 농어촌 지역이 많다.
④ 정부는 관광 단지 기준을 완화하여 인구 소멸 지역을 활성화시키고자 한다.

48

풀이

조별 과제 수행에 문제를 제기하는 학생들도 많지만 개인적인 성향이 강해지는 요즘 사회에서 협업의 과정인 조별 과제 수행은 필요하다는 내용이다.

49

풀이

조별 과제 수행에 있어 조원들이 합리적으로 역할을 분담하고 성실하게 수행한다면 갈등이 생기지 않는다는 내용이다.

50

풀이

① 조별 과제 수행을 통해 협업을 배울 수 있다.
② 조별 과제는 깊이 있는 주제를 다루기에 좋다.
③ 조별 과제는 보통 조별 단위로 평가가 이루어진다.
④ 조별 과제 수행 중에 갈등이 생기면 과제 수행을 중단한다는 내용은 없다.

제3회 실전 모의고사 정답 및 풀이

듣기 정답 및 풀이

1	②	2	③	3	③	4	②	5	①
6	④	7	③	8	④	9	①	10	②
11	①	12	③	13	②	14	①	15	④
16	②	17	③	18	①	19	④	20	③
21	②	22	②	23	②	24	④	25	③
26	③	27	③	28	②	29	④	30	④
31	②	32	③	33	②	34	③	35	②
36	③	37	①	38	②	39	①	40	③
41	③	42	①	43	②	44	②	45	②
46	②	47	②	48	③	49	③	50	④

1

여자: 이게 저한테 맞을 것 같은데 입어 봐도 돼요?
남자: 네, 거울 뒤쪽에 갈아입는 곳이 있습니다.
여자: 감사합니다.

풀이

여자가 가게에서 옷을 사려고 하는 내용이다.

2

남자: 힘들면 앉아서 좀 쉬어.
여자: 그래도 되겠어?
남자: 그럼, 이 정도는 나 혼자서도 할 수 있어.

풀이

여자는 힘들어서 쉬고 남자는 짐을 나르고 있는 내용이다.

3

남자: 외국인 유학생들이 한국어를 배우게 된 동기는 '한국 드라마'가 가장 많았습니다. 다음으로 '한국 음악'과 '한국 음식'이 뒤를 이었는데요. 그렇다면 이들이 한국어를 배운 후에 무엇을 하고 싶을까요? '대학이나 대학원 진학'이 45%로 가장 많았고 '취업'이 35%, '여행'이 15%로 나타났습니다.

풀이

한국어를 배우는 동기는 1위가 한국 드라마, 2위가 한국 음악, 3위가 한국 음식이다. 한국어를 배운 후에 하고 싶은 것은 1위가 대학이나 대학원 진학, 2위가 취업, 3위가 여행으로 나타났다.

4

> 여자: 민수야, 이거 네가 그린 그림이야? 참 좋네.
> 남자: 배우는 중이라서 아직 잘 못 그려.
> 여자:_____

 풀이
배우는 중이라는 남자의 말에 대한 대답을 찾아야 한다.

5

> 남자: 이번 연휴에 뭘 하실 거예요?
> 여자: 친구들과 같이 등산을 하기로 했어요.
> 남자:_____

 풀이
여자가 친구들과 같이 등산을 가기로 했다는 말에 대한 반응을 찾아야 한다.

6

> 여자: 여기 빈자리가 있으니까 이쪽으로 와.
> 남자: 그런데 여기 누가 쇼핑백을 두고 갔네.
> 여자:_____

 풀이
누군가 쇼핑백을 잃어버리고 간 상황에 맞는 말을 찾아야 한다.

7

> 여자: 아침에 들었는데 민수 씨가 눈길에 미끄러져서 다쳤대요.
> 남자: 저도 들었어요. 크게 다치지 않았어야 하는데 걱정이네요.
> 여자:_____.

 풀이
친구가 아픈 상황에서 말할 수 있는 내용을 찾아야 한다.

8

> 남자: 서비스센터죠? 온라인 결제를 하려고 하는데 자꾸 취소 메시지가 떠서요.
> 여자: 먼저 본인 명의의 휴대전화로 인증을 받으셔야 합니다.
> 남자:_____

 풀이
온라인 결제를 할 때 생기는 문제를 설명해야 한다.

9

> 여자: 주문은 내가 할 테니까 메뉴나 불러 줘.
> 남자: 친구들이 다 한식을 좋아하니까 아무거나 괜찮을 거야.
> 여자: 그럼, 이것저것 섞어서 시킬게. 음료수도 주문할까?
> 남자: 마실 건 내가 냉장고에 넣어 놨으니까 음식만 시키면 돼.

 풀이
남자가 음식을 시키라고 했으니까 여자가 음식을 주문하는 행동이 이어져야 한다.

10

> 남자: 예약자분의 신분증을 주시겠어요?
> 여자: 여기 있습니다. 지금 바로 입실해도 되나요?
> 남자: 2시 이후에 입실하실 수 있습니다. 지금 객실 정리 중이라서요.
> 여자: 그래요? 30분이나 더 기다려야겠네요.

 풀이
남자가 2시 이후에 입실할 수 있다고 했으니까 여자는 그 시간까지 기다려야 한다.

11

여자: 아무래도 이 의자가 불량품인가 봐.
남자: 그러게. 길이가 안 맞아서 그런지 불안정해.
여자: 쉽게 조립할 수 있다고 해서 주문했는데 안 되겠다.
남자: 혹시 방법이 틀렸을지도 모르니까 설명서 좀 다시 읽어 봐.

풀이

남자가 설명서를 읽으라고 했으니까 설명서를 읽는 행동이 이어져야 한다.

12

여자: 이제 두 분만 더 오시면 됩니다.
남자: 회의는 시간에 맞춰 시작합시다. 두 분은 오시는 대로 참석하면 될 것 같습니다.
여자: 자료는 인원수대로 복사해서 준비했는데 어떻게 할까요?
남자: 내용을 미리 보실 수 있게 나눠 주세요.

풀이

참석자들이 회의 자료를 미리 볼 수 있게 나눠 주라고 했으니까 자료를 참석자들에게 주는 행동이 이어져야 한다.

13

여자: 일요일에 박물관에 갔는데 관람객이 많아서 제대로 못 보고 왔어.
남자: 휴일이니까 당연히 붐비지.
여자: 그래도 사람이 그렇게 많을 줄 몰랐어. 평일에 한번 더 가야겠어.
남자: 그래? 그때는 나도 같이 가자.

풀이

① 여자는 박물관에서 관람을 했다.
② 휴일에 박물관에 관람객이 많아서 붐빈다.
③ 두 사람은 박물관 관람에 대해서 이야기하고 있다.
④ 남자는 평일에 여자와 같이 박물관에 가자고 했다.

14

(딩동댕)
여자: 안내 말씀드립니다. 오늘은 화재 시 대피 요령에 대한 교육이 실시됩니다. 잠시 후 11시에 화재 경보가 울리면 주민들께서는 계단을 이용해 대피하시기 바랍니다. 엘리베이터 안에 계신 분들은 제일 먼저 열리는 층에서 내려 비상계단을 이용하시기 바랍니다. 모두의 안전을 위한 훈련이니 적극적인 협조를 부탁드립니다.
(딩동댕)

풀이

① 잠시 후 11시에 화재 경보가 울릴 것이다.
② 화재가 발생했을 때를 대비한 훈련이다.
③ 계단은 항상 이용할 수 있다.
④ 화재 시 엘리베이터에서 빨리 내려야 한다.

15

남자: 야영 중 일산화탄소 중독으로 세 명이 사망하는 사건이 발생했습니다. 경찰은 야영객들이 텐트 안에서 난방 기구나 조리 기구를 사용하다가 사고가 난 것으로 보고 있습니다. 일산화탄소는 연료가 불연소되면서 발생하는데 농도가 높아져도 색깔과 냄새가 없어서 알아차리기 어렵기 때문에 치명적인 사고로 이어집니다.

풀이

① 이 사고는 야영을 하다가 발생했다.
② 야영객 세 명이 모두 사망한 사건이다.
③ 경찰이 사고를 낸 범인을 찾고 있다는 내용이 없다.
④ 사고의 원인은 일산화탄소 때문이다.

16

남자: 배우로서도 무척 성공하셨는데 이제 작가의 길을 가시겠다는 결심을 하게 된 계기가 있을까요?
여자: 저는 배우라는 직업을 사랑하고 제 적성에도 잘 맞습니다. 출연작에 대해 좋은 평을 해 주시는 분들 덕분에 일에 대한 보람도 느낍니다. 그런 점에서 배우는 제 천직이라고 할 수 있죠. 하지만 감독이나 연출가의 선택을 수동적으로 기다려야 하는 것이 배우입니다. 저는 그렇게 선택되기를 기다리며 살기보다는 제 삶을 능동적으로 채워 가고 싶습니다.

풀이

① 여자는 배우로 일하고 있다.
② 여자는 배우에서 작가로 직업을 바꾸려고 한다.
③ 여자는 선택되기를 기다리기보다는 능동적인 삶을 살고 싶어 한다.
④ 여자는 작가의 길을 가려고 한다.

17

남자: 한국 전통 음악 공연을 봤는데 정말 멋지더라.
여자: 그래? 전통 음악은 왠지 지루할 것 같은데 볼 만했어?
남자: 새롭게 편곡해서 아주 흥겹고 재미있었어. 전통도 시대와 환경에 맞게 변해야 호응을 받을 수 있지.

풀이

남자는 전통도 시대와 환경에 맞게 변해야 한다고 생각한다.

18

남자: 학비도 학비지만 생활비가 많이 들어서 아르바이트를 해야겠어.
여자: 알아본 곳은 있어? 요즘은 다들 아르바이트를 하려고 해.
남자: 식당이나 편의점은 자리가 많은데 난 학교에서 일하고 싶어서 기다리고 있어.

풀이

남자는 학교에서 아르바이트를 하고 싶어 한다.

19

여자: 해외 연수 지원 공고가 났던데 봤어?
남자: 너도 관심이 있어? 그럼 이번 설명회에 가서 필요한 정보를 들어.
여자: 설명회도 있어? 난 그냥 지원해 보려고 했는데.
남자: 연수 경험자들이 나와서 조언도 하고 질의응답 시간도 있어서 지원자들에게 유용할 거야.

풀이

남자는 설명회에 참석해서 해외 연수에 필요한 정보를 들으면 유용할 것이라고 생각한다.

20

여자: 국장님, 청년창업지원센터를 운영하고 계신데 설립 목적은 무엇인가요?
남자: 청년창업자들에게는 사업을 계획하고 시작하는 단계에서부터 많은 도움이 필요합니다. 그리고 성장 과정에서도 그때그때 지원이 필요하고요. 저희는 우수한 청년창업자들을 지속적으로 지원해서 지역 경제를 활성화하려는 목적을 가지고 있습니다.

풀이

남자는 청년창업지원센터에서 일하고 있으며 이 센터는 우수한 청년창업자들을 지속적으로 지원한다.

[21~22]

여자: 최근 들어 사원들의 이직이 늘어서 걱정입니다. 이러다가는 일에 차질이 생길 수도 있어요.
남자: 직원들의 이탈을 막으려면 회사와 일에 대한 만족도를 높여야 합니다. 복지제도가 잘 되어 있는 회사의 사원들이 만족도가 높고 결국 회사의 경쟁력을 높일 수 있다는 건 상식적인 얘기입니다.
여자: 하지만 복지제도를 늘리는 데는 비용이 들고 그건 회사에 부담이 될 거예요.
남자: 회사의 재정에 맞는 복지제도를 상담해 주고 지원도 해 주는 정부 기관이 있다니까 우리도 신청해 보죠.

21
풀이

남자는 복지제도가 잘 되면 사원들의 만족도가 높아지고 회사의 경쟁력을 높일 수 있다고 생각한다.

22
풀이

① 회사가 사원들의 복지 문제를 상담한다는 내용은 없다.
② 회사의 복지를 늘리려면 비용이 많이 든다.
③ 회사 직원들의 이직으로 일에 차질이 생길 수도 있다.
④ 회사의 경쟁력을 높이려면 사원들의 만족도를 높여야 한다.

[23~24]

남자: 여보세요? 신용카드를 분실해서 신고하려고 하는데요.
여자: 네, 저희 회사 카드만 분실하셨나요?
남자: 아니요. 카드가 여러 장 있었어요.
여자: 원하시면 신용카드 분실 일괄 신고 서비스를 통해서 타사 카드도 분실 등록을 하실 수 있습니다. 하지만 법인카드는 개인 명의로 발급받았어도 일괄 신고를 할 수 없고 별도로 분실 신고를 하셔야 합니다.

23
풀이

남자는 신용카드를 분실해서 신고하려고 전화했다.

24
풀이

① 법인카드는 개인 명의로 발급받는 경우도 있다.
② 신용카드를 분실하면 다시 발급받을 수 없다는 내용은 없다.
③ 법인카드를 분실하면 일괄 신고를 할 수 없고 별도로 분실 신고를 해야 한다.
④ 신용카드를 분실하면 일괄 신고 서비스를 통해서 타사 카드도 신고할 수 있다.

[25~26]

여자: 그동안 더위나 추위를 막아 주는 기능성 섬유가 다양하게 개발되었는데 이번에 연구팀에서 만든 섬유는 어떤 점에서 다른가요?
남자: 과학의 최종 목표는 인간에게 편의를 제공하는 것이라고 생각합니다. 특히 열악한 환경에서 일하거나 신체적으로 장애가 있는 경우에는 과학의 도움이 절실하죠. 이 섬유의 개발은 이런 기본적인 생각에서 시작되었습니다. 기온에 맞춰 옷을 입고 벗기가 어려운 경우에 냉각과 보온 기능을 함께 할 수 있는 특수 섬유가 필요하죠. 이 섬유는 열을 옷 밖으로 내보내거나 차단하는데 인간이 온도를 느끼기 전에 즉각적으로 반응해서 체온을 조절해 줍니다.

25
풀이

남자는 인간에게 편의를 제공하는 것이 과학의 최종 목표라고 생각한다.

26

풀이

① 이 섬유는 열을 빼내서 더위를 막을 수 있고 열을 차단해서 추위를 막을 수 있다.
② 이 섬유는 옷을 입고 벗기가 어려운 환경에 있는 사람들에게 도움이 된다.
③ 이 섬유는 냉각과 보온 기능을 모두 할 수 있다.
④ 이 섬유는 인간이 온도를 느끼기 전에 즉각적으로 반응해서 열을 조절한다.

[27~28]

남자: 신입생 오리엔테이션 때 사용할 학과 홍보 자료를 만들려고 하는데 좋은 생각이 있으면 좀 도와줘.
여자: 작년엔 설명이 너무 길고 지루했어. 이번엔 핵심적인 내용만 설명하고 나머지는 재학생들의 활동 영상을 활용해 보자.
남자: 그래도 학과에 대한 설명인데 흥미 위주로 가는 것보다는 진지한 게 낫지 않을까?
여자: 물론 네 생각도 일리가 있어. 하지만 일단 선배들의 영상을 통해서 진실하고 사실적으로 접근하면 더 내용에 집중할 거야.
남자: 그럼, 영상으로 처리할 부분을 정리해 보자.

27

풀이

남자는 신입생 오리엔테이션 때 사용할 학과 홍보 자료를 만들려고 여자에게 도움을 청하고 있다.

28

풀이

① 이 행사는 작년에도 있었다.
② 이 행사에는 신입생들이 참여한다.
③ 이 행사에서 학과 소개를 들을 수 있다.
④ 이 행사는 신입생들을 위한 것이다.

[29~30]

여자: 젊은이들이 일하고 싶어 하는 직장 중에 연예 기획사가 상위에 있다고 들었습니다.
남자: 배우나 가수 같은 직업에 대한 선호도가 높아지면서 연예인과 함께 일하는 데에 매력을 느끼는 것 같습니다. 하지만 저는 알려진 연예인들과 일하는 것이 아니기 때문에 연예 기획사에서 일한다는 특별한 느낌은 없습니다.
여자: 유명한 연예인을 안 만나신다면 기획사에서 일하는 보람이 없으시겠네요.
남자: 저는 음악 영재를 발굴해서 키우는 부서에서 일합니다. 재능 있는 친구들을 훈련시키고 대중들에게 알려지기까지 지원하고 관리합니다. 인기 가수로 성장하는 모습을 보면 뿌듯합니다.

29

풀이

남자는 음악 영재를 발굴해서 지원하고 관리하는 부서에서 일한다.

30

풀이

① 이 일은 알려지지 않은 연예인을 지원하는 일이다.
② 인기 가수로 성장하는 모습을 보면 뿌듯하다.
③ 남자는 알려지지 않은 연예인을 지원하고 관리한다.
④ 남자는 알려지지 않은 가수 지망생을 지원한다.

[31~32]

남자: 졸업을 앞둔 대학생이나 대학원생들은 논문을 써야 하는데 경험이 없어서 어려움이 많습니다. 그런데 최근에 논문 지도 수업에서 생성형 인공지능을 활용해 큰 효과를 보고 있습니다.
여자: 인공지능은 데이터에 의존해서 생성을 하기 때문에 사실이 아닌 데이터를 이용한다거나 데이터의 양이 부족하면 부적절한 결과물을 만들 수도 있을 것 같은데요.
남자: 인공지능이 만들어 준 내용을 그대로 논문으로 구성하는 것은 아닙니다. 학생들은 인공지능을 통해서 논문을 작성하는 방법을 배우고 참고할 수 있는 분야에 대한 정보를 얻습니다. 인간의 처리 능력과는 비교할 수 없을 만큼 빠른 속도로 작업을 수행하니까요.
여자: 표절 등의 부작용에 대한 우려도 큰 만큼 신중하게 접근해야 할 것 같습니다.

31
풀이

남자는 생성형 인공지능을 수업에서 활용해 큰 효과를 보고 있다고 말했다.

32
풀이

남자는 생성형 인공지능의 장점을 적극적으로 활용할 것을 주장한다.

[33~34]

여자: 이것은 태양열과 지열을 이용해서 온실의 온도를 조절할 수 있는 시설입니다. 신재생 에너지를 활용하기 때문에 농가의 비용 부담을 덜어 줄 수 있습니다. 이번에 개발된 에너지절감기술은 에너지 비용을 70% 이상 줄이고 연료 폐기물로 인한 환경오염을 개선하는 효과가 있습니다. 또한 태양열과 지열을 이용해서 50도 이상 데워진 물을 흘려보내는 방식으로 온실 내부의 습도 조절에도 용이합니다. 석유나 석탄 같은 화석 연료를 사용하면 대기는 심각하게 오염되고 우리의 생존을 위협하는 여러 문제가 발생합니다. 더구나 지금은 화석 연료가 고갈될 위기에 놓여 있지요. 그래서 화석 연료를 대신하고 자연에 영향을 덜 미치는 대체 에너지의 활용이 절실합니다.

33
풀이

여자는 화석 연료를 대신할 대체에너지의 활용이 절실하다고 설명하고 있다.

34
풀이

① 이 시설은 실내 온도를 높이지만 습도를 조절하기가 쉽다.
② 이 시설은 연료 폐기물이 발생하는 단점을 개선할 수 있다.
③ 이 시설은 따뜻한 물을 흘려보내서 난방을 한다.
④ 이 시설은 신재생 에너지를 사용해서 에너지 비용을 70% 이상 줄인다.

[35~36]

남자: 먼저 오늘 공청회에 참석해 주신 주민 여러분께 감사드립니다. 쓰레기 소각장 건립에 대해 걱정하시는 주민 여러분들께 사업의 취지를 말씀드리고 이해와 협조를 구하고자 자리를 마련했습니다. 현재 쓰레기를 타 지역으로 보내기 위해 우리는 많은 비용을 지불하고 있습니다. 그나마도 이제 받아주는 지역이 없어서 쓰레기를 쌓아 놓고 있어야 할 상황입니다. 우리 지역에 소각장을 건립하면 쓰레기 처리 비용을 줄일 수 있을 뿐만 아니라 정부의 지원도 받을 수 있습니다. 또 최첨단 시설로 건립되기 때문에 악취나 유해 물질이 발생하지 않습니다. 모두의 편의를 위한 계획이니 주민 여러분의 협조와 결단을 부탁드립니다.

35
풀이

남자는 지역에 쓰레기 소각장을 건립하기 위해 주민들을 설득하고 있다.

36
풀이

① 이 지역은 쓰레기를 타 지역으로 보내서 처리한다.
② 쓰레기 소각장을 건립하면 정부의 지원을 받을 수 있다.
③ 이 지역은 쓰레기를 처리하기 위해서 많은 돈을 쓰고 있다.
④ 이 지역의 주민들은 쓰레기 소각장을 건립함으로써 발생할 수 있는 문제 때문에 걱정한다.

[37~38]

남자: 셰어하우스는 최근 인기를 끌고 있는 공유경제의 대표적인 문화인데요. 공유 개념의 폭이 넓어지고 있는 것 같습니다.
여자: 그렇습니다. 이제는 물건이든 공간이든 소유하기보다는 함께 나누면서 효용성을 높이겠다는 생각이 공감을 얻고 있습니다. 예를 들어 자전거를 사고 싶지만 타는 시간보다 세워 두는 시간이 길다면 당연히 비효율적이겠지요. 그래서 생긴 것이 공유자전거입니다. 공유문화는 필요할 때 언제든지 이용할 수 있고 관리나 비용에 대한 부담은 덜 수 있는 경제적인 모델입니다. 개인적인 공간은 따로 쓰고 부엌이나 욕실 같은 공간은 함께 사용하는 셰어하우스도 공유문화로 자리 잡을 것입니다.

37
풀이

여자는 공유문화가 효율적이고 경제적인 생활방식이라고 생각한다.

38
풀이

① 공유하면 소유하는 것보다 효율적이다.
② 셰어하우스가 등장하기 전에도 공유문화가 있었다.
③ 공유는 물건, 공간 등 다양한 곳에서 사용되고 있다.
④ 공유는 개인적인 공간은 따로 쓰고 공동으로 사용하는 공간은 공유하는 방식이다.

[39~40]

여자: 정년을 연장하면 안 된다는 의견이 좀 의외입니다. 기대수명이 늘고 있는 상황에서 일할 수 있는 기간이 길어지면 좋지 않을까요?

남자: 정년 연장은 연금수령 시점을 고려해서 좀 더 유연하게 대처하기 위한 방안입니다. 퇴직 시기와 연금을 수령하는 시기에 차이가 나면 수입이 없는 기간이 생기고 경제적으로 불안정한 상황이 됩니다. 그래서 정부는 정년을 연장하고 그만큼 연금을 수령하는 시기를 늦추겠다는 계획입니다. 고령화로 인한 재정적 부담을 줄이고 고령자들이 지속적으로 일할 수 있는 이점이 있다고 주장하는 것이죠. 하지만 정년 연장을 반대하는 사람들은 몇 살에 퇴직을 하고 연금을 받느냐보다는 고령의 근로자들이 지속적으로 일할 수 있게끔 동기를 부여하는 것이 더 중요하다고 보는 겁니다.

39
풀이

여자는 정년을 연장하면 안 된다는 의견이 있다고 말했다.

40
풀이

① 정부가 정년을 연장하고 연금을 수령하는 시기를 늦추려고 한다.
② 고령의 근로자들에게 지속적으로 일할 수 있는 동기를 부여하는 것이 중요하다.
③ 고령화로 인해 국민의 재정적 부담이 늘고 있다.
④ 정년을 연장하면 연금을 받는 시기가 늦어진다.

[41~42]

여자: 이것은 신소재 중의 하나인 광섬유의 아름다운 모습인데요. 빛 신호를 전달하는 가느다란 유리나 플라스틱 섬유의 일종입니다. 광섬유를 만드는 데 금속 대신에 유리섬유를 쓰는 이유는 데이터 손실이 적고 고온에도 잘 견디기 때문입니다. 이 광섬유는 구리선보다 더 많은 양의 데이터를 더 멀리까지 전달할 수 있고 전자파의 간섭도 더 적게 받습니다. 머리카락 굵기의 광섬유 한 가닥으로 전화 1만 2,000회선 분량의 정보를 전달할 수 있죠. 세계는 종합정보통신망과 사무자동화 등의 통신 분야에 이러한 광섬유를 활용해서 고도의 정보화 사회를 이루었습니다. 우리가 편리하게 사용하고 있는 광통신의 주역이 바로 이 광섬유입니다.

41
풀이

여자는 광섬유가 광통신 사회의 주역이라고 설명한다.

42
풀이

① 광섬유는 금속보다 더 많은 데이터를 더 멀리까지 전달한다.
② 광섬유는 통신 분야에 이용된다.
③ 세계는 광섬유를 활용해서 고도의 정보화 사회를 이루었다.
④ 광섬유를 만드는 데 유리섬유를 사용한다.

[43~44]

남자: 바이러스나 세균, 암세포와 같은 외부의 침입자가 인체로 들어오면 우리 몸은 항체를 만들어서 싸운다. 이것을 면역 반응이라고 한다. 해로울 것으로 생각되는 외부의 물질이 인체에 들어오면 면역 체계가 활성화되고 항체가 만들어져서 외부의 물질을 공격하고 제거하는 것이다. 하지만 면역 체계가 제대로 작동하지 못하면 여러 가지 질병에 걸리게 되고 자신의 인체를 외부 침입자로 인식해서 공격하는 자가 면역 질환에도 걸린다. 뿐만 아니라 인체에 해롭지 않은 물질에도 과민하게 반응해서 정상 조직을 손상시키는 알레르기 반응을 일으키기도 한다. 지금 보고 있는 장면은 외부 침입자인 항원에 대해 항체가 어떻게 반응하는지를 보여주는데 이러한 과정을 인위적으로 만들어서 질병을 예방하는 것이 백신의 원리이다.

43
풀이

해로울 것으로 생각되는 외부의 물질이 인체에 들어오면 면역 체계가 활성화되고 항체가 만들어져서 외부의 물질을 공격하고 제거하는 면역 체계의 작동 방식을 설명한다.

44
풀이

인체에 해롭지 않은 물질에도 과민하게 반응해서 정상 조직을 손상시키는 것이 알레르기 반응이다.

[45~46]

여자: 청포묵 위에 빨간색, 하얀색, 까만색, 노란색, 초록색의 오색 고명이 올려진 이 음식은 모두가 좋아하는 탕평채입니다. 색감도 좋지만 강한 양념을 하지 않아서 아주 담백한 맛이 특징입니다. 녹두로 만든 묵에 김과 미나리 등 여러 가지 재료를 섞어서 먹는데 기록에 의하면 영조 때 처음 만들어졌다고 합니다. 당시 나라 전체가 여러 당파로 나뉘어서 서로 대립하고 갈등하면서 많은 폐해가 발생했습니다. 그래서 왕은 대립과 정쟁에서 벗어나기 위해 서로 화합하고 협력해야 한다고 생각했습니다. 이에 탕평책을 실시하게 되었고 화합을 강조하기 위해서 다양한 색과 맛의 재료가 고루 섞인 이 음식에 탕평채라는 이름을 붙였습니다. 어느 한 쪽으로 치우치지 않고 고르게 정치를 펴야 한다는 의미를 갖고 있습니다.

45
풀이

① 탕평채는 화합과 협력을 강조하기 위해서 만들기 시작한 음식이다.
② 탕평채는 여러 색깔의 재료를 고루 섞어서 만든다.
③ 탕평채는 강한 양념을 하지 않아서 담백한 맛이 특징이다.
④ 탕평채는 기록으로 존재하며 현재 모두가 좋아한다.

46
풀이

여자는 탕평채의 유래에 대해서 간단하게 설명하고 있다.

[47~48]

여자: 사회 전반에 만연해 있는 이분법적 사고 때문에 피로감을 호소하는 사람들이 많습니다. 아군이 아니면 적군, 선이 아니면 악이라는 극단적인 생각이 대립과 갈등을 조장하는 것 같습니다.

남자: 이분법적 사고는 전체를 옳고 그름의 둘로 가르는 흑백논리입니다. 하지만 현실은 이렇게 명쾌하게 나누어지지 않죠. 절충적이고 중도적인 회색지대가 있기 마련입니다. '유죄와 무죄', '진실과 거짓', '진보와 보수' 등의 이분법은 어떤 기준을 적용하냐에 따라서 맞을 수도 있고 그렇지 않을 수도 있습니다. 그러니까 기준만 타당하다면 얼마든지 설득력을 가질 수도 있다는 겁니다. 흑백논리 자체는 잘못된 것이 아니지만 모든 현상을 둘로 나누고 부적절한 기준으로 판단하는 대립의 관점은 우리 모두에게 도움이 되지 않습니다. 자신과 다른 견해는 틀린 것이 아니라 다양한 것이라는 생각이 우선되어야 합니다.

47

풀이

① 이분법적 사고는 기준에 따라서 맞을 수도 있고 그렇지 않을 수도 있다.
② 이분법적 사고는 대립과 갈등의 원인이다.
③ 현실은 절충적이고 중도적인 회색지대가 있기 마련이다.
④ 이분법적 사고는 잘못된 것이 아니지만 모든 현상을 둘로 나누고 부적절한 기준으로 판단하는 대립의 관점은 우리에게 도움이 되지 않는다.

48

풀이

남자는 이분법적 사고의 부정적인 면을 경계하고 자신과 다른 견해는 틀린 것이 아니라 다양한 것이라는 생각이 우선되어야 한다고 생각한다.

[49~50]

여자: 여러분은 멸종위기 생물에 대해 얼마나 알고 계십니까? 그저 개체수가 감소하기 때문에 안타까워서 보호해야 하는 생물이라고 생각하시나요? 사실 멸종위기 생물의 보호는 궁극적으로 인간의 생존을 위한 것입니다. 자연재해로 서식지가 파괴되거나 인간의 무분별한 남획과 무관심 속에서 보호받지 못하고 사라지는 생물이 매년 수천 종에 이릅니다. 더 많은 야생 동물과 식물이 위협 요인이 제거되거나 완화되지 않을 경우 가까운 미래에 멸종될 것입니다. 그런데 특정 종이 사라지게 되면 먹이사슬의 균형이 깨지고 인간에게도 위험이 닥치게 됩니다. 생태계를 구성하고 있는 다양한 생물 종이 조화와 균형을 유지할 때 모두가 공생·공존할 수 있기 때문입니다. 이제 사냥과 야생 서식지 개발 등의 인위적인 요인을 없애고 생물의 서식 환경을 악화시키는 기후변화를 되도록 빨리 막아야 합니다. 이러한 노력이 없이는 건강한 생태계를 회복할 수 없습니다.

49

풀이

① 기후가 변하면 동·식물이 멸종할 것이다.
② 인간이 생물들의 생존을 위협하는 요인을 제거해야 한다.
③ 동·식물의 서식지가 자연재해로 파괴되고 있다.
④ 동·식물의 보호를 위해 사냥과 야생 서식지의 개발을 금지하고 기후변화를 막아야 한다.

50

풀이

여자는 멸종위기 생물의 보호 방안을 촉구하고 있다.

쓰기 — 답안 예시

51
㉠ 원하는 회사에 취업을 했습니다
㉡ 꼭 한번 뵙고 싶습니다

52
㉠ 부상하고 있다
㉡ 큰 호응을 얻고 있다

53

　　통계청 조사 결과에 의하면 과반수가 넘는 학부모들이 교육비에 부담을 느끼고 있는 것으로 나타났다. 이는 사교육비 지출에 대한 부담으로 분석된다. 2022년 사교육비 총액을 살펴보면 2021년에 비해 10.8%가 증가한 26조 원이다. 실로 어마어마한 수치이다. 이처럼 사교육이 활성화된 원인을 분석해 보면 한국 사회의 높은 교육열과 공교육에 대한 믿음이 약하기 때문으로 해석된다. 또한 경쟁 중심의 사회에서 자녀를 성공시키고자 하는 부모의 열망도 사교육을 시키는 하나의 요인이 되고 있다.

인류는 현재의 경제 발전 수준에 이르기 위해서 엄청난 양의 석탄과 석유 같은 화석연료를 사용했다. 화석연료를 에너지로 해서 물자의 대량생산이 가능해졌고 인간의 생활은 예전과 비교도 안 될 만큼 편리해졌다. 그러나 이러한 편의를 제공받기 위해 공장을 짓고 교통수단을 확장하면서 많은 온실가스를 배출하고 있다.

온실가스는 대기를 오염시켜 인간을 비롯한 동물과 식물 모두에게 피해를 입히고 있다. 온실가스로 인해 지구의 연평균 기온이 올라가면서 북극의 얼음이 녹아 해수면이 상승하고 대기에 수증기 양이 많아져 평균 강수량이 증가한다. 그 결과 홍수, 가뭄 등의 자연재해가 발생하고 있다. 여기에 이상 고온, 이상 저온 등의 이상 기후까지 더해져 피해는 재해가 아닌 재앙의 수준에 이른다.

　온실가스를 줄이기 위해 각국 정부는 자국의 기업이나 조직들을 통제하는 정책을 시행하고 있다. 하지만 대기 관련 조치는 그 성격상 범지구적이기 때문에 국가 간 협의와 협조가 불가피하다. 그러나 온실가스의 규제에 대해 선진국과 개발도상국은 자국의 이익이나 공평성의 문제에 있어서 이견을 보인다. 그러므로 온실가스 문제의 해결은 선진국의 대폭적인 양보와 개발도상국에 대한 상당한 배려가 요구된다.

예시 2

　　온실가스는 대기 중의 수증기와 결합해서 온실의 유리막처럼 작용해 지구 표면의 온도를 높게 유지시킨다. 이러한 온실가스를 가장 많이 발생시키는 것은 화력발전이나 산업 생산에 사용된 화석연료이다. 전력을 생산하고 산업 공정의 에너지를 생산하기 위해서 사용된 석탄과 석유로부터 엄청난 양의 온실가스가 배출된다. 여기에 운송 수단과 난방용 연료도 한몫을 한다.

　　온실가스에 의해 지구온난화가 진행되면 지구의 기온이 올라가고 기후의 변화가 생긴다. 이것은 인간뿐만 아니라 동물과 식물의 생태계에 큰 영향을 미친다. 따뜻한 기온으로 빙하가 녹아 해수면이 상승하고 해양 및 육상 생물의 생태계가 붕괴된다. 또 열대 지역에서 나타나던 계절성 질병이 북부 지역으로 확대되어 큰 피해를 준다. 이처럼 온실가스는 자연환경을 파괴하고 인간의 건강에 직접적인 문제를 일으킨다.

　온실가스를 줄이기 위한 정책이 시행되지 않으면 향후 100년 동안 지구의 평균 기온이 최고 5.8도까지 상승할 것으로 예상된다. 최악의 상황을 막으려면 온실가스의 발생을 줄여야 한다. 개인 차원에서는 에너지 소비 효율이 높은 제품을 선택하고 친환경 소재의 제품을 사용해야 한다. 그러나 보다 중요한 것은 세계적인 차원에서 온실가스 감축을 위해 협력하는 것이다. 인류의 생존을 위해 정보를 공유하고 대책을 마련하고 실천해 나가야 한다.

읽기 정답 및 풀이

1	③	2	③	3	④	4	③	5	①
6	③	7	④	8	①	9	②	10	④
11	①	12	④	13	③	14	④	15	③
16	②	17	①	18	②	19	③	20	②
21	①	22	②	23	①	24	④	25	①
26	③	27	③	28	④	29	③	30	①
31	④	32	①	33	①	34	③	35	④
36	③	37	①	38	①	39	①	40	③
41	③	42	②	43	①	44	④	45	③
46	②	47	④	48	②	49	②	50	③

1
풀이
아이가 말을 듣지 않는다는 이유로 때리면 안 된다는 내용이다.

2
풀이
스트레스가 심해서 회사를 그만둘까 생각한다는 내용이다.

3
풀이
속아서 사는 것으로 생각하겠다는 의미와 유사한 표현을 찾아야 한다.

4
풀이
일찍 출발한 것을 후회한다는 의미와 유사한 표현을 찾아야 한다.

5
풀이
뭔가 먹고 싶을 때 좋은 과자에 대한 광고이다.

6
풀이
500원을 내면 한 곡을 부를 수 있는 노래방에 대한 광고이다.

7
풀이
가정에서 사용하는 에너지를 절약하자는 공익 캠페인이다.

8
풀이
화재가 발생했을 때 대피하는 방법에 대한 안내문이다.

9
풀이
① 전기차 충전 구역에 일반 차량은 주차할 수 없다.

② 전기차 충전을 방해하면 과태료를 내야 한다.
③ 전기차도 충전 시간을 초과하여 주차하면 과태료를 내야 한다.
④ 전기차 충전 구역을 훼손했을 때 20만 원의 과태료를 내야 한다.

10

풀이

① 개인적인 불안이 비만으로 인한 숙면 부족보다 더 많다.
② 호흡 곤란으로 인한 숙면 부족은 15%, 불면증으로 인한 숙면 부족은 25%이다.
③ 개인적인 불안으로 숙면을 취하지 못하는 한국인이 가장 많다.
④ 수면 시간이 규칙적이지 않아서 숙면을 취하지 못하는 사람이 가장 적다.

11

풀이

① 늘봄학교 프로그램은 무료이다.
② 늘봄학교는 초등학교 1, 2학년만 이용할 수 있다.
③ 올해 2학기부터 모든 초등학교에서 늘봄학교를 운영한다.
④ 늘봄학교는 정규 수업 이외의 시간에 다양한 프로그램을 진행한다.

12

풀이

① 이 사건은 밤 11시에 일어났다.
② 여성 승객은 처음에는 마약 투여 사실을 부인했다.
③ 택시 기사는 승객이 횡설수설해서 경찰서에 갔다.
④ 여성 승객은 마약 반응 검사를 받은 후에 체포되었다.

13

풀이

전개 속도가 빠르고 드라마나 영화로 제작되기도 하는 웹소설이 인기이다. 진입 장벽도 낮아서 웹소설 작가를 꿈꾸는 젊은이들이 증가했다는 내용이다.

14

풀이

아침형 인간이었던 내가 야간에 근무하는 직장에 취직하고부터 일상이 바뀌었다는 내용이다.

15

풀이

음주 강요와 잦은 빈도가 문제였던 회식 문화가 다양한 방식으로 대체되고 있다는 내용이다.

16

풀이

철인 3종 경기는 수영을 시작으로 사이클, 마라톤의 3종목을 쉬지 않고 실시하므로 인간의 체력의 한계에 도전하는 경기라는 내용이다.

17

풀이

실제 나이는 누구나 해마다 한 살씩 먹게 되지만 신체 나이는 평소의 관리에 따라 달라질 수 있다는 내용이다.

18

풀이

품종 개량을 통해 품질 개선뿐만 아니라 병충해에 대한 저항력을 높여 수확량을 증가시키기도 한다는 내용이다.

19

풀이

금메달의 수에 따라 올림픽의 순위가 결정되는 것은 금메달에 너무 많은 가치를 부여한다는 내용이다.

20

풀이

금메달의 수에 의한 올림픽 순위 결정보다 금메달과 은메달, 동메달에 차등 있는 점수를 부여하고 그 점수의 합산에 따라 순위를 정해야 한다는 내용이다.

21

풀이

개인정보 유출로 인한 피해가 아주 커지고 있어서 개인정보보호위원회에서 보완 대책을 만들었다는 내용이다.

22

풀이

① 각 기관에서 개인정보 보호 교육을 하는 것이 개인정보 유출 방지에 도움이 된다.
② 실수로 개인정보를 유출한 경우에도 처벌을 받게 된다.
③ 처벌 수위가 강화되면서 개인정보 유출의 위험은 감소했다는 내용은 없다.
④ 개인정보를 유출하면 최대 1억 원의 벌금이나 최고 10년의 징역형을 받는다.

23

풀이

엄마의 힘든 기색이 역력한 얼굴을 보고 여행 기간 내내 엄마를 보살피지 않았던 내 모습이 생각나면서 너무 죄송스러웠다는 내용이다.

24

풀이

① 엄마는 나와 함께 한 해외여행이 처음이었다.
② 엄마는 여행지에서 혼자 움직이려고 하지 않으셨다.
③ 나는 엄마의 걸음 속도에 맞추지 않고 앞서서 가곤 했다.
④ 나는 여행하는 동안 엄마에 대한 배려가 부족했다.

25

풀이

인기 배우들의 몸값이 너무 올라서 드라마를 제작하려는 의지가 꺾인다는 내용이다.

26

풀이

강한 바람까지 불어서 체감 온도가 영하 20도까지 떨어지는 등 전국이 아주 춥다는 내용이다.

27

풀이

경제가 좋지 않아서 가성비가 좋은 중고 가구나 저가 가구가 많이 팔린다는 내용이다.

28

풀이

자신의 저작물도 출처를 밝히지 않으면 자기표절이 되므로 주의해야 한다는 내용이다.

29

풀이

지구온난화의 영향으로 수온이 올라가면 산호초는 조류를 방출하게 되고 이로 인해 산호초의 백화 현상이 발생한다는 내용이다.

30

풀이

햇빛 반사율이 높은 스키장에서 안구를 보호하는 장비 없이 스키를 즐기다가 안구에 치명적인 손상을 입을 수 있다는 내용이다.

31

풀이

보통 사람들은 거짓말을 하게 되면 거짓이 밝혀질까 봐 불안해하고 초조해하지만 리플리 증후군은 거짓말에 대한 불안이나 죄책감을 느끼지 않는다는 내용이다.

32

풀이

① 침팬지는 인간과 가장 유사한 동물이다.
② 침팬지는 주로 과일을 먹지만 동물을 잡아먹기도 한다.
③ 침팬지는 인간들의 밀렵으로 인해 개체수가 줄었다.
④ 침팬지는 도구를 사용하는 영리한 동물이다.

33
풀이
① 새들을 위해 감을 다 따지 않고 남겨 둔다.
② 감나무 꼭대기에 달려 있는 감이 가장 맛있다는 내용은 없다.
③ 펄벅 여사는 1960년에 한국을 처음 방문했을 때 까치밥에 대한 이야기를 들었다.
④ 펄벅 여사는 까치밥을 작품의 소재로 활용하였다.

34
풀이
① 학습 동기는 학업성취도에 영향을 미치는 중요한 요인이다.
② 학습 동기의 분류 방법은 여러 가지가 있다.
③ 내적 동기는 학습 그 자체가 목적이 된다.
④ 외적 동기는 칭찬이나 보상 등이 학습의 원인이다.

35
풀이
취업자 수는 증가하였지만 청년층 취업자 수는 급격히 감소했다. 정부와 기업은 청년들이 원하는 일자리를 제공해야 한다는 내용이다.

36
풀이
무전공 선발 정책의 장점이 있지만 교육정책은 다양한 의견 수렴과 정확한 실태 파악 등의 충분한 준비가 먼저 이루어져야 한다는 내용이다.

37
풀이
고래의 노래 소리는 서로의 긴밀한 소통 수단이라는 내용이다.

38
풀이
스스로가 죽음을 선택할 수 있도록 안락사를 허용해야 한다는 내용이다.

39
풀이
주인공이 이유 없이 당하는 내용이므로 억울하게 당하는 주인공을 통한 학교 현실을 묘사하고 있다는 문장 앞인 ㉠에 들어가는 것이 적절하다.

40
풀이
자동차에 탑재되어 있는 기술이 완전하지 않다는 문장이므로 자율주행 기술이 있어도 주의해야 한다는 문장 앞인 ㉢에 들어가는 것이 적절하다.

41
풀이
정월대보름의 풍습을 구체적으로 설명하고 있는 문장 앞인 ㉢에 들어가는 것이 적절하다.

42
풀이
부장에 대한 불만이 많았던 민철이 회의실을 박차고 나왔지만 어디로 가야 할지 몰라서 막막함을 나타내고 있다.

43
풀이
① 민철은 부장과의 갈등이 잦았다.
② 부장이 영업부로 부임을 했다.
③ 경제가 좋아지면서 민철의 회사도 온기가 돌았다.
④ 경제가 호황일 때라서 민철은 무난히 입사를 했다.

44
풀이
땅이 비옥하지 않아서 농사를 지을 수가 없었기 때문에 제주도 여성들이 바다에 들어가 해산물을 채취해 생활했다는 내용이다.

45

풀이

유네스코 인류 무형 문화유산인 해녀 문화를 지키기 위해 정부의 다양한 지원이 필요하다는 내용이다.

46

풀이

나노 플라스틱의 유해성과 허용 기준의 국제적인 합의가 이루어지지 않은 상태에서 연구 결과를 발표한 것은 소비자들에게 불필요한 공포심을 줄 수 있음을 우려하고 있다.

47

풀이

① 나노 플라스틱의 허용 섭취량의 기준은 정해지지 않았다.
② 나노 플라스틱은 1마이크로미터보다 작은 플라스틱을 말한다.
③ 나노 플라스틱의 유해성에 대한 의견은 학자에 따라 엇갈린다.
④ 생수에 들어 있는 미세 플라스틱 중에서 나노 플라스틱이 제일 많다.

48

풀이

국경없는의사회의 후원금이 부족하여 운영에 어려움이 많으므로 후원을 요청하는 내용이다.

49

풀이

국경없는의사회의 명칭은 의사들의 모임인 것처럼 보이지만 실제로는 의료, 행정, 기술 지원 등의 다양한 분야가 있다는 내용이다.

50

풀이

① 국경없는의사회는 생존의 위협을 느끼는 지역에 가서 활동을 한다.
② 국경없는의사회의 의료진의 급여는 높지 않다.
③ 국경없는의사회의 운영 자금은 대부분 개인 후원금이다.
④ 국경없는의사회의 행정과 기술 지원 종사자가 전체의 40%를 차지한다.

제4회 실전 모의고사 정답 및 풀이

듣기 정답 및 풀이

1	①	2	③	3	③	4	②	5	③
6	①	7	④	8	②	9	③	10	④
11	④	12	②	13	④	14	②	15	③
16	③	17	④	18	④	19	②	20	③
21	④	22	③	23	①	24	②	25	③
26	②	27	②	28	①	29	③	30	①
31	②	32	④	33	④	34	②	35	④
36	③	37	②	38	④	39	①	40	④
41	④	42	②	43	④	44	③	45	③
46	①	47	③	48	④	49	④	50	④

1

여자: 수하물 금지 품목은 없습니까?
남자: 네, 없습니다.
여자: 부치실 가방을 모두 올려 주십시오.

풀이
남자가 공항에서 수하물을 부치고 있는 내용이다.

2

남자: 지하철을 잘못 탔어. 반대 방향으로 가는 지하철을 탔어.
여자: 그래? 어떡하지? 약속 시간에 늦겠는데….
남자: 할 수 없지. 다음 역에서 내려서 갈아타자.

풀이
지하철을 타고 가다가 지하철을 잘못 탄 것을 알게 되는 내용이다.

3

남자: 2012년 이후 반려동물을 키우는 가정이 지속적으로 늘고 있습니다. 가장 많이 키우는 반려동물은 강아지가 75.3%, 그리고 고양이가 그 뒤를 이었습니다. 그다음으로 어류, 조류, 파충류 순으로 나타났습니다.

풀이
반려동물을 키우는 가정은 2012년 이후 계속 늘고 있다. 많이 키우는 반려동물의 종류는 강아지, 고양이, 어류, 조류, 파충류 순이다.

4

> 여자: 민수야, 요즘도 자전거로 출퇴근을 해?
> 남자: 그럼. 교통비도 절약이 되고 건강도 좋아지고 일석이조야.
> 여자: _____

풀이

자전거 출퇴근의 장점에 대한 대답을 찾아야 한다.

5

> 남자: 다음 달에 귀국하는데 쓰던 가구를 어떻게 처리해야 할지 모르겠어요.
> 여자: 중고 가구 판매 사이트에 올려 보는 것은 어때요?
> 남자: _____

풀이

중고 가구 판매 사이트를 이용해 보라는 여자의 조언에 대한 대답을 찾아야 한다.

6

> 여자: 식당 예약했어?
> 남자: 어제 전화했는데 예약이 마감되었대.
> 여자: _____

풀이

식당 예약이 마감되어서 다른 방법을 알아보는 문장을 찾아야 한다.

7

> 여자: 주말부터 다시 기온이 영하로 뚝 떨어진대요.
> 남자: 엊그제는 날씨가 포근해서 봄 날씨 같았는데….
> 여자: _____

풀이

날씨의 변화가 심한 것과 관계가 있는 내용을 찾아야 한다.

8

> 남자: 핸드폰 수리 센터지요? 핸드폰 수리를 맡기려고 하는데요.
> 여자: 오늘 수리 접수는 마감되었습니다.
> 남자: _____

풀이

오늘 핸드폰 수리 접수가 마감되었으므로 다른 날 접수하려는 내용을 찾아야 한다.

9

> 여자: 입지 않는 옷들을 좀 버려야겠어.
> 남자: 무조건 버릴 게 아니라 깨끗한 옷은 정리해서 봉사단체에 보내자.
> 여자: 좋은 생각이야. 내가 상자를 가져올 테니까 분류해 보자.
> 남자: 그래. 창고에 큰 상자들이 있을 거야.

풀이

남자가 창고에 상자가 있다고 했으므로 여자가 창고에 가서 상자를 가져오는 행동이 이어져야 한다.

10

> 남자: 손님, 이제 내시경 검사를 하러 가실 텐데요. 가지고 있는 소지품은 없어요?
> 여자: 핸드폰이 있는데요.
> 남자: 그럼 사물함에 핸드폰을 넣어 두고 오십시오.
> 여자: 네, 알겠습니다.

풀이

남자가 사물함에 핸드폰을 두고 오라고 했으므로 사물함에 소지품을 두고 오는 행동이 이어져야 한다.

11

남자: 다리를 다쳐서 헬스클럽에는 당분간 못 가겠구나.
여자: 응. 아직 기간이 많이 남았는데 너무 돈이 아까워.
남자: 기간 연장 신청을 하면 되잖아.
여자: 그건 생각도 못했네. 지금 당장 가서 해야겠다.

풀이

남자가 헬스클럽 기간 연장 신청을 하라고 했다. 헬스클럽에 기간 연장 신청을 하러 가는 행동이 이어져야 한다.

12

여자: 행사 참석 여부를 최종 확인하여 좌석 배치 완료했습니다.
남자: 혹시 추가로 오시는 분이 계실지 모르니 여분의 좌석도 마련해 주세요.
여자: 네. 그럼, 뒤편에 추가 좌석을 준비하겠습니다.
남자: 행사 시작이 얼마 남지 않았으니 서둘러 주세요.

풀이

남자가 서둘러 여분의 좌석을 마련하라고 했으므로 행사장에 추가 좌석을 배치하는 행동이 이어져야 한다.

13

여자: 핸드폰 바꾸었구나. 화면도 크고 너무 좋다.
남자: 지난주에 핸드폰 액정이 깨졌는데 수리비가 너무 비싼 거야. 그래서 할 수 없이 새 걸로 샀어.
여자: 핸드폰 보험에 가입하면 수리비가 거의 무료야.
남자: 그래서 이번에는 보험에 가입했어.

풀이

① 남자가 구매한 핸드폰에 대해 이야기하고 있다.
② 남자는 수리비가 비싸서 새 핸드폰을 샀다.
③ 남자의 전 핸드폰은 액정이 깨졌다.
④ 여자는 남자의 새 핸드폰이 마음에 든다.

14

(딩동댕)
여자: 안내 말씀드립니다. 조금 후인 정각 9시부터 마감 세일을 실시합니다. 내일은 우리 마트가 휴무일이므로 큰 폭으로 할인 판매를 합니다. 공산품을 제외한 신선 식품은 모두 할인 판매를 진행합니다. 특히 수산물은 최대 50%까지 할인 행사를 하오니 고객 여러분께서는 저렴한 가격으로 싱싱한 생선을 구매하시기 바랍니다.

풀이

① 조금 후인 9시부터 세일을 시작한다.
② 공산품은 할인 판매를 하지 않는다.
③ 수산물은 최대 50% 할인하여 판매한다.
④ 내일 이 마트는 휴무일이다.

15

남자: 어제 오후 2시쯤 여의도 백화점 엘리베이터에서 70대 노인이 갑자기 쓰러졌습니다. 다행히 함께 타고 있던 간호사가 즉각 심폐소생술을 실시한 덕분에 노인은 의식을 되찾을 수 있었습니다. 이 간호사는 서울 시내 병원 심장내과에서 근무하는 여성으로 현재 육아휴직 중인 것으로 알려졌습니다.

풀이

① 백화점 엘리베이터에서 노인이 쓰러졌다.
② 이 간호사는 현재 육아휴직 중이다.
③ 이 간호사는 노인과 같은 엘리베이터를 타고 있었다.
④ 70대 노인은 간호사 덕분에 의식을 되찾았다.

16

남자: 관객 1,000만 명을 돌파한 것을 축하합니다. 이 영화의 인기 비결이 뭘까요?
여자: 요즘 역사적인 사건을 소재로 하는 영화가 많은데 이 영화도 역사적인 사건을 다루고 있는 영화입니다. 이 영화는 무엇보다 뛰어난 연출력으로 긴박했던 상황을 세밀하게 잘 묘사한 것이 인기 비결이라고 봅니다. 이를 통해 주 관객층인 젊은 세대들이 아픈 역사를 잘 이해하고 공감하게 만든 거지요. 소재는 다소 무겁지만 역사적인 사건을 잘 해석했다는 평가를 받고 있습니다.

풀이

① 이 영화는 젊은 세대에게 인기가 있다.
② 이 영화는 젊은이들이 공감할 수 있도록 만들어졌다.
③ 천만 명이 넘는 사람이 이 영화를 관람했다.
④ 요즘 역사적인 사건을 다루고 있는 영화가 많다.

17

남자: 직항은 너무 비싸. 경유하는 비행기표는 거의 절반 가격이야.
여자: 여행 기간이 길지도 않은데 이동에 많은 시간을 쓰는 건 아닌 것 같아. 피곤하기도 하고.
남자: 그래도 여행 경비가 넉넉하지도 않은데 가성비를 따져 봐야 하는 거 아니야?

풀이

남자는 시간이 좀 더 걸리더라도 가격이 싼 경유 비행기표를 사는 것이 좋다고 생각한다.

18

남자: 김 과장은 왜 월말에 휴가를 내는 거야?
여자: 휴가는 자기의 일정에 맞춰서 쓰는 거지.
남자: 월말은 모두가 바쁠 때인데 동료에게 피해를 줄 수 있는 시기는 피해야지.

풀이

남자는 모두가 바쁠 때를 피해서 휴가를 쓰는 것이 좋다고 생각한다.

19

여자: 신입사원 교육 중에 선배님들과의 만남은 정말 유익했던 것 같아.
남자: 맞아. 실제 현장에서의 경험들을 이야기해 주니까 정말 도움이 됐어.
여자: 그래. 막연히 생각했던 회사 생활이 좀 더 구체화되는 느낌이었어.
남자: 회사에 대해 궁금한 점들을 편하게 질문할 수 있어서 더 좋았어.

풀이

남자는 선배들과의 만남이 도움이 되었다고 생각한다.

20

여자: 오케스트라 지휘자의 중요한 역할은 무엇인가요?
남자: 오케스트라는 다양한 악기의 연주자들이 함께 합주합니다. 지휘자는 이러한 오케스트라를 이끄는 선장이지요. 작품의 특성을 잘 파악하여 연주자들 간의 조화를 이루어 하나의 작품을 완성해 나가는 것이 지휘자의 역할이라고 생각합니다.

풀이

남자는 작품의 특성을 파악하여 연주자들 간의 조화를 이루도록 하는 것이 지휘자의 역할이라고 생각한다.

[21~22]

여자: '천원의 아침밥'에 대한 반응이 폭발적입니다.
남자: 아침을 거른 채 등교하는 학생들이 많은 데다가 저렴한 가격으로 제공하는 것이 좋은 반응을 이끌어 낸 것 같습니다. 좀 더 많은 학생들이 혜택을 볼 수 있는 방안을 마련해 주십시오.

여자: 올해의 예산으로는 확대하기가 쉽지 않을 것 같습니다.
남자: 동문들이나 교직원들에게 기부를 받거나 지자체의 협력을 받을 수 있는 방법이 없을까요?

21
풀이

남자는 더 많은 학생들에게 혜택을 주는 것이 좋다고 생각한다.

22
풀이

① 이 사업에 대한 반응이 폭발적이다.
② 동문들의 기부 등의 협력 방안을 찾으려고 한다.
③ 아침을 먹지 않고 학교에 오는 학생이 많다.
④ 이 사업에 대한 올해의 예산을 늘리기가 어렵다.

[23~24]

남자: 안녕하십니까? 인주 종합병원입니다. 오늘 오후 2시까지 입원약정서와 신분증을 가지고 원무과로 오셔서 입원 수속을 하시면 됩니다.
여자: 제가 병실을 이인실로 신청했는데요. 혹시 다인실로 변경이 가능한가요?
남자: 현재는 일인실과 이인실만 가능합니다. 입원하신 후에 다인실에 자리가 나면 옮길 수 있습니다.
여자: 네, 알겠습니다. 감사합니다.

23
풀이

남자는 입원 수속에 대한 안내를 하고 있다.

24
풀이

① 여자는 이인실을 신청했다.
② 입원 수속은 원무과에 가서 해야 한다.
③ 여자는 입원한 후 자리가 나면 다인실로 옮길 것이다.
④ 병실은 자리가 나면 바꿀 수 있다.

[25~26]

여자: 2대째 가업으로 법성포 굴비를 생산하고 계시는데요. 법성포 굴비가 이렇게 인기를 끄는 비결이 있을까요?
남자: 전남 영광의 법성포 굴비는 고가임에도 불구하고 많은 사람들이 찾고 있습니다. 굴비의 질을 좌우하는 것은 생선의 신선도, 염장과 건조법이라고 생각합니다. 법성포 앞바다에서 잡은 싱싱한 조기를 1년 넘게 보관하여 간수가 빠진 영광의 천일염으로 염장을 합니다. 게다가 지리적으로 법성포는 북서풍이 불고 일조량이 풍부해 생선을 건조시키는 데 천혜의 조건을 갖추고 있습니다.

25
풀이

법성포는 지리적으로 굴비를 생산하기 좋은 지역이라고 생각한다.

26
풀이

① 1년 넘게 보관한 소금으로 염장을 한다.
② 남자는 대를 이어 이 일을 하고 있다.
③ 법성포 굴비는 고가이다.
④ 싱싱한 생선으로 굴비를 만든다.

[27~28]

남자: 수미야, 공동주택에 입주하려고 알아보고 있다면서?
여자: 응. 사실은 원룸이 편하고 좋은데 보증금과 월세가 너무 비싸서 공동주택을 생각하고 있어.

남자: 내가 작년에 공동주택에서 살았잖아. 함께 생활하는 사람이 있으니까 외롭지도 않고 관리비 등을 나눠 내니까 경제적이지. 근데 난 기존의 입주민들과 생활 습관이 맞지 않아서 좀 힘들었어.
여자: 아, 그런 문제도 있겠구나. 난 경제적인 면만 생각했네.
남자: 네가 공동생활이 맞는 성격인지도 생각해 봐.

27

풀이

남자는 공동주택을 알아보고 있는 여자에게 공동주택에서 살았을 때의 장단점에 대해 알려 주려고 한다.

28

풀이

① 공동주택은 관리비를 분담해서 낸다.
② 여자는 공동주택보다 원룸이 편하다고 생각한다.
③ 원룸은 보증금과 월세가 비싼 편이다.
④ 남자가 작년에 공동주택에서 살았다.

[29~30]

여자: 이번에 개발한 새로운 테이프의 특징이 무엇입니까?
남자: 세계적으로 택배를 많이 이용하는 나라 중의 하나가 우리나라입니다. 택배에 사용되는 종이 박스는 재활용되는 제품이지요. 그런데 종이 박스에 테이프가 붙어 있는 채로는 재활용이 쉽지 않습니다.
여자: 테이프가 재활용이 되지 않는 폐기물이기 때문이군요.
남자: 맞습니다. 이번에 개발한 테이프는 재활용할 수 있는 세계 최초의 친환경 테이프입니다. 종이 박스에서 테이프를 분리하지 않아도 재활용이 가능한 거지요. 게다가 기존의 테이프에 비해 접착력을 증가시킨 것도 큰 특징이라고 볼 수 있습니다.

29

풀이

남자는 친환경 포장 테이프를 개발하는 사람이다.

30

풀이

① 종이 박스는 재활용 대상이다.
② 우리나라의 택배 이용률의 증감에 대한 내용은 없다.
③ 새로운 테이프는 접착력이 증가되었다.
④ 종이 박스에 테이프가 붙어 있는 경우 재활용에 문제가 있었다.

[31~32]

남자: 신입사원 부서 배치안을 검토했는데요, 전공과 무관하게 부서 배치가 되어 문제가 있는 것 같습니다.
여자: 신입사원들이 희망하는 지역을 최우선으로 고려하였습니다.
남자: 근무지보다 사원들이 자신의 역량을 잘 발휘할 수 있도록 적재적소에 배치하는 것이 중요하지요.
여자: 네. 다시 재조정해 보도록 하겠습니다.

31

풀이

남자는 희망하는 근무지보다 신입사원들이 역량을 발휘할 수 있도록 전공과 관련이 있는 부서에 배치해야 한다고 생각한다.

32

풀이

남자는 희망 근무지를 중심으로 배치한 것에 대한 문제를 지적하며 자신의 의견을 주장하고 있다.

[33~34]

여자: 우리가 감상하는 미술 작품의 이면에는 복원 전문가의 세심한 손길이 들어 있는 경우가 많습니다. 아무리 보존을 잘한다고 해도 빛에 의한 색의 변질이나 사용된 재료의 변질 등으로 인한 자연적인 변화는 막을 수가 없기 때문입니다. 게다가 전시나 운반으로 인한 사고나 고의적인 훼손으로 작품이 손상될 때도 있습니다. 이런 경우 복원 전문가들은 먼저 상태 조사를 실시합니다. 작품의 현재 상태를 점검하고 확인한 후 가장 이상적인 복원 방법을 찾는 거지요. 복원 작업에서 가장 중요한 것은 작품 재료에 대한 이해입니다. 작품 재료에 따라 복원 방법이 달라지기 때문에 복원사의 손기술뿐만 아니라 화학의 원리에 대한 이해가 아주 중요합니다.

33

풀이

미술품의 복원이 필요한 경우와 그 방법에 대한 내용이다.

34

풀이

① 미술품은 보존을 잘한다고 해도 빛이나 재료에 의한 변질이 생긴다.
② 미술품의 재료에 따라 복원 방법은 다르다.
③ 복원사들은 손기술과 함께 화학의 원리에 대한 이해가 아주 중요하다.
④ 고의적인 훼손 등으로 작품이 손상되었을 때 복원사들의 복원 과정이 진행된다.

[35~36]

남자: 장애 어린이를 전문으로 치료하는 어린이 재활 병원이 첫 삽을 뜬 지 3년 만에 오늘 드디어 개원을 하게 되었습니다. 10년 전 사고로 장애를 입은 한 어린아이가 적절한 치료를 받지 못하고 병원을 전전하다 결국 숨을 거두는 일이 있었습니다. 그때 장애 어린이 전용 재활 병원의 필요성을 절감했습니다. 이 병원이 설립될 수 있도록 도움을 주신 인주시 관계자 여러분께 감사의 인사를 전합니다. 선뜻 부지를 내어 주셨기 때문에 첫발을 내딛을 수 있었습니다. 그리고 각계 인사와 시민 등 2만 명이 넘는 기부자와 인주 기업의 전폭적인 지원이 없었다면 오늘의 이 자리는 없었을 것입니다. 앞으로도 15만 장애 어린이들이 적절한 치료를 받으며 건강을 되찾을 수 있도록 최선을 다하겠습니다.

35

풀이

남자는 장애 어린이 전용 재활 병원의 개원식에서 개원 과정과 소감의 밝히며 인사말을 하고 있다.

36

풀이

① 이 병원은 3년 전에 공사를 시작했다.
② 이 병원은 장애 어린이를 위한 병원이다.
③ 2만 명이 넘는 사람들이 이 병원 설립을 위해 기부했다.
④ 인주시에서 병원 부지를 기부했다.

[37~38]

남자: 중고 의류 판매 사이트가 젊은 세대뿐만 아니라 중년층에게도 큰 인기를 끌고 있네요.
여자: 네. 판매자의 불편을 해소하고 구매자의 요구를 잘 반영한 게 주요했다고 봅니다. 기존의 중고 의류 판매와 달리 판매자는 옷을 집 앞에 내놓기만 하면 됩니다. 저희가 수거해서 판매를 하지요. 검수 과정에서 소비자가 원하는 브랜드인지, 오염은 없는지를 확인합니다. 새 옷 같은 유명 브랜드 옷을 저렴하게 판매하는 거지요. 그리고 반품과 환불도 확실하게 하니까 재구매율이 60% 이상을 유지하고 있습니다.

37
풀이

여자는 판매자의 불편을 해소하고 구매자의 요구를 잘 반영했기 때문에 사업이 성공했다고 생각한다.

38
풀이

① 이 사이트는 반품과 환불을 확실하게 할 수 있다.
② 이 사이트에서는 중고 의류를 싸게 판매한다.
③ 이 사이트에서는 판매자가 집 앞에 옷을 내놓기만 하면 된다.
④ 이 사이트 이용자들의 60% 이상이 재구매를 한다.

[39~40]

여자: 한국 경제의 문제라기보다는 세계 경제의 흐름이 한국의 기준 금리를 인상하게 만든 중요한 요인이었던 거군요. 그럼, 앞으로 한국은행의 금리 정책에 대해서 어떻게 전망하십니까?
남자: 현재까지 다섯 차례의 금리 인상으로 인해 어느 정도의 물가 안정 목표는 달성했다고 봅니다. 금리 인상으로 경기가 침체되고 경기 침체는 많은 사람들의 일자리를 빼앗는 원인이 됩니다. 물가 안정과 고용 안정이라는 두 마리의 토끼를 잡기 위해서 내년 하반기부터는 점진적으로 금리가 인하되리라고 예상합니다.

39
풀이

여자는 세계 경제의 흐름으로 인해 한국의 기준 금리가 인상되었다는 설명을 들었다.

40
풀이

① 금리가 오르면 물가는 안정된다.
② 금리가 인상되면 경제가 침체된다.
③ 지금까지 다섯 차례 금리가 올랐다.
④ 내년 하반기부터 금리가 내려갈 것으로 예상한다.

[41~42]

여자: 물의 힘을 이용하여 에너지를 얻는 방법이 수력 발전이지요. 지금 보시는 화면에 있는 물레방아도 수력 발전의 원리와 동일합니다. 아마 어린 학생들에게는 다소 생소할 수 있는 물레방아는 물레와 방아의 합성어입니다. 물레는 물의 낙차를 이용해 돌아가는 것인데 그 힘을 이용해 방아를 찧습니다. 이런 물레방아는 곡식을 찧을 때 사용하는 기구이지만 우리에게는 많은 문학 작품이나 노래 가사, 옛날이야기에 등장하는 것으로 익숙하지요. 물레방아는 물길을 따라 세우다 보니 골짜기 등 외진 곳에 많이 있었습니다. 그래서인지 문학 작품에 나오는 물레방앗간은 뭔가 은밀하고 비밀스러운 밀회가 이루어지는 곳으로 심심찮게 나옵니다. 현재는 관광지나 유명 음식점 등에 장식용으로 많이 활용되고 있는데요. 아무리 물레방아가 많아진다고 해도 옛날의 끈끈하고 은밀한 정서는 되살릴 수 없는 것 같습니다.

41
풀이

여자는 물레방아가 곡식을 찧을 때 사용하는 기구이지만 우리에게는 끈끈하고 은밀한 정서를 담고 있음을 설명한다.

42
풀이

① 요즘은 관광지나 유명 음식점에서 물레방아를 볼 수 있다.
② 물레방아와 수력 발전의 원리는 같다.
③ 물레방아는 곡식을 찧을 때 사용된다.
④ 보통 골짜기 등 외진 곳에 물레방아가 있었다.

[43~44]

남자: 더운 여름이 되면 각 가정에서 초파리로 인해 몸살을 앓는 경우가 많다. 잠시 방치해 두면 음식이 있는 곳이나 쓰레기통에 수많은 초파리들이 들끓게 된다. 가정에서 이러한 초파리는 불청객이므로 초파리를 박멸하는 많은 방법을 공유하기도 한다. 그러나 이러한 초파리는 각종 질병 치료 등 과학적인 발견을 위한 중요한 실험 대상이다. 초파리의 크기는 아주 작지만 초파리의 유전자는 약 1만 3,000개 정도이다. 게다가 질병과 관련된 유전자는 인간의 유전자와 75% 가량이 유사하다고 알려져 있다. 이런 이유로 다운증후군이나 알츠하이머, 자폐증의 연구에 초파리가 활용되기도 했다. 또한 기르기가 쉽고 수명이 짧다는 것도 실험 대상으로는 장점이 된다.

43
풀이

초파리는 각종 질병 치료와 과학적인 발견을 위한 중요한 실험 대상이라고 설명한다.

44
풀이

초파리는 기르기가 쉽고 수명이 짧기 때문에 실험 대상으로 많이 사용된다.

[45~46]

여자: 한국의 전통적인 저장 용기인 옹기는 주로 고추장, 된장, 간장 등의 발효식품을 저장하는 그릇으로 널리 사용되었습니다. 옹기는 크기도 다양하고 모양도 다양합니다. 도자기는 주로 관상용인 반면 옹기는 실생활에 많이 사용되는 용기입니다. 이처럼 옹기가 실생활에 다양하게 활용되는 이유는 옹기가 지니고 있는 여러 가지 특성 때문인데요. 옹기는 제작 과정에서 뜨거운 불로 굽게 되는데 이때 흙 속에 있던 작은 모래 알갱이로 인해 구멍이 생깁니다. 이러한 구멍은 외부와 내부의 공기를 통하게 하는 통로가 됩니다. 그래서 옹기를 숨 쉬는 그릇이라고 말하지요. 옹기의 특성인 통기성은 내용물을 부패하지 않고 잘 저장하게 하는 중요한 요인이 됩니다.

45
풀이

① 옹기의 크기와 모양이 다양하다.
② 옹기가 실생활에 많이 사용되는 그릇이었다.
③ 옹기는 고온의 온도로 구워서 만드는 그릇이다.
④ 옹기는 외부와 내부의 공기를 통하게 하므로 음식을 저장하기에 좋다.

46
풀이

여자는 실생활에 다양하게 활용되는 옹기의 특성에 대해 설명하고 있다.

[47~48]

여자: 저출산으로 인한 지방 소멸이 큰 문제가 되고 있습니다. 이에 대한 하나의 대책으로 정부에서 지방 소멸 대응 기금을 배분하고 있는데요. 내년부터 변경되는 기금 배분 기준에 대해 논란이 많습니다.

남자: 네. 정부는 3년 전부터 지역이 주체가 되어 인구 감소 문제를 해결할 수 있도록 기금을 지원해 왔습니다. 내년부터는 일괄적인 지원이 아니라 우수한 평가를 받은 지역에 더 많은 기금을 배분하겠다는 것인데 취지는 좋다고 해도 실효성에 문제가 있습니다. 평가가 목적이 되면 지역 간의 과열 경쟁을 조장하게 됩니다. 게다가 장기적인 전략을 수립하여 추진하는 데 어려움을 겪게 될 수 있습니다. 당장의 평가를 잘 받아야 기금을 확보할 수 있기 때문입니다.

47

풀이

① 지방 소멸 대응 기금이 부족하다는 내용은 없다.
② 저출산으로 인해 지방이 소멸되고 있다.
③ 기금 배분 기준 변경에 대해 논란이 많다.
④ 앞으로는 지역 평가 결과에 따라 기금액이 달라진다.

48

풀이

남자는 일괄적인 기금 배분이 아니라 평가 결과에 따른 기금 배분으로 배분 기준이 변경된 것에 대해 우려하고 있다.

[49~50]

남자: 왜 잘생긴 남자나 예쁜 여자에게 더 호감을 느끼게 되는 걸까요? 인간의 감각 수용의 약 80%가 시각에 의존하기 때문입니다. 그러므로 뇌는 무의식적으로 외모를 보고 호감과 비호감을 느낄 가능성이 높습니다. 외모의 우월이 능력의 우월과 동일하지 않다는 것을 이성적으로 잘 알고 있지만 첫인상은 외모에 많은 영향을 받게 되지요. 그러다 보니 외모가 경쟁력의 한 부분이 되어 많은 사람들이 내적인 아름다움보다는 외적인 미에 치중하게 됩니다. 곳곳의 광고판을 장악하고 있는 성형수술 전과 후를 비교한 모습 등은 외모지상주의를 부추기고 있습니다. 그러나 앞으로의 세상은 판에 박은 듯한 외모보다는 개성이 우위를 차지할 것 같습니다. 이미 유명 회사의 광고 모델만 보더라도 우리가 흔히 미의 기준으로 삼는 잣대에는 맞지 않는 개성 있는 인물들이 많이 발탁되고 있습니다. 천편일률적인 것보다 각각의 개성을 인정받는 사회가 되고 있다고 할 수 있습니다.

49

풀이

① 첫인상은 외모에 많은 영향을 받는다.
② 성형수술의 전과 후를 비교하는 광고가 많다.
③ 앞으로는 개성을 인정받는 사회가 될 것이다.
④ 인간이 느끼는 감각 중에 시각이 차지하는 비율이 약 80%로 높다.

50

풀이

남자는 유명 회사 광고 모델 발탁 등을 예로 들며 개성을 인정받는 사회가 되고 있음을 설명하고 있다.

쓰기 답안 예시

51

㉠ 거의 새 책이나 다름없습니다
㉡ 관심이 있으신 분은

52

㉠ 이렇다 할 효과를 얻지 못했다
㉡ 진정한 의미에서의 교육 개혁이 이루어져야 한다

53

　　직장인들이 점심을 해결하는 방법으로 회사 근처 식당에서 먹는 비율이 34.5%로 가장 높은 것으로 나타났다. 구내식당 이용이 29.1%, 편의점 도시락 이용이 13.1%로 그 뒤를 이었다. 외식 물가가 오르면서 편의점 도시락 매출이 급성장하고 있다. 편의점 도시락 매출 변화를 살펴보면 2013년 779억 원에서 2023년에는 60,00억 원이 넘어선 것으로 나타났다. 편의점 도시락의 매출 성장은 경제적인 이유와 함께 다양한 종류의 도시락을 개발하여 소비자의 입맛을 공략한 것이 성공 비결인 것으로 분석된다.

자존감이란 자신의 감정, 욕구, 생각을 소중하게 여기는 마음이다. 또한 외부 환경이나 인간 관계에 영향을 받지 않고 자신에게 내리는 평가이다. 자존감의 정도는 우리의 삶에 있어서 스스로를 가치 있다고 느끼는 정도이며 자기 정체성의 기초와 그것을 지탱해 주는 주요 자원이다.

　자존감이 높은 사람은 자기 자신의 삶을 긍정적으로 평가하고 어려움이 있어도 절망하거나 좌절하지 않으며 주어진 상황을 이겨내려고 노력한다. 반대로 자존감이 낮은 사람들은 자기 자신에 대해 비판적이며 실패를 극복하고 원래의 자리로 돌아오는 것이 힘들게 된다. 그래서 새로운 도전이나 힘든 일을 자꾸 회피하게 되는 것이다.

자존감을 높이기 위해서는 먼저 자신이 가지고 있는 자기에 대한 부정적인 믿음이 무엇인지 신중히 생각해서 찾아내고 그것을 있는 그대로 인정하는 것이다. 누구나 모든 일에 있어 항상 완벽하려고 노력할 필요는 없다. 자신에게 너무 엄격한 기준을 정하지 말고 좀 더 친절하고 관대해져야 한다. 또한 부당한 일이나 내키지 않는 일에는 거절할 수 있는 것도 자존감을 높이는 데 도움이 될 수 있다. 자존감을 높이는 것은 하루아침에 되는 것이 아니라 충분한 시간을 갖고 작은 것부터 지속적으로 실천해 나가는 노력을 해야 한다.

예시 2

　　인간은 스스로의 품위를 지키면서 자기 자신을 존중하고 자신의 삶과 행동을 독립적으로 관리할 필요가 있다. 이러한 삶을 만들기 위해서 자존감이 필요하다. 자존감은 자신을 믿고 자기 주도적인 삶을 살게 하며 자신만의 성공 스토리를 만들면서 행복을 추구하게 한다.

　　인간은 기본적으로 자기 향상을 도모하는 존재이다. 혹시 빠져들지도 모르는 나태함 속에서 스스로를 일으키고 앞으로 나아가게 하는 힘이 자존감이다. 학교에서든 직장에서든 자신에 대한 믿음과 잘 할 수 있다는 긍정적인 감정이 모든 일에 에너지로 작용한다. 자신에 대한 신뢰가 높으면 타인을 경계하거나 배척할 필요가 없다. 자신이 주체가 되어 주변 사람들의 도움을 이끌어 내고 건강한 사회생활을 할 수 있다.

 자존감을 높이기 위한 방안으로는 먼저 자신을 사랑하는 마음이 중요하다. 다른 사람과 자신을 비교해서 자신을 폄훼하거나 보잘것없는 존재로 여겨서는 안 된다. 인간은 모두가 다른 장점을 가지고 있다는 대평등의 사고가 중요하다. 어느 하나의 기준으로 자신이 남보다 낮다고 생각할 필요는 없다. 자신이 가진 장점을 찾고 그것을 믿어야 한다. 그리고 자신의 장점이 잘 발현될 수 있는 일을 찾아서 용기 있게 도전해야 한다.

읽기 정답 및 풀이

1	②	2	②	3	④	4	④	5	①
6	②	7	③	8	①	9	②	10	③
11	②	12	①	13	④	14	④	15	②
16	③	17	④	18	③	19	④	20	③
21	④	22	②	23	①	24	②	25	③
26	②	27	④	28	①	29	③	30	②
31	③	32	②	33	②	34	②	35	①
36	③	37	③	38	②	39	③	40	②
41	①	42	②	43	②	44	③	45	②
46	③	47	①	48	④	49	②	50	④

1
풀이
밥을 급하게 먹은 결과로 소화가 안 된다는 내용이다.

2
풀이
어머니가 나에게 책을 읽게 시켰다는 내용이다.

3
풀이
길이 좁은 상황에 또 심한 상황을 더한다는 의미와 유사한 표현을 찾아야 한다.

4
풀이
시합에서 질 가능성이 있다는 의미와 유사한 표현을 찾아야 한다.

5
풀이
옷을 깨끗하게 빨 수 있는 세탁기에 대한 광고이다.

6
풀이
재산을 안전하게 맡길 수 있는 은행에 대한 광고이다.

7
풀이
아랫집을 배려해서 윗집이 층간소음을 줄여야 한다는 공익 광고이다.

8
풀이
배수관을 교체하는 공사에 대한 안내문이다.

9
풀이
① 이 대회에는 외국인이 참가할 수 있다.
② 이 대회는 홈페이지에 게시하거나 방문해서 작품을 제출할 수 있다.
③ 이 대회의 입상자는 개별로 알린다.
④ 이 대회는 먼저 참가 신청을 하고 나중에 작품을 제출한다.

10
풀이
① 예산의 39.8%를 사회·복지에 사용한다.
② 재난 관리보다 지역경제지원에 더 적은 예산을 쓴다.
③ 외교와 통일 예산의 2배 이상을 국방비로 쓴다.
④ 지역경제를 지원하는 예산이 교육 부문보다 적다.

11
풀이
① 올해는 인공지능을 활용한 출품작이 예년보다 늘었다.
② 올해는 소비자를 분석한 데이터를 바탕으로 만든 작품들이 상을 받았다.
③ 올해는 소비자 분석을 바탕으로 기발한 아이디어를 보여 준 작품들이 수상했다.
④ 올해는 실천이 가능한 솔루션을 보여 준 작품들이 상을 받았다.

12
풀이
① 집중호우로 피해를 입은 지역을 특별재난지역으로 선포하고 지원을 하기로 했다.
② 집중호우로 피해를 입은 지역을 지원하도록 대통령이 지시했다.
③ 집중호우로 피해가 심한 지역을 재난지역으로 지정하기 위해서 사전 조사가 이루어졌다.
④ 큰 피해를 입은 지역 중 13개 지역이 특별재난지역으로 우선 선포되었으며 다른 지역도 피해 조사를 실시해서 선포할 계획이다.

13
풀이
우리는 지원서를 많이 쓰는데 정해진 형식은 없지만 심사위원들이 긴 글을 좋아하지 않기 때문에 자신의 강점을 간단하고 명확하게 써야 한다는 내용이다.

14
풀이
외국 생활의 재미는 새로운 경험이며 이것을 위해 그곳 사람들의 생활을 따라해 보면 재미도 있고 그곳 사람들도 이해할 수 있다는 내용이다.

15
풀이
생애주기는 일생의 발달단계이며 개인의 사회적 역할이 주기를 결정하는 데 영향을 미친다. 사회적 역할은 교육 기간, 일하는 기간, 퇴직 시기 등으로 정해지며 주기는 수명 연장과 사회 변화로 달라진다는 내용이다.

16
풀이
전자레인지는 음식을 데울 때 불이 아닌 전자기파를 이용해서 물 분자를 회전시켜 음식물의 온도를 높인다는 내용이다.

17
풀이
위조지폐가 유통되면 경제에 피해를 줄 수 있기 때문에 위조지폐를 쉽게 확인할 수 있도록 위조방지장치를 다양하게 사용한다는 내용이다.

18
풀이
연어는 집을 찾기 위해서 처음 바다로 들어갈 때의 자기장을 기억한다는 내용이다.

19
풀이
아무 생각 없이 버리는 플라스틱이나 일회용기 등이 환경을 파괴하고 결국 사람에게 나쁜 영향을 미칠 것이라는 내용이다.

20
풀이
재활용 쓰레기의 활용률을 높여야 쓰레기를 줄이는 효과를 기대할 수 있다는 내용이다.

21
풀이

국제 곡물 가격이 오르면 우리 경제도 더욱 나빠질 수 있는 위험한 상황이라는 내용이다.

22
풀이

① 국제 곡물 가격이 인상될 것 같다.
② 친환경 연료의 생산에 곡물이 사용된다.
③ 기상이변 때문에 곡물의 생산이 감소했다.
④ 곡물의 수요가 늘어서 곡물의 가격이 인상될 것이며 결과적으로 식료품 값이 오를 것이다.

23
풀이

엄청난 양의 과제를 내주는 교수님이 싫고 불만스럽다는 내용이다.

24
풀이

① 나는 교수님에게 숙제가 많다고 솔직하게 말씀드린 적이 없다.
② 교수님의 말에 묘하게 설득된다는 것은 어느 정도 공감한다는 의미이다.
③ 친구의 숙제를 베껴서 제출한 학생이 있기는 하지만 '나'는 아니다.
④ 숙제가 교수의 가르침과 통제에서 벗어나 스스로 배우는 것이라고 교수가 말했다.

25
풀이

무인점포의 종류가 다양해지면서 물건을 훔치는 사건이 많아졌다는 내용이다.

26
풀이

화재로 피해를 입은 지역이 빨리 복구되지 않아서 그 지역에 살고 있는 주민들이 불편을 겪고 있다는 내용이다.

27
풀이

물가가 올라서 간편음식을 먹는 사람이 많아지면서 건강이 위험해졌다는 내용이다.

28
풀이

노인들은 핵가족화에 따른 외로움을 고통스럽게 생각한다는 내용이다.

29
풀이

온돌은 구들장이 열기를 잘 보존하고 열손실을 최소화하도록 설계되어 있다는 내용이다.

30
풀이

여성의 신체가 축구에 적합하지 않다는 이유로 정규 경기장을 사용하지 못하도록 금지한 차별적 규제 때문에 여자 축구의 명맥이 끊어졌다는 내용이다.

31
풀이

일중독은 인간관계나 건강에 문제가 생기는 경우에도 일에 소비하는 시간을 제한할 수 없는 상태라는 내용이다.

32
풀이

① 최초의 인류 이후에 불을 사용할 수 있었다.
② 최초의 인류는 도구를 만들어 사용했다.
③ 최초의 인류는 직립보행을 했다.
④ 최초의 인류는 현생 인류보다 작은 두뇌를 가졌다.

33
풀이

① 고로쇠나무는 한국 각지에 분포하고 있다.
② 고로쇠나무의 수액에는 뼈에 유익한 성분이 들어 있다.

③ 고로쇠나무의 수액은 인공림을 조성해서 채취하기도 한다.
④ 고로쇠나무는 수액을 쉽게 채취하기 위해서 인공적으로 관리하기도 한다.

34
풀이

① 사춘기에는 상황에 적절히 대응하지 못한다.
② 사춘기에는 많은 변화를 겪으며 자신의 가치관을 형성한다.
③ 사춘기에는 바람직한 사고나 행동에 대한 개념이 생긴다.
④ 어린 시절에는 어른들의 사고방식을 모방하고 흡수하려고 한다.

35
풀이

가짜 뉴스에 대한 강력한 법적 조치가 있어야 하며 법적 규제를 강화해야 한다는 내용이다.

36
풀이

지진 비상대피 교육이 효과를 거두려면 실제 상황에서 올바르게 적용할 수 있도록 현장 중심으로 훈련이 진행되어야 한다는 내용이다.

37
풀이

동물실험은 인간을 제외하고 환경과의 상호관계를 연구할 수 있는 유용한 방법이라는 내용이다.

38
풀이

모든 상황에서 여성들이 다양성과 능력을 펼치고 평등하게 결정권을 행사할 수 있어야 하고 이러한 변화가 모두에게 이득이 될 수 있는 사회가 되어야 한다는 내용이다.

39
풀이

보통 소설 속의 상황이 사람들의 관심을 끌지 못한다는 문장 다음인 ㉢에 들어가는 것이 적절하다.

40
풀이

그럼에도 불구하고 많은 나라들이 우주 탐사에 나선다는 내용이므로 우주 탐사에 대한 부정적인 의견을 설명하는 문장 다음인 ㉡에 들어가는 것이 적절하다.

41
풀이

어진을 귀하게 모셨다는 내용이므로 사진을 찍을 수 없었다는 문장 앞인 ㉠에 들어가는 것이 적절하다.

42
풀이

남편이 만들어 준 바구니에 대한 소중함을 나타내고 있다.

43
풀이

① 나는 바쁘게 사느라고 고향을 찾지 못했다.
② 내 고향은 바닷가이고 나는 고등학교를 졸업하고 고향을 떠났다.
③ 내 고향에 기차역이 있고 근처에 서당골이라는 곳이 있다.
④ 나는 서울에 살고 어머니를 만나러 고향에 왔다.

44
풀이

돌고래가 다양한 초음파를 통해서 친구들에게 위험 상황을 알리거나 상대 돌고래와 소통하고 협력하는 등 기발하고 뛰어난 의사소통 방법을 가지고 있다는 내용이다.

45

풀이

돌고래는 상황에 따라 다양한 의사소통 방법을 사용한다는 내용이다.

46

풀이

여론을 조작하는 행위는 표현의 자유를 넘어선 범죄 행위이며 반드시 이를 처벌할 수 있는 법적인 규제가 마련되어야 한다는 내용이다.

47

풀이

① 대중들은 조작된 여론에 의해 불안감을 느낀다.
② 온라인 댓글은 불특정 다수의 의견이 아니라 조작된 경우도 많다.
③ 일부 회사가 댓글을 조작하지만 법적인 규제가 마련되지 않아서 처벌을 받지 않고 있다.
④ 조작된 댓글은 인터넷 사용자들의 표현의 자유가 아니라 범죄 행위이다.

48

풀이

다수결 원칙의 문제점을 제기하는 내용이다.

49

풀이

자신과 다른 의견으로 결정이 되더라도 모두 수용하는 것이 다수결의 원칙이라고 생각한다는 내용이다.

50

풀이

① 다수결의 원칙은 절차적으로 공정하다고 평가할 만하다.
② 다수결의 원칙은 문제를 해결하기 위한 방법 중의 하나이다.
③ 다수결의 원칙은 모든 참여자가 책임을 나누는 것이 원칙이다.
④ 다수결의 원칙은 결정 내용에 찬성보다 반대가 많을 수도 있다.

제5회 실전 모의고사 정답 및 풀이

듣기 　 정답 및 풀이

1	②	2	④	3	④	4	②	5	②
6	④	7	③	8	④	9	④	10	①
11	①	12	②	13	①	14	②	15	②
16	③	17	③	18	④	19	③	20	④
21	②	22	①	23	③	24	①	25	④
26	①	27	③	28	④	29	①	30	④
31	④	32	③	33	①	34	③	35	②
36	①	37	④	38	③	39	④	40	③
41	④	42	①	43	④	44	①	45	②
46	③	47	③	48	②	49	④	50	④

1

여자: 세탁을 맡기려고 하는데요.
남자: 네. 여기에 모두 올려 주세요.
여자: 언제 찾으러 오면 돼요?

풀이
여자가 세탁소에서 세탁을 맡기는 내용이다.

2

남자: 논문 발표 준비를 다 했어?
여자: 지금 발표 자료를 만드는 중이야. 이렇게 만들면 될까?
남자: 이 부분은 좀 더 간략하게 정리하면 좋을 것 같은데.

풀이
남자가 여자의 논문 발표 자료에 대해 조언을 해 주는 내용이다.

3

남자: 50대가 노후 대책을 가장 잘 준비하고 있는 것으로 나타났습니다. 다음으로 40대가 그 뒤를 이었습니다. 그럼 어떻게 노후 대책을 준비하고 있을까요? 노후 대책 준비 방법으로 연금이 45%로 가장 많았고 다음으로 부동산이 25%, 예금과 적금이 18%, 퇴직금이 7%, 기타가 5%로 나타났습니다.

풀이
노후 대책 준비는 50대가 가장 잘 준비하고 있고 다음은 40대이다.
노후 대책 방법으로는 연금이 45%, 부동산이 25%, 예금과 적금이 18%, 퇴직금이 7%, 기타가 5%이다.

4

여자: 내일이 수미 생일인데 선물을 샀어?
남자: 뭘 사야 할지 몰라서 아직 못 샀어. 너는 샀어?
여자: _____

풀이

생일 선물을 사지 않았다는 남자의 말에 대한 대답을 찾아야 한다.

5

남자: 창업을 하려고 하는데 어디에서 정보를 구할 수 있는지 모르겠어요.
여자: 학교에서 창업 정보 공유 프로그램을 개설한다고 하던데요.
남자: _____

풀이

창업 정보 공유 프로그램을 개설한다는 여자의 말에 대한 대답을 찾아야 한다.

6

여자: 겨울옷을 사야 하는데 백화점에 갈 시간이 없네.
남자: 온라인으로 구매해. 직접 가지 않아도 되니까 편해.
여자: _____

풀이

여자가 백화점에 가서 옷을 사는 이유를 찾아야 한다.

7

여자: 내년에는 연봉이 인상되지 않는다고 하네요.
남자: 정말요? 저는 당연히 인상될 거라고 기대하고 있었는데요.
여자: _____

풀이

연봉이 인상될 것을 기대한 남자에게 연봉 인상이 되지 않는 이유를 설명하는 내용을 찾아야 한다.

8

남자: 내일 저녁 식사를 예약하려고 하는데요. 창가 쪽 좌석으로 2명 부탁합니다.
여자: 창가 쪽 좌석은 이미 예약이 다 찼습니다.
남자: _____

풀이

내일 저녁은 창가 쪽 좌석이 모두 예약되었다는 여자의 말에 다른 대안을 제시하는 내용을 찾아야 한다.

9

여자: 음식량이 는 것도 아닌데 왜 체중이 증가하는 걸까?
남자: 음식량도 중요하지만 어떤 음식을 먹느냐도 중요하지.
여자: 그럼 내가 오늘 먹은 음식부터 다 써 봐야겠다.
남자: 그게 아주 좋은 방법이야. 잊어버리기 전에 오늘 아침에 먹은 것부터 써 봐.

풀이

남자가 아침에 먹은 음식을 기록해 보라고 했으므로 아침에 먹은 음식을 쓰는 행동이 이어져야 한다.

10

남자: 김수미 환자분, 생년월일을 말씀해 주십시오.
여자: 1995년 5월 1일입니다.
남자: 혈압을 재고 오셔서 조금만 기다려 주십시오.
여자: 네, 알겠습니다.

풀이

남자가 혈압을 재고 오라고 했으므로 혈압을 재러 가는 행동이 이어져야 한다.

11

여자: 수하물도 다 부쳤으니까 커피나 한잔할까?
남자: 먼저 환전 신청한 돈을 찾아야 해. 은행이 어디에 있지?
여자: 저기에 은행이 있네.
남자: 그래. 내가 찾아올 테니까 너는 카페에 가 있어.

풀이

남자가 환전 신청한 돈을 찾아올 테니까 여자에게 카페에 가 있으라고 했다. 여자가 카페에 가는 상황이 이어져야 한다.

12

남자: 전시회 준비는 차질 없이 잘 진행되고 있지요?
여자: 네, 팀장님. 어제 보안 장치까지 완료했습니다.
남자: 보안 장치가 잘 작동하는지 시범 운영을 해 보는 게 좋겠습니다.
여자: 네. 바로 실시해 보도록 하겠습니다.

풀이

남자가 보안 장치를 시범 운영해 보라고 했다. 여자가 바로 실시하겠다고 했으므로 보안 장치를 작동해 보는 행동이 이어져야 한다.

13

여자: 타고난 성격은 정말 바꾸기가 힘든 거 같아.
남자: 물론 그렇긴 하지만 환경에 따라 성격이 변하기도 하지.
여자: 난 내성적인 나의 성격을 좀 바꾸고 싶은데 쉽지가 않네.
남자: 난 내성적인 성격이 문제가 있다고 생각하지 않는데 왜 바꾸고 싶은 거야?

풀이

① 여자는 자신의 성격을 바꾸고 싶어 한다.
② 남자는 환경에 따라 성격이 변하기도 한다고 생각한다.
③ 남자는 여자의 성격에 문제가 있다고 생각하지 않는다.
④ 여자는 타고난 성격은 바꾸기가 힘들다고 생각한다.

14

(딩동댕)
여자: 안내 말씀드립니다. 심판진과 경기 운영진의 논의 결과 우천으로 인해 3회말에 중단된 야구 경기를 취소하기로 결정하였습니다. 우천 취소 시 경기 기준에 따라 5회말이 지나지 않았으므로 이번 경기는 무효 처리가 됩니다. 관중 여러분의 입장권은 전액 환불해 드립니다. 입장권 수령 장소에 가셔서 환불받으시기 바랍니다. 불편을 끼쳐 드려 대단히 죄송합니다.

풀이

① 이번 경기는 3회 말에 중단되었다.
② 비 때문에 이번 경기가 무효가 되었다.
③ 경기가 취소되었으므로 입장권은 전액 환불해 준다.
④ 경기 취소 여부는 우천 취소 시의 경기 기준에 따라 결정된다.

15

남자: 어제 오후 5시쯤 인주시에서 승용차가 카페를 향해 돌진하는 사고가 있었습니다. 60대 운전자는 중상을 입어 인근 병원에 입원하여 치료를 받고 있습니다. 다행히 카페에 있던 종업원과 손님들이 재빨리 대피해서 다른 인명 피해는 없었습니다. 이 사고는 운전자의 운전 미숙으로 인한 사고로 밝혀졌으며 정확한 재산 피해 규모를 파악하고 있습니다.

> **풀이**

① 이 사고는 어제 오후에 일어났다.
② 이 사고의 사고 원인은 운전자의 운전 미숙으로 밝혀졌다.
③ 이 사고로 인한 재산 피해 규모를 파악하고 있다.
④ 이 사고로 인해 운전자가 중상을 입었다.

16

여자: 이번 드라마는 엄청난 화제작이었는데요. 종영 소감을 부탁드립니다.
남자: 이번 드라마가 제대 이후의 복귀작이라서 좀 더 신경을 썼던 것은 사실입니다. 연기의 공백이 있었기 때문에 걱정도 많이 했고요. 특히 이번에 맡은 역할이 지금까지 해 보지 않았던 역할이라서 극중 인물을 파악하고자 노력을 많이 했습니다. 다행히 시청률이 높게 나와서 저도 아주 기분이 좋습니다.

> **풀이**

① 이 남자는 군대를 제대했다.
② 이 남자는 지금까지 해 보지 않았던 역할을 맡았다.
③ 이 드라마는 시청자들에게 인기가 많았다.
④ 이 드라마는 종영했다.

17

남자: 내가 사과를 했는데도 수미가 내 전화를 받지 않아.
여자: 어제 네 말이 좀 심하긴 했어. 수미가 많이 속상했나 보다.
남자: 난 농담으로 한 말인데 그게 이렇게까지 화를 낼 일인지 사실 잘 모르겠어.

> **풀이**

남자는 농담으로 한 말에 이렇게 화를 내는 상황을 이해할 수 없다고 생각한다.

18

남자: 이번 휴가 여행 계획을 다 짰어?
여자: 여행 가는데 힘들게 계획을 세울 필요가 있어? 난 무작정 가는 여행이 제일 좋더라.
남자: 난 여행 계획을 세울 때부터 여행이 시작된다고 봐. 여행 계획을 세우는 게 힘들다고 생각해 본 적이 없어.

> **풀이**

남자는 여행은 여행 계획을 세울 때부터 시작된다고 생각한다.

19

여자: 보통 탁상용 달력은 그림이 뒷면에 있는데 이 달력은 그림과 날짜를 같이 볼 수 있도록 만들었네요.
남자: 맞아요. 힘들게 그린 그림인데 사람들이 잘 공유할 수 없다는 게 안타까웠어요.
여자: 그림을 감상할 수 있는 달력이라니, 발상이 독특하네요.
남자: 달력을 볼 때 그림을 감상하면서 조금의 여유를 가질 수 있었으면 해요.

> **풀이**

남자는 날짜와 그림이 같은 면에 있는 달력을 만들어서 많은 사람들과 그림을 공유했으면 좋겠다고 생각한다.

20

여자: 모두의 예상과는 달리 김민수 선수에게 대표팀 주장을 맡기셨는데요. 특별한 이유가 있습니까?
남자: 주장이 되려면 당연히 선수들이 인정할 만한 기량과 실력을 갖춰야 합니다. 제가 생각하는 주장의 또 다른 중요한 역할은 감독과 선수들의 가교 역할입니다. 감독과 선수들의 소통이 원만하게 이루어져야 팀의 기량이 향상될 수 있습니다. 이런 측면에서 김민수 선수가 나이는 어리지만 주장으로 가장 적임자라고 생각했습니다.

> 풀이

남자는 주장은 감독과 선수들의 원활한 소통이 이루어지도록 가교 역할을 하는 것이 중요하다고 생각한다.

[21~22]

여자: 조사 결과에 따르면 연봉이나 복리후생 문제보다 회사 조직과 업무에 적응하지 못해서 퇴사하는 직원이 많은 것으로 나타났습니다.
남자: 그래요? 그럼 전 직원을 대상으로 현재의 업무에 대한 만족도를 조사해 보는 것이 좋겠습니다. 자신에게 맞지 않는 업무를 하고 있다면 퇴사까지 생각하겠지요.
여자: 네. 업무 만족도에 대한 설문조사를 실시하도록 하겠습니다.
남자: 업무 만족도 조사 결과를 바탕으로 현재 직원들이 맡고 있는 업무가 적절한지 파악해 주십시오.

21

> 풀이

남자는 자신에게 맞지 않는 업무를 맡고 있는 것이 퇴사의 원인이 될 수 있으므로 적절한 업무 배정이 중요하다고 생각한다.

22

> 풀이

① 전 사원들에게 설문조사를 실시할 예정이다.
② 회사 조직과 업무에 적응하지 못해서 퇴사하는 사람들이 많았다.
③ 업무 만족도에 대한 설문조사를 실시할 것이다.
④ 직원들이 회사의 복리후생 제도에 문제가 많다고 생각한다는 내용은 없다.

[23~24]

남자: 안녕하십니까? 인주 치과입니다. 다음 주 수요일 오후 2시에 진료 예약을 하셨지요? 그날 원장님께서 외부 일정이 있으셔서 예약 일정을 변경했으면 합니다. 정기검진으로 예약하신 거면 다음 달로 미루었으면 하는데요.
여자: 정기검진이 아니라 왼쪽 어금니에 통증이 있어서 예약했어요. 조금 빨리 진료를 받을 수 있을까요?
남자: 아. 그러시군요. 그럼 다음 주 금요일 2시는 괜찮습니까?
여자: 네. 괜찮습니다.

23

> 풀이

남자는 원장의 외부 일정으로 인해 예약 변경이 가능한지 알아보려고 전화를 했다.

24

> 풀이

① 여자는 왼쪽 어금니가 아프다.
② 치과 원장의 외부 일정으로 수요일에 진료를 할 수 없다.
③ 여자는 왼쪽 어금니에 통증이 있어서 예약을 했다.
④ 여자는 금요일 오후에 치과 진료를 받을 것이다.

[25~26]

여자: 뚜껑이 분리되지 않는 플라스틱병의 판매가 급성장하고 있는데요. 이것을 개발하게 된 계기가 있습니까?

남자: 우리가 생수병을 버릴 때 생수병과 뚜껑을 따로 버리는 비율이 높습니다. 그러다 보니 부피가 작은 뚜껑은 선별이 어렵습니다. 선별이 되지 않으면 재활용이 되지 않습니다. 또한 버려진 뚜껑이 바다로 흘러 들어가 바다 쓰레기가 되곤 하지요. 소비자들에게 뚜껑을 닫아서 버리라고 안내하는 것보다 디자인에 변화를 주는 것이 바람직하다고 생각했습니다. 그래서 병에서 뚜껑이 떨어지지 않는 일체형 플라스틱병을 개발하게 되었습니다.

25
풀이

재활용을 원활하게 하기 위해서는 플라스틱병에서 뚜껑이 떨어지지 않는 일체형 병을 개발하는 것이 좋다고 생각한다.

26
풀이

① 재활용을 하려면 먼저 선별을 해야 한다.
② 플라스틱병 뚜껑이 바다 쓰레기가 되고 있어서 문제이다.
③ 뚜껑과 병이 떨어지지 않는 플라스틱병을 개발했다.
④ 뚜껑과 병이 떨어지지 않는 일체형 플라스틱병이 잘 팔린다.

[27~28]

남자: 수미야, 아르바이트 구한다면서?

여자: 응. 다음 학기 학비도 좀 부족하고 생활비도 모자라서 아르바이트를 해야 하는데 생각보다 쉽지가 않네.

남자: 서울시에서 겨울방학 동안 대학생을 대상으로 아르바이트생을 모집한대. 서울시의 각종 업무도 체험할 수 있고 사회생활도 미리 경험할 수 있으니까 좋을 것 같아.

여자: 그런 게 있었어? 어디에서 찾아볼 수 있어?

남자: 서울시 홈페이지에 들어가면 자세한 내용을 알 수 있을 거야. 나도 지원하려고 하니까 같이 찾아보자.

27
풀이

남자는 아르바이트를 구하고 있는 여자가 서울시에서 모집하는 아르바이트에 지원하는 것이 좋다고 생각한다.

28
풀이

① 이 아르바이트는 대학생을 대상으로 하고 있다.
② 이 아르바이트는 겨울방학 동안 할 수 있다.
③ 남자도 이 아르바이트를 지원하려고 한다.
④ 여자는 경제적인 문제로 아르바이트를 찾는다.

[29~30]

여자: 암 환자 모임의 회원 수가 만 명을 넘었다고 들었습니다. 어떻게 이런 모임을 만들게 되셨어요?

남자: 암 선고를 받고 절망하는 사람들에게 생을 포기하지 않고 치열하게 노력하면 저처럼 암의 굴레에서 벗어날 수 있다는 것을 알리고 싶었습니다.

여자: 의학 기술의 발달로 암 생존율이 높아지고 있긴 하지만 여전히 사망률이 높은 공포의 질병인데 어떻게 극복하셨는지요?

남자: 저는 말기 암으로 6개월 시한부 선고를 받았습니다. 그러나 저는 마음가짐과 생활 습관의 변화를 통해 20년이 지난 지금까지 건강하게 생활하고 있습니다. 많은 사람들이 기적이라고 하지만 기적이 아닙니다. 누구나 자신에 대한 믿음과 의지가 있으면 할 수 있습니다.

29

풀이

남자는 말기 암 진단을 받았지만 암을 이겨낸 사람이다.

30

풀이

① 암은 사망률이 높은 질병이다.
② 의학 기술이 발달했지만 아직 사망률이 높은 질병이다.
③ 남자는 회원이 만 명이 넘는 암 환자 모임을 운영하고 있다.
④ 남자는 자신에게 일어난 일이 기적이라고 생각하지 않는다.

[31~32]

남자: 올해 지급한 성과급에 대한 직원들의 불만이 너무 많습니다. 반도체 경기가 어려운 것은 인정하지만 타 회사에 비해 성과급이 너무 낮다는 의견입니다.
여자: 회사의 성과급 지급 규정에 따른 것 아닙니까? 규정을 고치자는 말씀입니까?
남자: 아닙니다. 그러나 직원들의 불만은 곧 회사의 생산성 저하로 직결되는 만큼 직원들의 불만을 해소시켜 줄 다른 대안이 필요한 것 같습니다.
여자: 회사의 재정 상태가 좋지 않은 지금 어떤 대안이 있을까요?

31

풀이

남자는 성과급에 대한 불만을 해소시킬 수 있는 대안이 필요하다고 생각한다.

32

풀이

성과급 지급에 대한 직원들의 불만을 잠재울 수 있는 방법을 찾아야 한다고 요구하고 있다.

[33~34]

여자: 지갑에 현금이 없어도 생활에 불편을 느끼지 않습니다. 현금 외의 지불 수단이 있기 때문이지요. 그중의 하나가 신용카드입니다. 신용카드는 말 그대로 신용을 담보로 거래를 하는 거지요. 1950년 뉴욕의 사업가인 프랭크 맥나마라가 식당에 갔다가 현금이 없어서 곤욕을 치른 후에 세계 최초의 신용카드인 다이너스 카드를 고안해 냈습니다. 한국은 1969년 신세계 백화점에서 최초의 신용카드를 만들었지만 백화점에서만 사용 가능한 단점이 있었지요. 현재와 같은 신용카드가 본격적으로 발급되기 시작한 것은 1970년대 말부터입니다. 현재에는 신용카드뿐만 아니라 다양한 앱을 통해 결제가 가능한데요. 앞으로 얼마나 더 편한 지불 방법이 생길지 기대가 됩니다.

33

풀이

현대 사회에서 편하게 사용하고 있는 신용카드의 역사에 대해서 설명하고 있다.

34

풀이

① 현금으로 지불하는 것이 가장 이상적이라는 내용은 없다.
② 세계 최초의 신용카드는 다이너스 카드였다.
③ 1960년대 말에 한국 최초의 신용카드가 만들어졌다.
④ 프랭크 맥나마라는 현금이 없어서 곤란을 겪었다.

[35~36]

남자: 안녕하십니까? 여러분의 대학 입학을 다시 한번 축하드립니다. 저는 국어국문학과 4학년에 재학 중인 김준수입니다. 반갑습니다. 신입생 여러분들이 학교생활에 잘 적응할 수 있도록 필요한 정보를 안내하고자 합니다. 먼저 수강 신청입니다. 수강 신청은 꼭 신청 기간을 확인하셔서 기간 내에 해야 합니다. 수강 신청 방법은 미리 배부해 드린 대학 생활 안내서에 자세히 나와 있으니 참고하시기 바랍니다. 둘째, 도서관 이용 방법입니다. 평소에는 자유롭게 도서관을 이용할 수 있으나 시험 기간에는 지정 좌석제로 운영이 됩니다. 비어 있는 좌석을 확인한 후에 좌석을 지정하면 됩니다. 대학 생활에서 빠질 수 없는 활동 중의 하나가 동아리 활동이지요. 지금부터 각 동아리 회장이 나오셔서 동아리 활동에 대한 소개를 해 주시겠습니다.

35
풀이

남자는 신입생들에게 학교생활에 잘 적응할 수 있도록 필요한 정보를 안내하고 있다.

36
풀이

① 남자는 이 학교 재학생이다.
② 시험 기간에는 도서관을 이용할 때 미리 좌석을 지정해야 한다.
③ 동아리 회장들이 나와서 동아리 활동을 소개할 것이다.
④ 대학 생활 안내서에 수강 신청 방법에 대해 자세히 나와 있다.

[37~38]

남자: 요즘 도시에서 농사를 짓는 도시 농부의 숫자가 급속도로 늘고 있는 것 같습니다.
여자: 그렇습니다. 건물의 옥상이나 자투리땅 또는 아파트 베란다를 이용해서 직접 농사를 짓는 도시인들이 많아졌습니다. 삭막한 도시 생활에 지쳐 귀농이나 귀촌을 하고 싶어도 생활 터전을 떠나는 것이 쉽지 않지요. 도시 농부는 도시에서 일상생활을 유지하면서 텃밭을 가꾸는 거니까 누구나 마음만 먹으면 접근하기가 용이합니다. 게다가 최근 들어 친환경 유기농 먹거리에 대한 관심이 느는 것도 도시 농부가 증가한 하나의 이유라고 생각합니다. 도시 농업은 도시인들이 가까이서 자연을 느낄 수 있는 매력적인 여가 활동이자 생산 활동이므로 앞으로 도시 농부는 지속적으로 증가할 것이라고 봅니다.

37
풀이

여자는 자연을 즐길 수 있는 매력적인 여가 활동이자 생산 활동인 도시 농업이 지속적으로 증가할 것이라고 생각한다.

38
풀이

① 건물의 옥상에서 농사를 짓는 것이 불법이라는 내용은 없다.
② 친환경 먹거리에 대한 관심이 증가하고 있다.
③ 아파트 베란다에서 농사를 짓는 사람들이 늘었다.
④ 도시 농부는 도시에서 일상생활을 하면서 텃밭을 가꾸는 농부를 의미한다.

[39~40]

여자: 간병 지옥이라는 말이 왜 생겨났는지 이해가 되는군요. 이제부터라도 간병을 국가의 책임으로 인식하고 간병으로 인한 개인의 고통을 경감시켜 줄 수 있는 방안을 마련해야겠네요.
남자: 맞습니다. 그래서 정부는 우선 환자와 보호자의 간병비 부담을 덜어 주기 위해서 기존의 간병 서비스 범위를 확대하기로 했습니다. 요양 병원에 입원한 환자의 경우 간병비의 일부를 정부가 지원할 계획입니다. 또한 간병인을 직접 고용하지 않아도 병원에서 간호와 간병을 책임지는 통합 병원을 늘리고 퇴원 후에도 돌봄 서비스를 받을 수 있도록 할 예정입니다.

39
풀이

여자는 간병 지옥이라는 말이 생긴 이유를 이해할 수 있다고 말했다.

40
풀이

① 간호와 간병을 책임지는 통합 병원을 늘릴 것이다.
② 간병이 필요한 환자의 입원비 지원에 대한 내용은 없다.
③ 간병 서비스를 받을 수 있는 범위를 늘릴 것이다.
④ 앞으로 요양병원에 입원하면 간병비의 일부를 지원할 것이다.

[41~42]

여자: 시각장애인이 운전을 할 수 있을까요? 사실 운전을 할 때 도로 상황을 파악하여 속도를 줄이거나 차를 멈추는 등의 모든 활동은 시각에 의존하게 됩니다. 운전 상황에서의 시력의 중요성은 운전면허증 취득에 시력 검사가 전제된다는 사실로도 입증이 됩니다. 그러나 한 세계적인 로봇 과학자가 새로운 도전을 합니다. 시각장애인이 스스로 운전을 할 수 있는 자동차를 개발한 것이지요. 자동차가 도로 상황 등 운전에 필요한 정보를 인식하고 이러한 정보를 시각이 아닌 소리와 진동, 압력, 촉각 등 다른 감각 기관을 활용해 운전자에게 전달하는 기술을 개발하였습니다. 2011년 무사히 성공적인 주행을 마쳤지만 아직 실제 주행은 먼 미래의 일입니다. 운전면허제도, 도로교통법 등의 법적인 문제와 실제 도로에서의 운전에 대한 안전성이 완벽하게 입증되어야 하기 때문입니다. 그러나 한 과학자의 노력이 전체 시각장애인들에게 큰 희망을 심어 준 점은 누구도 부인할 수 없는 사실입니다.

41
풀이

여자는 아직 실제 주행은 이루어지지 않고 있지만 시각장애인이 운전할 수 있는 자동차를 개발한 한 과학자의 노력이 시각장애인들에게 큰 희망을 주고 있다고 설명한다.

42
풀이

① 운전면허증을 취득하려면 시력 검사를 해야 한다.
② 시각장애인을 위한 자동차의 출시에 대한 내용은 없다.
③ 2011년 시각장애인을 위한 자동차의 주행에 성공했다.
④ 세계적인 한 과학자가 시각장애인을 위한 자동차를 개발했다.

[43~44]

남자: 박쥐는 사람들에게 부정적으로 인식되어 온 동물이다. 박쥐는 사실 인간에게 해로운 동물이라기보다는 도움이 되는 동물이다. 박쥐는 포유류 중 유일하게 자유로운 비행이 가능하다. 북극이나 남극을 제외한 모든 곳에서 서식하고 있는 박쥐는 밤에 활동하는 야행성 동물이다. 주로 동굴이나 어두운 곳에서 서식하며 밤에 먹이를 찾아 돌아다니다가 낮에는 천장에 거꾸로 매달려 쉰다. 박쥐가 밤에 잡아먹는 먹이는 대부분 모기와 같은 해충이므로 해충의 개체수 조절에 탁월한 기능을 하고 있다. 게다가 밤에만 꽃을 피우는 식물은 야행성인 박쥐에게 수분을 의존하는 경우가 대부분이다. 박쥐가 부정적으로 인식되는 가장 중요한 이유는 메르스, 에볼라, 코로나 등 각종 질병의 매개체라는 점이다. 그러나 박쥐와 직접적인 접촉만 이루어지지 않는다면 박쥐는 특히 농업 부문에서 기여도가 높은 동물이다.

43

풀이

박쥐는 부정적인 인식이 강하지만 실제는 인간에게 도움이 되는 동물이라고 설명한다.

44

풀이

박쥐가 인간들에게 부정적으로 인식이 된 가장 큰 이유는 메르스, 에볼라, 코로나바이러스 등 질병의 매개체이기 때문이다.

[45~46]

여자: 조선시대의 통신제도로는 봉수와 파발을 들 수 있는데요, 지금 사진으로 보시는 것은 남산 봉수대입니다. 봉수의 봉은 횃불, 수는 연기를 의미하는데 봉수는 주로 국가의 정치, 군사적인 정보 기능으로 활용된 통신제도였습니다. 국경 지역에서 일어나는 위급한 상황을 중앙에 알리고자 만든 것이지요. 낮에는 연기를 통해, 밤에는 횃불의 불빛으로 상황을 전달하였습니다. 봉수에 피어오르는 연기나 횃불의 숫자로 위급한 상황을 파악할 수 있었는데 사실 봉수제도는 날씨의 영향을 받을 수밖에 없는 제도였습니다. 반면 파발은 사람이 말을 타거나 직접 빠른 발로 소식을 전달하는 체제였습니다. 일의 위급한 상황에 따라 말에 다는 방울의 숫자를 달리하였습니다. 파발은 봉수에 비해 경비가 많이 들었으나 문서를 전달할 수 있다는 장점이 있었습니다. 조선시대의 통신제도의 골격을 이루고 있었던 봉수와 파발은 조선 말기 전화 전신 통신체제의 발달로 서서히 역사의 뒤안길로 사라지게 됩니다.

45

풀이

① 봉수는 날씨의 영향을 많이 받았다.
② 봉수와 파발은 조선시대의 통신제도였다.
③ 파발제가 봉수제보다 경비가 많이 발생되었다.
④ 파발제는 방울의 개수로 위급 정도를 알 수 있었다.

46

풀이

여자는 조선시대의 통신체제인 봉수와 파발을 비교하면서 설명하고 있다.

[47~48]

여자: 임금 체불로 고통을 겪고 있는 노동자들이 많습니다. 임금 체불은 생존과 관련이 되는 문제인데 상습적인 임금 체불 문제를 해결할 수 있는 방법은 없을까요?

남자: 노동부 통계에 따르면 올해 임금 체불을 당한 노동자가 22만 명, 체불 규모는 1조 4천 5백억 원에 달한다고 합니다. 해마다 증가 추세지요. 이들 중 대다수가 상습적으로 임금을 체불하고 있습니다. 현행법에서 규정하고 있는 임금 체불 사업주에 대한 처벌이 3년 이하의 징역과 3천만 원 이하의 벌금으로 수위가 약한 것이 문제입니다. 현재 국회에 계류 중인 임금 체불 처벌 강화 법안들을 여야가 합의하여 빨리 처리해야 한다고 봅니다. 임금 체불은 임금 절도와 다름없습니다. 힘없는 노동자들을 보호하기 위해서라도 이 법안은 하루빨리 통과되어야 합니다.

47

풀이

① 임금 체불은 해마다 증가하고 있다.
② 임금 체불 사업주에 대한 현행법의 처벌 수위가 약하다.
③ 임금 체불 처벌 강화 법안이 국회에 올라와 있다.
④ 올해 임금 체불액은 1조 4천 5백억 원에 달한다.

48

풀이

남자는 국회에 계류 중인 임금 체불 처벌 강화 법안을 빨리 처리해야 한다고 촉구하고 있다.

[49~50]

남자: 여러분, 기여 입학제를 들어 보신 적이 있지요? 기여 입학제는 물질적인 무상 기부나 비물질적인 기여를 한 사람의 직계 자손에게 입학을 허용하는 제도입니다. 기여 입학제는 부모의 경제적인 능력에 의해 입학이 결정되므로 대학 입시의 대원칙인 공정성과 형평성에 어긋난다는 점에서 오랫동안 금지되어 왔습니다. 그러나 사립학교가 발전된 미국에서는 오래전부터 시행되어 온 제도입니다. 현재 한국의 많은 대학교들은 재정난에 허덕이고 있고 연구 개발비 부족으로 연구가 중단된 경우도 있는 실정입니다. 게다가 우수한 인재들이 학자금 부족으로 인해 교육을 받을 기회를 잃고 있습니다. 이는 국가적인 손실이 아닐 수 없습니다. 기여 입학제를 통해 대학의 재정 안정화를 추구할 수 있고 저소득층과 소외 계층 학생들의 경제적인 부담을 덜어 줄 수 있습니다. 이제는 기여 입학제를 무조건 금지할 것이 아니라 표면 위로 끌어내어 냉철하게 공론화할 시점이라고 봅니다.

49

풀이

① 대학의 재정난 이유에 대한 내용은 없다.
② 미국은 오래전부터 기여 입학제를 허용해 왔다.
③ 기여 입학제는 공정성과 형평성에 문제가 있어 금지되어 왔다.
④ 기여 입학제는 부모의 경제적인 능력이 반영되는 제도이다.

50

풀이

남자는 기여 입학제가 대학 재정의 안정화와 우수 인재 양성에 도움이 되는 제도임을 주장하고 있다.

쓰기 답안 예시

51

㉠ 같이 보러 갈래 / ㉡ 콘서트를 보면 좋을 것 같아

52

㉠ 그렇게 행동할 수밖에 없는 환경에 놓이기 때문이라는 것이다 / ㉡ 바람직한 사회 환경을 조성해야 한다

53

　명절에 대한 인식이 달라지고 있다. 올해 설 연휴 계획에 대한 설문 조사 결과를 보면 가정에서 휴식을 취하겠다는 의견이 51.2%로 가장 많은 것으로 나타났다. 고향 방문과 나들이 계획이 그 뒤를 이었다. 명절에 고향을 찾아서 부모님, 친척들과 함께 보내야겠다는 인식보다 개인적인 휴가의 개념이 강해졌다고 볼 수 있다. 명절 스트레스에 대한 조사 결과 취업이나 결혼 등의 개인적인 상황에 대한 질문에 가장 부담을 많이 느끼는 것으로 나타났다. 가족이라고 해도 지나치게 개인적인 질문은 삼가고 각자의 생활을 존중해 줘야 한다.

현대 사회가 조금씩 파편화되어 감에 따라 공동체는 점점 개인적인 조각으로 부서지고 있다. 개인이 미세한 존재로 분해되어 버린 것이다. 이러한 사회에서 사람들은 타인과 함께 어우러지지 못하고 단절되는 현상이 나타나게 된다. 또한 사회적인 경기 침체와 청년 실업률의 증가, 학력 지상주의 현상에 따른 치열한 경쟁 구도 등은 은둔형 외톨이의 발생을 증폭시키고 있다.

　은둔형 외톨이의 증가는 높은 자살률, 엽기적인 범죄 등 사회적인 병리 현상을 심화시킨다. 이러한 심리적 위기 현상은 인터넷 통로의 확산 등으로 점점 사람들을 자신만의 공간으로 움츠러들게 만들었다. 은둔형 외톨이는 다른 사람과의 접촉을 피하고 사소한 이유로도 마음의 상처를 크게 받으며 좌절하는 경우가 많다. 결국 이들은 개인적인 공간으로 숨어드는 은둔 생활자가 되어 직장 생활이나 사회 생활에 많은 지장을 받게 된다.

　은둔형 외톨이를 예방하고 극복하기 위해서는 우선 가족이나 가까운 지인들과 소통하고 동호회나 취미 활동 등을 공유할 수 있도록 도와야 한다. 은둔형 외톨이가 양산된 사회적 병리 현상을 공론화하여 이들을 포용하는 사회적인 분위기를 만들고 지속적인 관심을 기울여야 한다. 더 이상은 낙오된 상태로 방치되지 않도록 사회적 비용을 적극적으로 투입하는 대책이 절실히 필요하다.

은둔형 외톨이는 개인적인 성향, 가정과 학교를 비롯한 사회적 환경 등 다양한 요인으로 발생한다. 급성장하는 디지털과 통신 기술의 발달로 대인 접촉이 줄어드는 정보화 사회도 은둔형 외톨이의 증가를 부추긴다. 또한 극심한 경쟁 속에서 느끼는 고립감과 심리적 위축, 사회의 무관심 등도 원인으로 꼽힌다.

　은둔형 외톨이는 사회 활동이 어렵기 때문에 계속 방치하면 일상적인 생활이 더욱 힘들어진다. 인간관계를 단절하고 소통을 거부한 채 은둔 생활을 장기간 지속하다 보면 우울증과 같은 정신질환을 겪게 되고 범죄와 자살 등 파괴적 행위로 나아갈 위험성이 커진다. 최근 사회에서 벌어지고 있는 흉악한 범죄 등도 오랜 은둔 생활이 원인으로 지목

되기도 한다.

　사회적 문제를 야기하는 은둔형 외톨이 문제를 해결하기 위해서는 우선 지원센터를 설치해서 상담을 통해 이들이 사회에 적응할 수 있도록 도와야 한다. 보통 은둔형 외톨이는 집안에서만 지내거나 외출을 하더라도 극히 짧은 경우가 많다. 그러므로 이들이 자주 밖으로 나올 수 있도록 유도하고 기회를 제공해야 한다. 하지만 가장 중요한 것은 따뜻한 시선으로 이들을 지켜보고 천천히 변화하도록 기다려 주는 것이다. 강요나 강제 등을 통해 변화시키려고 하면 역효과가 나거나 증세가 더 심해질 수 있다. 주변에서는 여유를 가지고 이들이 스스로 대화나 치료를 원하도록 만드는 것이 중요하다.

읽기 정답 및 풀이

1	②	2	①	3	④	4	①	5	④
6	③	7	①	8	④	9	②	10	④
11	①	12	②	13	①	14	③	15	③
16	③	17	④	18	①	19	①	20	①
21	②	22	③	23	②	24	②	25	③
26	④	27	②	28	③	29	②	30	②
31	①	32	①	33	③	34	③	35	③
36	②	37	③	38	④	39	②	40	③
41	①	42	④	43	③	44	④	45	③
46	②	47	②	48	④	49	①	50	②

1
풀이
나이가 많아지면 시간도 그만큼 빨라진다는 내용이다.

2
풀이
내용이 쉬워서 초등학생들도 이 책을 읽을 수 있다는 내용이다.

3
풀이
술에 취하면 항상 그렇다는 의미와 유사한 표현을 찾아야 한다.

4
풀이
전체회의를 통해서 결정할 의도를 가지고 있다는 의미와 유사한 표현을 찾아야 한다.

5
풀이
설거지를 할 수 있는 주방세제에 대한 광고이다.

6
풀이
생활에 필요한 것들이 있는 편의점에 대한 광고이다.

7
풀이
생활 예절을 지키는 것이 힘들지 않다는 내용의 공익 광고이다.

8
풀이
보관하는 방법에 대한 안내문이다.

9
풀이
① 이 행사는 주민센터에서 한 달 동안 진행된다.
② 이 행사는 살고 있는 지역에서 참여할 수 있다.
③ 이 행사에서는 재활용 쓰레기를 화장지와 세제로 교환해 준다.
④ 이 행사는 주민이 쓰레기를 직접 가지고 가야 한다.

10
풀이

① 취미 생활로 스트레스를 푸는 비율이 가장 높다.
② 대학생들의 5%만 잠으로 스트레스를 푼다.
③ 친구와의 상담이 온라인 게임보다 비율이 높다.
④ 운동보다 술을 마시는 방법을 많이 선택한다.

11
풀이

① 이 상은 모범이 되는 숨은 인재들을 발굴해서 시상한다.
② 이 상은 각 분야에서 국가와 사회의 발전에 이바지하는 인물에게 주는 상이다.
③ 이 상은 올해 열한 번째를 맞는다.
④ 이 상은 추천을 받아서 심사를 거쳐서 수상자를 결정한다.

12
풀이

① 개나리와 진달래는 봄을 알리는 전령사이다.
② 기온 상승으로 해마다 꽃이 피는 시기가 빨라진다.
③ 개화 시기의 변화는 우려를 낳고 있다.
④ 꽃의 개화 시기 변화는 꽃과 상호작용하는 다른 생물과의 관계를 교란시킬 수 있다.

13
풀이

우리의 식성은 자주 먹는 음식에 의해 길들여지고 이것이 체질이 되므로 성인병의 경우에도 식습관과 생활 습관에 의해 생긴다는 내용이다.

14
풀이

가정이 흔들리는 것은 아버지가 중심을 잃었기 때문이며 직장일로 바쁜 아버지들은 마음이 편치 않고 나도 아이들에게 미안하다. 그래서 지금부터라도 아이들에게 관심을 가지려고 다짐한다는 내용이다.

15
풀이

부적은 행복을 기원하는 민간신앙의 형태로서 소원을 비는 목적 등으로 지녔으며 글자 형태, 그림 형태 등이 있고 장신구나 호신용 소품도 있다는 내용이다.

16
풀이

울음이 스트레스의 결과로 만들어진 독성물질을 몸 밖으로 배출해서 심리적인 압력을 풀어준다는 내용이다.

17
풀이

유권자의 심판을 받는 정치인처럼 언론인은 독자의 심판을 받는다는 내용이다.

18
풀이

소행성이 충돌한 이후에 미세먼지가 대기를 덮었고 그로 인해 지구의 식물이 죽고 이어서 초식동물과 공룡이 멸종하게 되었다는 내용이다.

19
풀이

유명인들이 생활 속에서 갑자기 자신과 다르지 않은 모습을 생각나게 하는 것이 인기의 비결이라는 내용이다.

20
풀이

흥미에 치우쳐서 시청자들의 공감을 얻지 못하는 프로그램은 한두 회로 종영하는 경우가 많다는 내용이다.

21
풀이

온라인 유통업체가 새로운 전략으로 이윤을 많이 남기고 있다는 내용이다.

22

풀이

① 온라인 유통업체가 품질과 시간으로 경쟁한다.
② 온라인 유통업체가 신선식품을 초신선식품이라는 단어로 광고하고 있다.
③ 온라인 유통업체의 전략은 빠른 배송이다.
④ 온라인 유통업체는 대형매장과 경쟁하고 있다.

23

풀이

셀프계산대에서 자신 있게 계산하고 빨리 나가는 사람들이 부럽지만 나는 실수할까 봐 조심스럽다는 내용이다.

24

풀이

① 셀프계산대에서는 줄을 길게 서지 않아도 된다.
② 일반계산대에서는 직원이 계산을 해 준다.
③ 셀프계산대에 젊은 사람들이 많이 눈에 띈다.
④ 셀프계산대에는 물건을 적게 구매한 사람이 많다.

25

풀이

아파트를 짓는 곳에서 유물이 나와서 공사를 멈췄다는 내용이다.

26

풀이

아무 때나 금연에 대한 교육을 받을 수 있도록 기회를 늘렸다는 내용이다.

27

풀이

주요 기업들이 회사의 영업 결과를 발표했는데 이윤이 많지 않다는 내용이다.

28

풀이

편식하는 식습관으로 자신이 좋아하는 음식만 먹기 때문에 영양 불균형이 생긴다는 내용이다.

29

풀이

교역이 활발해지면서 비단길이 지나는 곳에 크고 작은 도시나 마을이 생겼다는 내용이다.

30

풀이

똑같은 공에 대해 로봇 심판과 인간 심판의 판정이 다를 경우 로봇 심판의 도입이 오히려 역효과를 낼 수 있기 때문에 판정에 따른 잡음을 차단하기 위해서 로봇 심판만을 도입한다는 내용이다.

31

풀이

'과잉행동장애'는 주의가 산만하고 끈기가 부족해서 지속적으로 집중을 잘 못하기 때문에 학습에 문제가 생긴다는 내용이다.

32

풀이

① 태양계는 항성과 그 주변의 행성으로 이루어진 체계이다.
② 태양계는 고체 행성과 유체 행성으로 만들어진 체계이다.
③ 태양계는 여러 개의 행성이 항성의 주변을 공전하는 체계이다.
④ 태양계는 태양을 중심으로 주변의 천체가 움직이는 체계이다.

33

풀이

① 버섯은 햇빛이 들지 않는 곳에서 자란다.
② 버섯은 죽은 나무나 동물의 사체에서 자란다.
③ 버섯은 땅 위에서 눈에 보일 정도로 자란 균류이다.
④ 버섯은 죽은 나무나 동물의 사체를 분해하기 때문에 숲속의 청소부라고 부른다.

34

풀이

① 인간의 인지구조는 환경에 맞춰 서서히 바뀐다.
② 인간은 인지 능력을 통해서 언어를 습득한다.
③ 인간은 발생학적으로 인지력을 가지고 태어난다.
④ 인간은 성인이 될 때까지 각 시기마다 다른 사고양식을 나타낸다.

35

풀이

노인들을 위해서 노인들의 현실을 반영해서 지속적이고 생산적인 일자리가 있어야 한다는 내용이다.

36

풀이

건강보조제가 약효가 있다면 이는 의약품에 준하는 기준으로 엄격하게 관리해야 한다는 내용이다.

37

풀이

동물의 성향은 외부 환경을 대하는 동물의 행동을 관찰해서 구별해야 한다는 내용이다.

38

풀이

혈액은 수혈이 필요한 환자를 위한 유일한 수단이기 때문에 헌혈이 꼭 필요하고 헌혈을 하는 사람은 심장 질환을 예방하는 데 도움을 받을 수 있다는 내용이다.

39

풀이

생각대로 되지 않는다는 내용이므로 생각 즉 분별에 대해 설명하는 문장 다음인 ⓒ에 들어가는 것이 적절하다.

40

풀이

극히 작은 금속 가루는 탄소, 질산염, 유해금속 성분 등을 가리키므로 초미세먼지에 대해 설명하는 문장 다음인 ⓒ에 들어가는 것이 적절하다.

41

풀이

장원의 역할에 대한 내용이므로 장원이라는 관리가 있었다는 문장 다음인 ㉠에 들어가는 것이 적절하다.

42.

풀이

친구의 말이 못마땅해서 퉁명스럽게 말했다.

43

풀이

① 수미가 친구들에게 자주 만나자고 제안했다.
② 수미는 대학 때 사회의 부조리를 비판했다.
③ 나는 친구들이 많이 달라지지 않았다고 생각했다.
④ 나는 대학 때 친구들을 보고 누구라는 걸 알아봤다.

44

풀이

세계보건기구의 활동 목적은 세계의 모든 사람들이 최고의 건강 수준에 도달하는 것이라고 명시되어 있다는 내용이다.

45

풀이

세계보건기구의 활동과 역할에 대한 기대가 커지고 있다는 내용이다.

46

풀이

증강현실을 제작하는 과정에서 타인의 사생활을 침해하는 문제점을 설명하고 이에 대한 해결 방안을 제시하는 내용이다.

47

풀이

① 증강현실은 현실 세계를 실감나게 반영해서 제작된다.
② 증강현실은 실제로 존재하는 환경을 촬영해서 사용한다.
③ 가상현실은 컴퓨터 안에 가상의 세계를 구축하는 것이다.
④ 증강현실은 실제의 환경에 가상의 세계를 더해서 만든다.

48

풀이

노년의 시기를 상향 조정해야 한다고 설득하는 내용이다.

49

풀이

인간의 신체적 조건이 향상되고 평균 수명이 길어지면서 노년에 대한 새로운 기준이 발표되었다는 내용이다.

50

풀이

① 출생률이 줄고 노년 인구가 증가하면서 사회가 변하고 있다.
② 노년 인구가 늘면 사회적 부담이 증가한다.
③ 노년을 정의하는 척도는 나라마다 다양하지만 국제기구에서 정한 기준을 많이 따른다.
④ 노년은 스스로 젊다고 생각하는 경향이 있다.

※ 실제 시험과 같이 OMR카드에 답안을 체크하고 원고지 작성법에 맞게 쓰기 답안을 써 보세요.

한국어능력시험
제1회 실전 모의고사
1 교시 (듣기)

한국어능력시험
제1회 실전 모의고사
1교시 (쓰기)

주관식 답안은 정해진 답란을 벗어나거나 답란을 바꿔서 쓸 경우 점수를 받을 수 없습니다.
(Answers written outside the box or in the wrong box will not be graded.)

51	㉠
	㉡

52	㉠
	㉡

53. 아래 빈칸에 200자에서 300자 이내로 작문하십시오 (띄어쓰기 포함).
(Please write your answer below; your answer must be between 200 and 300 letters including spaces.)

※ 54번은 뒷면에 작성하십시오. (Please write your answer for question number 54 at the back.)

성 명 (Name): 한국어 (Korean) / 영 어 (English)

수험번호

문제지 유형 (Type)
- 홀수형 (Odd number type) ○
- 짝수형 (Even number type) ○

※ 결 시 결시자의 영어 성명 및 확인란 수험번호 기재 후 표기
※ 위 사항을 지키지 않아 발생하는 불이익은 응시자에게 있습니다.
※ 감독관 본인 및 수험번호 표기가 (인) 확 인 정확한지 확 인

54	주관식 답란(Answer sheet for composition)수
	아래 빈칸에 600자에서 700자 이내로 작문하십시오 (띄어쓰기 포함).
	(Please write your answer below; your answer must be between 600 and 700 letters including spaces.)

※ 주어진 답란의 방향을 바꿔서 답안을 쓰면 '0'점 처리됩니다.
(Please do not turn the answer sheet horizontally. No points will be given.)

한국어능력시험
제1회 실전 모의고사
2 교시 (읽기)

한국어능력시험
제2회 실전 모의고사
1 교시 (듣기)

한국어능력시험
제2회 실전 모의고사
1 교시 (쓰기)

54	주관식 답란(Answer sheet for composition)수
	아래 빈칸에 600자에서 700자 이내로 작문하십시오 (띄어쓰기 포함).
	(Please write your answer below; your answer must be between 600 and 700 letters including spaces.)

※ 주어진 답란의 방향을 바꿔서 답안을 쓰면 '0'점 처리됩니다.
(Please do not turn the answer sheet horizontally. No points will be given.)

한국어능력시험
제2회 실전 모의고사
2 교시 (읽기)

한국어능력시험
제3회 실전 모의고사
1 교시 (듣기)

성 명 (Name)	한 국 어 (Korean)	
	영 어 (English)	

수험번호

					8						
⓪	⓪	⓪	⓪	⓪		⓪	⓪	⓪	⓪	⓪	⓪
①	①	①	①	①		①	①	①	①	①	①
②	②	②	②	②		②	②	②	②	②	②
③	③	③	③	③		③	③	③	③	③	③
④	④	④	④	④		④	④	④	④	④	④
⑤	⑤	⑤	⑤	⑤		⑤	⑤	⑤	⑤	⑤	⑤
⑥	⑥	⑥	⑥	⑥		⑥	⑥	⑥	⑥	⑥	⑥
⑦	⑦	⑦	⑦	⑦		⑦	⑦	⑦	⑦	⑦	⑦
⑧	⑧	⑧	⑧	⑧	●	⑧	⑧	⑧	⑧	⑧	⑧
⑨	⑨	⑨	⑨	⑨		⑨	⑨	⑨	⑨	⑨	⑨

문제지 유형 (Type)	
홀수형 (Odd number type)	○
짝수형 (Even number type)	○

※ 결 시 확인란	결시자의 영어 성명 및 수험번호 기재 후 표기	○

※ 위 사항을 지키지 않아 발생하는 불이익은 응시자에게 있습니다.

※ 감독관 확 인	본인 및 수험번호 표기가 정확한지 확인	(인)

번호	답		란	
1	①	②	③	④
2	①	②	③	④
3	①	②	③	④
4	①	②	③	④
5	①	②	③	④
6	①	②	③	④
7	①	②	③	④
8	①	②	③	④
9	①	②	③	④
10	①	②	③	④
11	①	②	③	④
12	①	②	③	④
13	①	②	③	④
14	①	②	③	④
15	①	②	③	④
16	①	②	③	④
17	①	②	③	④
18	①	②	③	④
19	①	②	③	④
20	①	②	③	④

번호	답		란	
21	①	②	③	④
22	①	②	③	④
23	①	②	③	④
24	①	②	③	④
25	①	②	③	④
26	①	②	③	④
27	①	②	③	④
28	①	②	③	④
29	①	②	③	④
30	①	②	③	④
31	①	②	③	④
32	①	②	③	④
33	①	②	③	④
34	①	②	③	④
35	①	②	③	④
36	①	②	③	④
37	①	②	③	④
38	①	②	③	④
39	①	②	③	④
40	①	②	③	④

번호	답		란	
41	①	②	③	④
42	①	②	③	④
43	①	②	③	④
44	①	②	③	④
45	①	②	③	④
46	①	②	③	④
47	①	②	③	④
48	①	②	③	④
49	①	②	③	④
50	①	②	③	④

한국어능력시험
제3회 실전 모의고사
1교시 (쓰기)

주관식 답안은 정해진 답란을 벗어나거나 답란을 바꿔서 쓸 경우 점수를 받을 수 없습니다.
(Answers written outside the box or in the wrong box will not be graded.)

51	㉠
	㉡
52	㉠
	㉡

53 아래 빈칸에 200자에서 300자 이내로 작문하십시오 (띄어쓰기 포함).
(Please write your answer below; your answer must be between 200 and 300 letters including spaces.)

※ 54번은 뒷면에 작성하십시오. (Please write your answer for question number 54 at the back.)

54	주관식 답란(Answer sheet for composition)수
	아래 빈칸에 600자에서 700자 이내로 작문하십시오 (띄어쓰기 포함).
	(Please write your answer below; your answer must be between 600 and 700 letters including spaces.)

※ 주어진 답란의 방향을 바꿔서 답안을 쓰면 '0'점 처리됩니다.
(Please do not turn the answer sheet horizontally. No points will be given.)

한국어능력시험
제3회 실전 모의고사
2교시 (읽기)

한국어능력시험
제4회 실전 모의고사
1 교시 (듣기)

주관식 답안은 정해진 답란을 벗어나거나 답란을 바꿔서 쓸 경우 점수를 받을 수 없습니다.
(Answers written outside the box or in the wrong box will not be graded.)

51	㉠
	㉡

52	㉠
	㉡

53 아래 빈칸에 200자에서 300자 이내로 작문하십시오 (띄어쓰기 포함).
(Please write your answer below; your answer must be between 200 and 300 letters including spaces.)

※ 54번은 뒷면에 작성하십시오. (Please write your answer for question number 54 at the back.)

한국어능력시험
제4회 실전 모의고사
1 교시 (쓰기)

성 명 (Name)	한국어 (Korean)
	영 어 (English)

수험번호

문제지 유형 (Type)
- 홀수형 (Odd number type) ○
- 짝수형 (Even number type) ○

※ 결 시 결시자의 영어 성명 및
확인란 수험번호 기재 후 표기

※ 위 사항을 지키지 않아 발생하는 불이익은 응시자에게 있습니다.

※ 감독관 본인 및 수험번호 표기가 (인)
확 인 정확한지 확 인

54	주관식 답란(Answer sheet for composition)수
	아래 빈칸에 600자에서 700자 이내로 작문하십시오 (띄어쓰기 포함).
	(Please write your answer below; your answer must be between 600 and 700 letters including spaces.)

※ 주어진 답란의 방향을 바꿔서 답안을 쓰면 '0'점 처리됩니다.
(Please do not turn the answer sheet horizontally. No points will be given.)

한국어능력시험
제4회 실전 모의고사
2 교시 (읽기)

한국어능력시험
제5회 실전 모의고사
1 교시 (듣기)

한국어능력시험
제5회 실전 모의고사
1교시 (쓰기)

54	주관식 답란(Answer sheet for composition)수
	아래 빈칸에 600자에서 700자 이내로 작문하십시오 (띄어쓰기 포함).
	(Please write your answer below; your answer must be between 600 and 700 letters including spaces.)

※ 주어진 답란의 방향을 바꿔서 답안을 쓰면 '0'점 처리됩니다.
(Please do not turn the answer sheet horizontally. No points will be given.)

한국어능력시험
제5회 실전 모의고사
2 교시 (읽기)